ullstein

Das Buch

Schon kurz nach Erscheinen seines ersten *Lexikons der Rechtsirrtümer* zeigte sich, dass Ralf Höcker damit eine offenkundige Lücke im Allgemeinwissen unserer Gesellschaft angesprochen hatte. Ob im Verbraucher-, Straf- oder Verkehrsrecht – die Reaktionen der Medien und Leser bewiesen, dass eine Menge Leute bei vielen, oft alltäglichen und mitunter folgenschweren juristischen Fragen ihre wahren Rechte und Pflichten nicht kennen und stattdessen von Halb- oder Unwahrheiten ausgehen, die seit jeher wie Volksmythen die Realität unseres Rechtssystems vernebeln. In seinem neuen Lexikon beschreibt Ralf Höcker viele weitere populäre juristische Irrtümer und rückt sie anhand anschaulicher Beispielsfälle gerade.

Der Autor

Ralf Höcker, Jahrgang 1971, LL. M. (London) und Dr. jur., arbeitete als Rechtsanwalt in internationalen Großkanzleien in London und Köln und ist heute Partner der Sozietät Höcker Rechtsanwälte in Köln. Er berät Unternehmen und prominente Künstler in Fragen des Medien-, Marken-, Urheber- und Wettbewerbsrechts.

In unserem Hause ist von Ralf Höcker bereits erschienen:

Lexikon der Rechtsirrtümer

Dr. jur. Ralf Höcker

NEUES LEXIKON DER RECHTSIRRTÜMER

»Wer auffährt, hat Schuld«
und andere juristische Halbwahrheiten

Ullstein

Besuchen Sie uns im Internet:
www.ullstein-taschenbuch.de

Umwelthinweis:
Dieses Buch wurde auf chlor- und säurefreiem Papier gedruckt.

Originalausgabe im Ullstein Taschenbuch
1. Auflage August 2005
12. Auflage 2007
© Ullstein Buchverlage GmbH, Berlin 2005
Die Angaben und Ratschläge in diesem Buch sind von Autor und Verlag
sorgfältig erwogen und geprüft; dennoch kann eine Garantie nicht über-
nommen werden. Eine Haftung des Autors bzw. des Verlags und seiner
Beauftragten für Personen-, Sach- und Vermögensschäden ist ausgeschlossen.
Umschlaggestaltung: HildenDesign, München
(nach einer Vorlage von Büro Hamburg)
Titelabbildung: Mauritius/Haag + Kropp
Satz: KompetenzCenter, Mönchengladbach
Gesetzt aus der Adobe Caslon
Druck und Bindearbeiten: Ebner & Spiegel, Ulm
Printed in Germany
ISBN 978-3-548-36772-9

Inhalt

Öffentliches Recht

Rechtsbegriffe richtig gestellt

Steuerrecht

Strafrecht

Straßenverkehr

Verbraucherrecht

Vorbemerkung

Dieses Buch berücksichtigt Rechtsprechung und Schrifttum bis Mai 2005. Sollten Sie Hinweise, Änderungsvorschläge oder sonstige Anregungen zu diesem Buch haben, so ist Ihnen der Autor für eine Mitteilung dankbar:

RA Dr. Ralf Höcker, LL. M.
www.hoecker.eu

Einleitung

Beamtenbeleidigung gibt es gar nicht, Zechprellerei auch nicht und man braucht keinen Kassenbon, wenn man im Geschäft Waren reklamieren möchte. Überraschende neue Lehren wie diese haben dem *Lexikon der Rechtsirrtümer* einen unerwarteten Erfolg beschert. Es hat mit juristischen Ammenmärchen aufgeräumt, die sich aus oft unerfindlichen Gründen in unseren Köpfen festgesetzt haben und die niemand mehr bezweifelt, weil es sie schon immer gab.

Auch ich habe aus meinem Buch eine wichtige Lehre gezogen: Ich habe gemerkt, dass dem gedruckten Wort eher geglaubt wird als dem gesprochenen. Folgende Geschichte hat sich tatsächlich zugetragen:

Bei einer großen deutschen Elektromarktkette wollte ich im Jahr 2004 meinen defekten Drucker reklamieren. Das Gerät hatte ich erst vier Wochen vorher gekauft. Demzufolge war die Herstellergarantie noch lange nicht abgelaufen. Der Verkäufer ließ mich wissen, die Sache sei überhaupt kein Problem. Der Drucker werde eingeschickt und schon in zwei oder drei Wochen komme er repariert zurück.

Da allerdings sah ich durchaus ein Problem, denn zwei, drei Wochen konnte und wollte ich natürlich nicht auf meinen Drucker verzichten. Also bestand ich darauf, dass ich das defekte alte Gerät gegen ein intaktes neues eintausche und gleich mitnehme. Schließlich standen ja noch genug Drucker des gleichen Typs im Geschäft herum.

Dieser Gedanke wiederum gefiel nun dem Verkäufer nicht besonders gut. Er bedeutete mir, so gehe das nicht. Ich müsse schon warten, bis das alte Gerät repariert sei. Ein Neugerät stehe mir nicht zu. Ich habe dann versucht, dem Verkäufer mit höflichen Worten zu erklären, dass er dummes Zeug rede und ich als Käufer einer kaputten Ware sehr wohl das Recht habe, zwischen Reparatur und Mitnahme eines neuen Gerätes zu wählen. Der Verkäufer glaubte mir kein Wort. Auch der Hinweis, dass ich Anwalt sei und mich mit solchen Dingen auskenne, kam nicht gut an. (Dieser Hinweis kommt, nebenbei bemerkt, übrigens *nie* gut an.)

Nun bin ich natürlich stets darauf vorbereitet, auf ebenso uninformierte wie uneinsichtige Verkäufer zu stoßen. Vorsichtshalber hatte ich mir also das Kapitel »Herstellergarantie« aus meinem *Lexikon der Rechtsirrtümer* kopiert und legte es dem Verkäufer als allerletzten Trumpf mit siegessicherem Lächeln vor die Nase. Da stand genau das geschrieben, was ich zuvor mit meiner ganzen Autorität als besserwisserischer Anwalt mündlich nicht hatte vermitteln können: »Ich darf mir einen neuen Drucker aussuchen!«

Der Verkäufer las das Kapitel und war ehrlich überrascht. Er griff zum Telefonhörer, rief in der Rechtsabteilung der Unternehmenszentrale an und sagte die mir unvergesslichen Worte: »Der Kunde legt mir hier ein Buch vor, wo drin steht, dass er sich einen neuen Drucker mitnehmen darf. Das steht da so. Das hat er ja schließlich nicht selbst geschrieben!« Ich lächelte still in mich hinein und als der Verkäufer mir endlich das neue Gerät in die Hand drückte, hatte ich ein für alle Mal die Macht des gedruckten Wortes kennen gelernt: Man muss das, was man schon immer gegen die Wand geredet hat, bloß einmal aufschreiben. Dann glauben die Leute einem auch.

Die vielen Zuschriften, die ich zu meinem ersten *Lexikon der Rechtsirrtümer* bekommen habe, haben mir gezeigt, dass es noch viel mehr juristische Legenden gibt als die, die ich im ersten Band zusammengetragen habe – so viele, dass ich Anlass sah, all diese Missverständnisse in einem zweiten Band publik zu machen und aufzuklären. Allen, die mir bei dieser Arbeit geholfen haben, sei auch an dieser Stelle noch einmal ausdrücklich gedankt.

Im *Neuen Lexikon der Rechtsirrtümer* habe ich großen Wert auf praktisch besonders bedeutsame Bereiche wie das Verbraucherrecht und das Straßenverkehrsrecht gelegt. Wie wir beispielsweise einen kaputten CD-Player umtauschen und was wir bei einem Verkehrsunfall beachten müssen, sind nur ein paar der Themen, die jeden interessieren. Dabei habe ich auch Fragen behandelt, auf die ich zum Teil selbst schon immer einmal eine Antwort haben wollte, zum Beispiel die Frage, ob man mit Handtüchern Liegestühle oder mit Jacken Barhocker rechtsverbindlich freihalten kann. Aber auch das Steuerrecht, das Strafrecht und mein eigenes Fachgebiet, das Medien- und Markenrecht, haben Berücksichtigung gefunden. Für jeden dürfte also etwas dabei sein. Ich wünsche nun allen Lesern viel Spaß bei der Lektüre und wiederhole abschließend meine Warnung aus dem ersten Band:

Dieses Buch kann immer nur allgemeine Grundsätze und Leitlinien beschreiben. Es kann zum Beispiel in Situationen wie der oben beschriebenen sensibel dafür machen, dass der Verkäufer möglicherweise gar keine Ahnung von der Rechtslage hat, sondern einfach nur einem verbreiteten Rechtsirrtum aufsitzt. In solchen Fällen kann das Buch als Alltagshelfer nützlich sein. Eine individuelle Rechtsberatung kann es jedoch auf keinen Fall ersetzen. Jeden Tag ändern sich die Gesetze und jeden Tag ergehen neue Gerichtsurteile. Wer genau wissen will, wie in einem konkreten Fall die Rechtslage aussieht, der sollte einen Anwalt zu Rate ziehen. Denn jeder Fall liegt anders.

Allgemeines Privatrecht

Einschreiben

Irrtum:
Wichtige Sachen muss man immer per Einschreiben mit Rückschein verschicken.

Richtig ist:
Der Versand von Briefen per Einschreiben ist in vielen Fällen überflüssig und sogar schädlich.

Wer einen Brief per Einschreiben verschickt, erhält einen Einlieferungsbeleg. Damit kann er nachweisen, dass er den Brief tatsächlich versandt hat. Bei einem Einwurfeinschreiben erhält man außerdem einen Beleg, der bestätigt, dass das Einschreiben auch wirklich in den Briefkasten des Adressaten eingeworfen wurde. Bei einem Einschreiben mit Rückschein quittiert der Empfänger zusätzlich den Erhalt des Schreibens.

Wenigen Menschen ist klar, in welchen Situationen es sinnvoll ist, eine dieser Versandarten zu wählen. Die Deutsche Post AG dürfte deshalb jedes Jahr Unsummen an Briefen verdienen, die völlig unsinnigerweise als teures Einschreiben versandt werden. Denn allzu viele Menschen verschicken pauschal alles, was sie irgendwie für »offizielle« Post halten, per Einschreiben mit Rückschein. Sie tun dies, weil sie entweder glauben, dass dies aus rechtlichen Gründen notwendig oder hilfreich ist, oder weil sie annehmen, dass sie beim Empfänger so eine Menge Eindruck schinden. Mit dem Einschreiben hoffen sie, dem Empfänger zu signalisieren: »Achtung hier kommt ein Einschreiben, jetzt wird es richtig ernst für dich!« Statt 55 Cent wie bei einer normalen Briefsendung zahlen sie dann für einen Standardbrief immerhin 4,40 EUR, also das Achtfache!

In vielen Fällen ist dies völlig überflüssig und manchmal sogar schädlich. Ein Einschreiben soll sicherstellen, dass der Empfänger das Schreiben tatsächlich bekommt. In aller Regel erfährt man dies jedoch sowieso. Denn normalerweise beantworten Briefempfänger ihre Post. Wenn Sie also nur die Höhe Ihrer Telefonrechnung reklamieren oder sich beim Vermieter über den Schimmel im Bad beschweren wollen, dann ist ein Einschreiben im Allgemeinen nicht notwendig. Denn Sie können davon ausgehen, dass eine seriöse Telefongesellschaft Ihnen auch antwortet, wenn Sie Ihre Reklamation mit ganz normaler Post verschicken. Bei Vermietern ist das in der Regel nicht anders.

Wann sollte man seine Post per Einschreiben verschicken? Die Deutsche Post AG empfiehlt diese Versandart wenn der Absender die Ein- und Auslieferung wichtiger Schreiben später rechtssicher nachvollziehen und dokumentieren möchte. Als Beispiele nennt sie Kündigungen, Mahnungen oder Zahlungsaufforderungen. Als besonders sicher bezeichnet die Deutsche Post AG den Versand per Einschreiben mit Rückschein.

Tatsächlich ist es jedoch keineswegs so, dass der Absender auf der sicheren Seite ist, wenn er einen Brief per Einschreiben mit Rückschein verschickt. Denn wenn der Empfänger nicht zu Hause ist und sein Einschreiben auch nicht auf der Post abholt, weil er dessen Inhalt ahnt, bekommt der Absender natürlich auch keine schriftliche Empfangsbestätigung. Die Kündigung, Mahnung oder Zahlungsaufforderung gilt dann nicht als zugegangen. Vielmehr erhält der Absender seinen Brief zurück und hat möglicherweise eine wichtige Frist, zum Beispiel für die rechtzeitige Kündigung seines Mietvertrages, verpasst.

Und selbst dann, wenn der Empfänger den Erhalt des Schreibens bestätigt, besteht keineswegs Rechtssicherheit. Denn immer wieder kommt es vor, dass unseriöse Adressaten den Brief zwar erst einmal annehmen, nachträglich jedoch behaupten, in dem Umschlag des Einschreibens sei gar keine Kündigung, Mahnung oder Zahlungsaufforderung gewesen, sondern irgendetwas völlig anderes. In einem solchen Fall hat der Absender ein ernsthaftes Problem. Denn per Einschreiben mit Rückschein kann leider nur bewiesen werden, dass überhaupt irgendein Schreiben zugestellt wurde. Der Inhalt des Schreibens wird dagegen nirgendwo dokumentiert und ist damit schwer zu beweisen. Wer damit rechnet, dass der Empfänger eines wichtigen Schreibens derart üble Tricks anwenden könnte, der hat nur zwei Möglichkeiten, wenn er wirklich auf Nummer sicher gehen will:

Zum Ersten kann man die Kündigung per Gerichtsvollzieher zustellen lassen. Dann ist es egal, ob der Empfänger zu Hause ist. Denn der Gerichtsvollzieher kann Briefe auch dann wirksam zustellen, wenn der Empfänger die Annahme verweigert oder gar nicht zu Hause ist. Es reicht, wenn er den Brief in den Briefkasten des Adressaten einwirft. Falls es keinen Briefkasten geben sollte, nimmt der Gerichtsvollzieher den Brief einfach wieder mit und hinterlegt ihn für den Empfänger beim örtlichen Amtsgericht. Auch das gilt als wirksame Zustellung. Der Gerichtsvollzieher beglaubigt außerdem den Inhalt des zugestellten Schreibens in einer Zustellungsurkunde, die der Absender erhält. Mit anderen Worten: Bei einer Zustellung durch den Gerichtsvollzieher kann der Empfänger weder den wirksamen Zugang des Schreibens verhindern, noch kommt er mit der Behauptung durch, er habe keine Kündigung, sondern zum Beispiel nur ein leeres Blatt Papier erhalten. Sowohl Zugang als auch Inhalt des Schreibens sind in einer amtlichen Urkunde eindeutig festgehalten.

Auch für diejenigen Zeitgenossen, die mit der Form der Zustellung Eindruck schinden wollen, ist die Zustellung per Gerichtsvollzieher natürlich die bessere Wahl. Es wirkt allemal bedrohlicher, wenn der Gerichtsvollzieher vor der Tür steht und die Kündigung zustellt, als wenn der freundliche Postbote einem ein Einschreiben überreicht. Bevor Sie nun aber die deutschen Gerichtsvollzieher mit Zustellungsaufträgen überhäufen, beachten Sie bitte Folgendes: Schriftstücke, die Sie selbst verfasst haben, können Sie nur dann über den Gerichtsvollzieher zustellen lassen, wenn darin Willenserklärungen von rechtlicher Bedeutung enthalten sind. Das gilt für Kündigungen einer Mietwohnung oder eines Arbeitsverhältnisses, nicht aber für Liebesbriefe und Urlaubspostkarten. Bitte verschonen Sie also unsere Gerichtsvollzieher mit derlei Zustellungsaufträgen!

Wem die Zustellung per Gerichtsvollzieher zu umständlich, zu teuer oder schlicht zu übertrieben erscheint, der hat zweitens die Möglichkeit, dem Empfänger das Schreiben vor Zeugen persönlich zu übergeben oder es durch einen beliebigen Boten übergeben zu lassen. Auch der Einwurf in den Briefkasten vor Zeugen oder durch einen Boten genügt. Allerdings muss immer sichergestellt sein, dass Zeuge oder Bote auch den Inhalt des Schreibens zur Kenntnis genommen haben und ihn sich gut merken. Denn wenn es zu einer gerichtlichen Auseinandersetzung kommen sollte, dann werden sie in der Regel erst Monate später ihre Aussage machen müssen. Ein sofort angefertigtes, präzises Gedächtnisprotokoll des Briefinhalts hilft hier gegen das Vergessen.

Zusammenfassend kann man sich also merken: In den meisten Fällen braucht man in der Praxis kein Einschreiben. Wenn tatsächlich einmal eine wichtige Frist läuft und man es mit einem Empfänger zu tun hat, der den Zugang des Schreibens möglicherweise bestreiten wird, dann sollte man es entweder per Bote übermitteln oder vor Zeugen persönlich überreichen. Den Gerichtsvollzieher sollte man nur bemühen, wenn es um wichtige Willenserklärungen von rechtlicher Bedeutung geht.

Bei Interesse siehe hierzu:
§ 132 Abs. 1 BGB (Bürgerliches Gesetzbuch), »Ersatz des Zugehens durch Zustellung«

Finder

Irrtum:
Wer eine verlorene Sache sieht und an sich nimmt, ist der Finder.

Richtig ist:
Der vermeintliche »Finder« gilt häufig nur als Entdecker und hat daher nicht die Rechte eines Finders.

Wer etwas findet, hat Anspruch auf Finderlohn *(→ Finderlohn).* Doch wer ist eigentlich der Finder? Natürlich derjenige, der die verlorene Sache als Erster entdeckt und an sich nimmt, möchte man meinen. Die Rechtsprechung sieht das jedoch ganz anders. Der Bundesgerichtshof (BGH) hatte einmal über folgenden Fall zu entscheiden:

Ein Kunde entdeckte in der Lebensmittelabteilung eines Selbstbedienungs-Großmarktes unter einem Regal zwischen aufgestellten Waren einen Tausend-DM-Schein und übergab ihn dem Betriebsleiter des Marktes. Ein Verlierer meldete sich in der Folge nicht. Der Großmarkt behielt daher das Geld und weigerte sich, es dem vermeintlichen »Finder« zurückzugeben. Der klagte sich durch alle Instanzen und unterlag schließlich beim BGH mit seiner Forderung, der Großmarkt möge ihm als Finder die 1 000,– DM samt Zinsen auszahlen[1].

Der BGH begründete die Klageabweisung damit, der ehrliche »Finder« sei im Rechtssinne gar kein Finder, sondern nur Entdecker gewesen. Denn zum Finder wird nur, wer eine verlorene, d. h. *besitzlose* Sache entdeckt und anschließend in Besitz nimmt. Der Geldschein war nach Einschätzung des BGH jedoch nicht besitzlos. Er habe sich vielmehr die ganze Zeit im Besitz des Großmarktbetreibers befunden. Denn dieser habe einen erkennbaren »Besitzerwerbswillen« an sämtlichen Dingen, die Kunden in seinen Räumlichkeiten verlieren. Dass die Mitarbeiter des Großmarktes überhaupt nichts von der Existenz des Tausend DM-Scheines wussten, bevor der Kunde ihn ablieferte, spiele keine Rolle.

Der BGH urteilte demnach, dass nicht der Kunde als Finder zu gelten hatte, sondern der Großmarktbetreiber. Da sich der Verlierer nicht meldete, durfte der Großmarktbetreiber den Geldschein tatsächlich behalten. Nur er hätte auch Finderlohn erhalten, wenn der Verlierer doch noch seine Ansprüche angemeldet hätte. Der ehrliche Kunde wäre also in jedem Falle leer ausgegangen.

Bei Interesse siehe hierzu:
§ 973 BGB (Bürgerliches Gesetzbuch), »Eigentumserwerb des Finders«

Finderlohn

Irrtum:
Man hat einen Anspruch auf 10 % Finderlohn.

Richtig ist:
Die Höhe des Finderlohns ist von dem materiellen und ideellen Wert der Fundsache sowie ihrem Fundort abhängig.

Sehr häufig hört und liest man, dass Finder einen Anspruch auf 10 % Finderlohn hätten. Dabei ist unklar, warum sich in der allgemeinen Vorstellung gerade die Zahl Zehn durchgesetzt hat. Möglicherweise liegt es daran, dass sie so schön rund klingt. Tatsache ist: Es gibt keinen einheitlichen Prozentsatz, der für alle Fundsachen gilt. Die Berechnung des Finderlohns hängt vielmehr vom materiellen und ideellen Wert der Fundsache ab, aber auch davon ab, wo sie gefunden wurde.

Wer etwas findet, muss den Verlierer oder den Eigentümer über den Fund informieren. Sachen im Wert von mehr als 10,– € müssen notfalls beim örtlichen Fundbüro oder, je nach Bundesland und Art der Fundsache, bei der Polizei angemeldet werden, wenn nicht klar ist, wer sie verloren hat. Der Finder kann dann 5% des Wertes als Finderlohn beanspruchen. Dies gilt jedoch nur für Sachen, die bis zu 500,– € wert sind. Von allem, was über 500,– € hinausgeht, erhält der Finder nur noch 3%. Wer also eine 1 000,– € teure Uhr findet, bekommt für die ersten 500,– € einen Finderlohn von 25,– € (5%) und für die verbleibenden 500,– € einen Finderlohn von 15,– € (3%). Insgesamt stehen ihm also 40,– € zu. Bei Sachen, die nur ideellen Wert haben, wie dem wertlosen Modeschmuck, den die verstorbene Großmutter als letztes Andenken hinterlassen hat, ist der Finderlohn »nach billigem Ermessen« zu bestimmen. Hält der Finder die Summe, die der Eigentümer nach seinem Ermessen festgelegt hat, für zu niedrig, kann er ihre »Billigkeit«, d. h. ihre Angemessenheit gerichtlich überprüfen lassen.

Das Fundbüro darf Fundsachen übrigens nur mit Zustimmung des Finders an den Berechtigten herausgeben. Es wird den Finderlohn daher bei Abgabe an den Berechtigten einbehalten, wenn der Finder den Finderlohnanspruch bei Abgabe geltend gemacht hat. Auf diese Weise ist sichergestellt, dass der ehrliche Finder sein Geld auch tatsächlich erhält. Falls sich innerhalb von sechs Monaten, nachdem der Finder den Fund beim Fundbüro oder bei der Polizei angemeldet hat, kein Berechtigter meldet, wird der Finder selbst Eigentümer der Fundsache.

Ganz eigene Regeln gelten für Funde in öffentlichen Behörden und Verkehrsmitteln. Das gilt vor allem für die Höhe des Finderlohnes. Zunächst einmal herrscht dort eine Bagatellgrenze von 50,– €, bis zu der dem Finder überhaupt kein Finderlohn zusteht. Für Funde ab 50,– €

gibt es zwar Geld. Der Finder erhält jedoch nur die Hälfte dessen, was er bekäme, wenn er die Sache nicht auf dem Einwohnermeldeamt oder in der U-Bahn, sondern auf der Straße gefunden hätte. Die Tausend-Euro-Uhr aus unserem Beispiel oben brächte dem Finder statt 40,– € also nur 20,– €, wenn er sie am »falschen« Ort gefunden hat.

Wer eine Fundsache behält, anstatt sie anzumelden bzw. abzugeben, macht sich übrigens strafbar. Für eine so genannte Fundunterschlagung drohen Geldstrafe oder sogar Freiheitsstrafe bis zu drei Jahren.

Bei Interesse siehe hierzu:
§ 971 BGB (Bürgerliches Gesetzbuch), »Finderlohn«
§ 978 Abs. 2 BGB, »Fund in öffentlicher Behörde oder Verkehrsanstalt«

Getrennt vererben

Irrtum:
Man kann Gegenstände getrennt vererben.

Richtig ist:
Das getrennte Vererben von Gegenständen ist nicht möglich.

»Mein letzter Wille: Meine Tochter Gisela soll das Haus erben. Mein Sohn Bernd erbt das Auto. Die Porzellanpuppensammlung geht an meine Nachbarin Frau Kindler. Und das ganze Bargeld vererbe ich dem Tierschutzverein.«

Testamente wie diese kennt man aus dem Fernsehen. Auch in der Praxis sind sie bei juristischen Laien sehr beliebt und bereiten bei der Testamentsvollstreckung immer wieder Schwierigkeiten. Viele glauben offensichtlich: Wenn ich mein Auto und mein Geld zu Lebzeiten an unterschiedliche Personen *verschenken* kann, dann kann ich es auch an unterschiedliche Personen *vererben*. Ganz so einfach ist es jedoch nicht. Vermögensgegenstände kann man zwar einzeln verschenken, jedoch nicht einzeln vererben. Ein Erbe oder eine Erbengemeinschaft treten vielmehr eine so genannte Gesamtrechtsnachfolge an, d. h. sie erwerben nicht nur das Eigentum an verschiedenen separaten Gegenständen, sondern übernehmen das Vermögen des Erblassers *als Ganzes*.

Auf Umwegen kann der Erblasser in einem gewissen Rahmen dennoch erreichen, dass bestimmte Wertgegenstände an bestimmte Personen gehen. Vermächtnisse und so genannte Teilungsanordnungen können nicht in allen, aber in vielen Fällen helfen, dieses Ziel zu erreichen. Beide müssen jedoch unzweifelhaft aus dem Testament hervorgehen und das ist leider nur selten der Fall. Testamente juristischer Laien müssen vielmehr fast immer ausgelegt, d. h. notfalls vom Gericht interpretiert werden. Dies ist häufig nicht einfach, führt oftmals zu vermeidbarem Streit unter den Erben und am Ende kommt möglicherweise etwas ganz anderes heraus, als der Erblasser es sich ursprünglich einmal vorgestellt hatte.

Jeder, der ein Testament verfasst, sollte sich deshalb hierbei sachkundig beraten lassen. Auf Erbrecht spezialisierte Rechtsanwälte und Notare sind geübt darin, den tatsächlichen Willen des Erblassers zu erforschen und juristisch einwandfrei umzusetzen.

Bei Interesse siehe hierzu:
§ 1922 BGB (Bürgerliches Gesetzbuch), »Gesamtrechtsnach-folge«

Handtücher auf Liegestühlen, Jacken auf Barhockern

Irrtum:
Mit Handtüchern und Jacken kann man Liegestühle und Barhocker rechtswirksam blockieren.

Richtig ist:
Handtücher und Jacken allein vermitteln noch keine Besitzansprüche.

Der durchschnittliche Engländer hat bei dem Stichwort »Deutschland und die Deutschen« drei spontane Assoziationen, die das schlechte Image unseres Landes prägen:

1. Der Zweite Weltkrieg
2. Fußballspiele, die (angeblich) immer von Deutschland gewonnen werden
3. Handtücher, mit denen deutsche Touristen um sechs Uhr morgens noch schnell vor dem Frühstück sämtliche Liegestühle mallorquinischer Bettenburgen blockieren, während die Engländer noch ihren Rausch ausschlafen

An der ersten Assoziation können wir leider nichts mehr ändern. Bei der zweiten wären wir froh, wenn sie wahr wäre. Und was ist mit der dritten? Da dürfte in der Tat Handlungsbedarf bestehen. Denn das Territorialgehabe der Deutschen ist tatsächlich sehr ausgeprägt. Wir blockieren nicht nur verlassene Liegestühle mit Handtüchern, sondern auch leere Kinositze und Barhocker mit Jacken (»Sorry, da kommt gleich noch einer!«) und schrecken als einziges Volk der Welt noch nicht einmal davor zurück, uns an fremden Stränden in muschelbewehrte Sandburgen einzugraben, ganz so, als erwarteten wir mal wieder eine Landung der Alliierten.

Um es ganz deutlich zu sagen: Handtücher, Jacken und Sandburgen allein vermitteln noch keine Besitzansprüche – und zwar weder bei uns noch in mallorquinischen Hotelanlagen. Unsere dem Frühaufstehen eher abgeneigten britischen Nachbarn haben also völlig recht, wenn sie sich über uns aufregen. Wer sich von einem öffentlichen Liegestuhl, einem Barhocker oder »seinem« Platz am Strand entfernt, für den gilt nach deutschem wie spanischem Recht zunächst einmal die alte Kinderweisheit: »Weggegangen, Platz vergangen!« Juristen sprechen in solchen Fällen etwas vornehmer von bloßem Kurzbesitz einer Sache, der keine schützenswerte Rechtsposition verleiht. Jeder andere hat daher nun das Recht, den frei gewordenen Platz einzunehmen und das Handtuch oder die Jacke woanders hinzulegen. Man hätte allenfalls die Möglichkeit, die Hotel- oder Barbetreiber darum zu bitten, von ihrem Eigentums- oder Hausrecht Gebrauch zu machen. Ihnen gehören die Liegestühle und Barhocker schließlich. Also dürfen sie auch bestimmen, wer darauf Platz nimmt.

Eine Ausnahme gilt dann, wenn zwischen Mensch

und Sitzgelegenheit eine deutlich dauerhaftere und festere Verbindung besteht. Wenn beispielsweise die Liegestühle im Hotel nicht einfach zu jedermanns freier Verfügung um den Pool herum stehen, sondern der Betreiber einen bestimmten Liegestuhl – zum Beispiel gegen eine Gebühr – ausschließlich an einen bestimmten Gast herausgibt, sieht die Sache natürlich anders aus. Der Entleiher gälte dann als notwehrberechtigter Besitzer und könnte dem auf frischer Tat ertappten »Liegestuhldieb« das Corpus Delicti sogar mit Gewalt wieder abnehmen.

Letztlich sollte eines jedoch klar sein: Am besten löst man Streitigkeiten um Liegestühle und Barhocker natürlich nicht auf juristischem Weg (und schon gar nicht mit Gewalt), sondern schlicht mit angemessenem Sozialverhalten. Warum eigentlich beweisen wir den verkaterten Langschläfern von der Insel nicht einfach unsere menschliche Größe und überlassen ihnen die Liegestühle freiwillig? Ein Volk, dessen Nationalelf seit 40 Jahren kein großes Fußballturnier mehr gewonnen und den einzigen WM-Titel einem verwirrten Schiedsrichter zu verdanken hat, soll wenigstens das Recht haben, sich unter Spaniens Sonne in Ruhe auszustrecken und zu entspannen.

Bei Interesse siehe hierzu:
§ 227 BGB (Bürgerliches Gesetzbuch), »Notwehr«
§ 854 Abs. 1 BGB, »Erwerb des Besitzes«
§ 858 Abs. 1 BGB, »Verbotene Eigenmacht«
§ 859 Abs. 1, 2 BGB, »Selbsthilfe des Besitzers«
Art. 460 Código Civil español

Samstag = Werktag?

Irrtum:
Der Samstag ist kein Werktag.

Richtig ist:
Auch der Samstag gilt gesetzlich immer noch als Werktag.

Die Zeiten, in denen auch samstags allgemein gearbeitet wurde, sind vorbei – jedenfalls vorläufig. Was die Zukunft den deutschen Arbeitnehmern noch bringen wird, weiß natürlich niemand. Das Arbeitszeitgesetz würde jedenfalls eine Ausweitung der wöchentlichen Arbeitszeit auf 48 Stunden, d. h. auch auf Samstagsarbeit, ohne weiteres zulassen. Tatsache ist jedoch: Nach den derzeitigen Tarifverträgen ist der Samstag kein regulärer Arbeitstag.

Das heißt jedoch noch lange nicht, dass er kein Werktag ist. Denn Rechtsbegriffe wie »Werktag« werden nicht von Tarifverträgen definiert, sondern vom Gesetz selbst. Und das Gesetz versteht den Samstag nach wie vor als Werktag. Dies führt vielfach zu Missverständnissen. Immer wieder kommt es zum Beispiel vor, dass Autofahrer ihr Fahrzeug zum Beispiel an einem Samstag im eingeschränkten Haltverbot parken. Wenn sie dann ein Knöllchen bekommen, wundern sie sich, weil es auf dem Verkehrsschild doch geheißen hatte: »Werktags von 9:00 bis 18:00 Uhr«. Von den Gerichten müssen sich die Verkehrssünder dann erklären lassen, dass auch heute noch der Samstag nach allgemeinem Sprachgebrauch ein Werktag ist. Auch am Samstag durften sie also nicht in diesem Haltverbot parken.

Etwas anderes gilt nur dann, wenn das Gesetz ausdrücklich anordnet, dass der Samstag nicht wie ein Werktag zu behandeln ist. Eine solche gesetzliche Anordnung gibt es zum Beispiel für den Fall, dass an einem bestimmten Tag oder innerhalb einer bestimmten Frist eine Willenserklärung abgegeben oder eine Leistung erbracht werden muss. Wenn es in einem Vertrag also heißt: »Kündigung jeweils zum Monatsletzten« oder »Lieferung binnen einer Woche nach Vertragsschluss«, dann wird der letzte Tag der Frist nicht mitgezählt, wenn er auf einen Samstag, Sonntag oder Feiertag fällt. An seine Stelle tritt vielmehr der nächste Werktag. Mit dieser Vorschrift soll die Sonn- und Feiertagsruhe geschützt werden. Mieter und Schuldner sollen nicht gezwungen werden, ihren Vermieter oder Gläubiger ausgerechnet an dessen freien Tagen mit Kündigungen oder Warenlieferungen belästigen zu müssen. Bis 1965 galt diese Ausnahmeregelung ausschließlich für Sonn- und Feiertage. Dann wurde dem Umstand Rechnung getragen, dass sich in Wirtschaft und öffentlicher Verwaltung weitestgehend die 5-Tage-Woche durchgesetzt hatte. Seitdem wird der Samstag bei der Berechnung von Fristabläufen nicht mehr wie ein Werktag behandelt. In allen anderen Fällen gilt jedoch weiterhin: Samstage sind Werktage.

Bei Interesse siehe hierzu:
§ 193 BGB (Bürgerliches Gesetzbuch), »Sonn- und Feiertag; Sonnabend«. Entsprechende Vorschriften gibt es auch in zahlreichen anderen Gesetzen.

Sperrmüllfledderei

Irrtum:
*Was andere auf den Sperrmüll werfen, darf man mit-
nehmen.*

Richtig ist:
*Wer etwas zum Sperrmüll stellt, gibt nicht unbedingt
sein Eigentum daran auf.*

»Sperrmüllfledderei« ist in Deutschland zu einem beliebten Hobby geworden. Schon am Abend bevor der Sperrmüll abgeholt wird, kann man in vielen Städten semi-
professionelle Müllsammler beobachten, die langsam
durch die Straßen fahren und Ausschau nach verwert-
baren Gegenständen halten. Die wenigsten dürften
wissen, dass nicht alles, was andere Leute auf den Müll
werfen, deshalb gleich herrenlos wird. Wohl die große
Mehrheit der Deutschen geht davon aus, dass man alles
mitnehmen darf, was andere bewusst am Straßenrand zur
Abholung durch die Müllabfuhr bereitgestellt haben.
Doch dies ist ein Irrtum.

Es fehlt zwar bisher an höchstrichterlicher Rechtsprechung zu der Frage, ob es erlaubt es, Sperrmüll
mitzunehmen oder nicht. Im Einzelnen ist daher vieles
umstritten. Manche Rechtswissenschaftler sind der Meinung, es sei stets strafbar, wenn man Gegenstände vom
Straßenrand mitnimmt, die andere dort als Sperrmüll abgestellt haben. Es dürfte jedoch sehr fraglich sein, ob ein
Gericht tatsächlich jemals einen Müllsammler bestrafen
wird, der irgendeinen alten Stuhl mitnimmt, den andere
offensichtlich nicht mehr brauchen und daher zum

Abholen durch die Müllabfuhr bereitgestellt haben. Ohnehin ist es bereits ziemlich unwahrscheinlich, dass in einem solchen Fall überhaupt jemand Strafanzeige erstattet. Denn wer sollte ein Interesse an einer Bestrafung des »Täters« haben?

Ganz anders mag es jedoch bei Gegenständen aussehen, bei denen man nicht ohne weiteres davon ausgehen kann, dass der frühere Eigentümer damit einverstanden wäre, dass jedermann sie sich aneignet. Wenn zum Beispiel ein Künstler seine Gemälde nicht für ausstellungs- oder verkaufswürdig hält und sie deshalb auf den Sperrmüll wirft, wird es ihm möglicherweise nicht recht sein, wenn jemand anderes die missglückten Werke an sich nimmt und behält. In einem ähnlichen Fall hat jedenfalls das Landgericht Ravensburg entschieden, dass der Künstler vom Müllsammler die Herausgabe der weggenommenen Bilder verlangen konnte[2]. Nur die Müllabfuhr wäre also berechtigt gewesen, sie mitzunehmen. Nicht anders verhält es sich bei anderen höchstpersönlichen Gegenständen wie zum Beispiel Briefen, Bankunterlagen oder Tagebüchern. Wer diese zur Abholung durch die Müllabfuhr bereitstellt, möchte, dass sie auch tatsächlich vernichtet werden. Er will sicher nicht, dass die Nachbarn oder sonst jemand Einblick in die Unterlagen nehmen. Auch in einem solchen Fall kann man daher möglicherweise nicht von einer Eigentumsaufgabe sprechen. Wer die Sachen trotzdem mitnimmt, muss sie auf Verlangen des Eigentümers wieder herausgeben und macht sich gegebenenfalls sogar wegen Diebstahls oder Unterschlagung strafbar.

Das Gleiche gilt übrigens auch für Gegenstände, die zu Gunsten karitativer Sammelorganisationen an den

Straßenrand gestellt werden. Wer zum Beispiel seine gebrauchten Kleider in einen Altkleidersack des Deutschen Roten Kreuzes packt und vor der Haustür zur Abholung durch das DRK abstellt, will nicht, dass andere den Sack durchsuchen und sich den Inhalt einstecken. Wer dies dennoch tut, muss ebenfalls damit rechnen, dass er wegen Diebstahls oder Unterschlagung bestraft werden kann.

Bei Interesse siehe hierzu:
§ 959 BGB (Bürgerliches Gesetzbuch), »Aufgabe des Eigentums«

Spielschulden und Wettschulden

Irrtum:
Spielschulden und Wettschulden muss man bezahlen.

Richtig ist:
Spiel- und Wettschulden sind bestenfalls »Ehren«-Schulden.

Den Spruch »Spielschulden sind Ehrenschulden« haben die meisten zwar schon einmal gehört. Nicht alle aber haben ihn auch verstanden. Denn immer wieder kommt es vor, dass siegreiche Skat- oder Pokerspieler glauben, sie hätten einen Anspruch auf das im Spiel gewonnene Geld. Sie legen den oben zitierten Satz fälschlich so aus, dass Spielschulden *nicht nur* rechtlich verbindlich seien, sondern ihre Begleichung *zusätzlich auch noch* eine Frage der Ehre ist. Bei Wettschulden besteht das gleiche Missverständnis.

Richtig ist: Wett- und Spielschulden sind keineswegs verbindlich. Niemand kann gezwungen werden, Geld zu bezahlen, das er bei einem Glücksspiel oder einer Wette »verloren« hat. Eine entsprechende Klage vor Gericht hätte keine Aussicht auf Erfolg. Wer sich nun bereits die Hände reibt und von seinen Skatkumpels die Rückzahlung des Kleinwagens verlangt, den er im Laufe der letzten Jahre insgesamt verzockt hat, sollte sich jedoch nicht zu früh freuen. Denn Wett- und Spielschulden, die man einmal beglichen hat, kann man nicht mehr zurückfordern. Dass man sie gar nicht erst hätte begleichen müssen, spielt keine Rolle. Was einmal weg ist, ist also weg.

Und wie ist das mit der Ehre? Ob man gleich seine Ehre verliert, wenn man Wett- und Spielschulden nicht begleicht, sei einmal dahingestellt. Denn grundsätzlich ist öffentliches Glücksspiel in Deutschland sogar strafbar, wenn nicht ausnahmsweise eine behördliche Genehmigung (z. B. bei Spielbanken) vorliegt. Und der Begriff »öffentlich« wird sehr weit definiert! Selbst Stammtische, die regelmäßig Glücksspiele veranstalten, gelten als öffentlich. Dabei ist es egal, wo der Stammtisch sich trifft. Sogar Spielrunden im privaten Partykeller können als »öffentliche Veranstaltung« gelten und strafbar sein. Wenn das Gesetz in dieser Frage derart streng ist, muss man sich fragen, ob es wirklich unehrenhaft sein kann, Spielschulden nicht zu bezahlen. Schließlich handelt es sich letztlich um die »Beute« aus einer Straftat.

Im Ergebnis heißt all das: Wer sich nach sechsstündiger erfolgloser Skatklopperei mit den Worten verabschiedet: »War doch nur ein Spiel!« und das verlorene Geld nicht herausrückt, der hat zwar das Recht auf seiner Seite. Auch seine Ehre verliert er möglicherweise nicht. Was er dagegen mit Sicherheit verlieren dürfte, sind ein paar gute Freunde. Ob man dies in Kauf nehmen möchte, hängt natürlich ganz von den Freunden ab.

Bei Interesse siehe hierzu:
§ 762 BGB (Bürgerliches Gesetzbuch), »Spiel, Wette«
§ 284 StGB (Strafgesetzbuch), »Unerlaubte Veranstaltung eines Glücksspiels«

Zugangsvereitelung

Irrtum:
Wer das Faxgerät ausschaltet, während ein Fax ankommt, verhindert so den Zugang des Schreibens.

Richtig ist:
Wer versucht, den Zugang eines Faxes zu vereiteln, wird so behandelt, als sei das Schreiben zugegangen.

Immer wieder kommt es vor, dass vermeintlich besonders schlaue Personen das Faxgerät mitten im Übertragungsvorgang ausschalten, wenn schon auf den ersten Seiten erkennbar ist, dass es sich bei dem ankommenden Fax um eine Abmahnung, eine Kündigung oder ein sonstiges unangenehmes Dokument handelt. Offensichtlich meinen die Adressaten, sie müssten keine Schreiben beachten, die bei ihnen nicht oder nicht vollständig angekommen sind.

Wer glaubt, mit solchen Spielchen Erfolg zu haben, der irrt jedoch. Wer den Zugang einer Willenserklärung vorsätzlich und unberechtigt verhindert, der muss sich so behandeln lassen, als sei das Schreiben zugegangen. Es findet eine so genannte Zugangsfiktion statt. Der Absender muss das Schreiben nicht noch ein zweites Mal versenden. Wer also absichtlich das Faxgerät während der Übertragung ausschaltet, kann sich später nicht darauf berufen, das Schreiben nur unvollständig erhalten zu haben.

Selbst wer den Zugang eines Schreibens nicht vorsätzlich, sondern nur fahrlässig verhindert, weil er zum Beispiel vergessen hat, genügend Papier ins Faxgerät zu legen, hat damit nichts gewonnen, wenn ihm das Schreiben später doch noch zugeht. Er kann sich nicht darauf berufen, dass der spätere Zugang nicht rechtzeitig war. Er muss sich vielmehr so behandeln lassen, als sei das Schreiben bereits beim ersten, fehlgeschlagenen Zustellversuch zugegangen. In einem solchen Fahrlässigkeitsfall muss der Absender das Schreiben also zwar noch einmal versenden. Wenn es jedoch zu spät, also beispielsweise nach Ablauf einer Kündigungsfrist, ankommt, ist ihm dies nicht anzulasten. Es findet demnach zwar keine Zugangsfiktion statt, jedoch immerhin eine so genannte Rechtzeitigkeitsfiktion.

Bei Interesse siehe hierzu:
§ 162 BGB (Bürgerliches Gesetzbuch), »Verhinderung oder Herbeiführung des Bedingungseintritts« – analoge Anwendung dieser Bestimmung auf Fälle der Zugangsvereitelung
§ 242 BGB, »Leistung nach Treu und Glauben«

Zutrittsrecht für Notdurftgeplagte?

Irrtum:
Man muss fremde Menschen, die ein dringendes Bedürfnis plagt, in die Wohnung lassen.

Richtig ist:
Eine Notdurft macht noch keinen Notfall.

Ein besonders skurriles Märchen, das man in unterschiedlichen Versionen immer mal wieder aufgetischt bekommt, ist die Behauptung, man müsse jeden Wildfremden, der an der Haustür klingelt, hereinlassen und ihm die Benutzung der Toilette gestatten, wenn dieser nur ausreichend dringend »muss«. Alles andere sei unterlassene Hilfeleistung.

Zunächst einmal gilt: Die Unverletzlichkeit der Wohnung ist schon in der Verfassung garantiert. Hieran erkennt man bereits den hohen Stellenwert dieses Rechts. Auch Rechtsgüter mit Verfassungsrang haben zwar manchmal hinter anderen Interessen zurückzustehen. Diese Interessen müssen dann jedoch einiges Gewicht haben. Es muss also schon ein echter Unglücksfall vorliegen, bevor man ausnahmsweise verpflichtet ist, fremde Menschen in die Wohnung zu lassen. Wer zum Beispiel beim Blick aus dem Fenster beobachtet, wie jemand auf der Straße brutal zusammengeschlagen wird, der muss dem Verletzten die erforderliche und zumutbare Hilfe zukommen lassen. Er muss mindestens Polizei und Krankenwagen herbeirufen. Er kann aber auch verpflichtet sein, den Verletzten in die Wohnung zu lassen und ihm dort Schutz und Hilfe zu gewähren. Das gilt jeden-

falls dann, wenn er sich durch diese Form der Hilfeleistung nicht selbst erheblichen eigenen Gefahren aus-
setzt, zum Beispiel, weil er befürchten muss, dass die
Schläger sich ebenfalls Zutritt zur Wohnung verschaffen.
Wer eine erforderliche und zumutbare Hilfe nicht leistet,
macht sich in der Tat wegen unterlassener Hilfeleistung
strafbar.

Aber wie gesagt: Es muss schon ein Unglücksfall vorliegen. Ob das dringende Bedürfnis, die Notdurft zu ver-
richten, bereits einen Unglücksfall darstellt, darf wohl
bezweifelt werden. Unter einem Unglücksfall wird ein
Ereignis verstanden, dass eine erhebliche Gefahr für ein
Individualrechtsgut mit sich bringt. Ohne Zweifel ist es
eine sehr unangenehme Situation, wenn man die Toilette
aufsuchen muss, eine solche jedoch nicht ohne Weiteres
erreichbar ist. Dem unglücklichen Betroffenen bieten
sich dann nur zwei Auswege. Wir wollen nicht unappe-
titlich werden und diese beiden Möglichkeiten hier allzu
plastisch beschreiben. Nur so viel: Ausweg Nr. 1 wird zu
einer Verschmutzung mindestens der Unterwäsche des
Betroffenen sowie zu Geruchsbelästigungen des Betroffenen und der ihn umgebenden Personen führen. Ausweg
Nr. 2 wird möglicherweise die Blicke von Passanten auf
sich ziehen, die sich wundern, was dort hinter dem Busch
oder in der schlecht beleuchteten Hofeinfahrt eigentlich
vor sich geht. Damit hat es sich dann aber auch schon.
Die Verunreinigungen, die in beiden Fällen entstünden,
ließen sich problemlos wieder entfernen, ohne dauerhafte
Schäden zu hinterlassen. Im ersten Fall könnten sämtliche Spuren durch eine gründliche Wäsche beseitigt
werden. Im zweiten Fall erledigen – je nach Art und
Konsistenz der Verunreinigung – entweder der Regen

oder aber ein beherzter Eingriff mit Handfeger und
Schaufel die Arbeit. Schön ist das alles sicher nicht, aber
es führt auch nicht zu ernsthaften Schäden. Man wird
daher wohl resümieren dürfen: Eine Notdurft macht
noch keinen Notfall und Harndrang bricht nicht Hausrecht. Niemand muss Hinz und Kunz in die Wohnung
lassen, nur weil diese ein dringendes Bedürfnis plagt.

Bei Interesse siehe hierzu:
Art. 13 Abs. 1 GG (Grundgesetz), »Unverletzlichkeit der
Wohnung«
§ 323 c StGB (Strafgesetzbuch), »Unterlassene Hilfeleistung«

Arbeitswelt

Anspruch auf Abfindung

Irrtum:
Wer als Arbeitnehmer gekündigt wird, hat einen gesetzlichen Anspruch auf Abfindung.

Richtig ist:
Einen allgemeinen gesetzlichen Abfindungsanspruch gibt es nicht.

»Mir wurde gekündigt. Wie viel Abfindung steht mir jetzt zu, Herr Rechtsanwalt?«
Seit Jahrzehnten werden Anwälte für Arbeitsrecht mit diesem klassischen Mandanten-Missverständnis konfrontiert. Immer wieder müssen Anwälte gekündigten Arbeitnehmern erklären, dass sie grundsätzlich gar kein Geld verlangen können, wenn sie entlassen werden. Denn bis 2003 gab es in Deutschland überhaupt keinen gesetzlichen Abfindungsanspruch. Wer unberechtigt gekündigt wurde, hatte nur die Wahl, entweder die Kündigung zu akzeptieren oder Kündigungsschutzklage zu erheben. Vor Gericht einigte man sich dann in der Praxis tatsächlich häufig auf eine Abfindung. Im Gegenzug nahm der Arbeitnehmer seine Klage zurück. Der Arbeitgeber kaufte sich also sozusagen von dem Arbeitnehmer frei.

2004 wurde das Kündigungsschutzrecht reformiert. Der Gesetzgeber mag sich dabei ursprünglich einmal gedacht haben: »Wenn sowieso alle glauben, dass es einen gesetzlichen Abfindungsanspruch gibt, dann können wir ihn auch einführen.« Es wurde also ein erster Gesetzesentwurf erarbeitet, nach dem alle Arbeitnehmer, die aus betrieblichen Gründen gekündigt werden, künftig tatsächlich einen einklagbaren Anspruch auf Abfindung bekommen sollten. Beschlossen wurde letztlich jedoch etwas ganz anderes.

Heute gibt es zwar einen Abfindungsanspruch. Er gilt jedoch erstens nur bei betriebsbedingten Kündigungen und zweitens nur, wenn der Arbeitgeber in der Kündigung ausdrücklich darauf hinweist, dass der Arbeitnehmer eine Abfindung beanspruchen kann, wenn er die Frist für die Einreichung einer Kündigungsschutzklage verstreichen lässt. Diese Frist endet drei Wochen, nachdem die Kündigung dem Arbeitnehmer zugegangen ist. Weist der Arbeitgeber nicht auf dieses Recht hin, dann besteht es auch nicht.

Wenn der Arbeitnehmer nach alledem doch einmal Anspruch auf eine Abfindung hat, dann beträgt sie übrigens einen halben Monatsverdienst für jedes Jahr des Bestehens des Arbeitsverhältnisses. »Angebrochene« Jahre sind ab sechs Monaten Dauer auf ein volles Jahr aufzurunden.

Bei Interesse siehe hierzu:
§ 1a KSchG (Kündigungsschutzgesetz), »Abfindungsanspruch bei betriebsbedingter Kündigung«

Arbeitslosengeld für Selbständige

Irrtum:
Wer als selbständiger Unternehmer scheitert, hat keinen Anspruch auf Arbeitslosengeld.

Richtig ist:
Auch gescheiterte Selbständige haben innerhalb der so genannten Rahmenfrist noch Anspruch auf Arbeitslosengeld.

Viele Arbeitslose haben Angst davor, sich selbständig zu machen, weil sie befürchten, hierdurch ihren Anspruch auf Arbeitslosengeld zu verlieren. Diese Befürchtung war jedoch schon immer unbegründet. Und selbst die Hartz-Reformen haben einen Grundsatz nicht verändert: Auch Selbständige können im Falle eines Scheiterns ihres Unternehmens wieder Arbeitslosengeld beziehen, wenn bestimmte Voraussetzungen erfüllt sind. Wie jeder andere Arbeitslose haben sie Anspruch auf Arbeitslosengeld, wenn sie innerhalb der so genannten Rahmenfrist von zwei Jahren mindestens 12 Monate in einem Versicherungspflichtverhältnis gearbeitet haben.

Ein Beispiel: Herr Wenzel wurde zum 31. Dezember 2004 entlassen. Bis dahin hatte er versicherungspflichtig als Angestellter gearbeitet. Vom 1. Januar 2005 bis zum 31. Dezember 2005 versucht er, sich eine selbständige Existenz aufzubauen, merkt aber nach einem Jahr, dass er damit keinen Erfolg hat. Ab dem 1. Januar 2006 meldet er sich wieder arbeitslos und hat Anspruch auf Arbeitslosengeld.

Wer arbeitslos wird, sollte auch aus diesem Grund die

Möglichkeit in Betracht ziehen, sich eine eigene, selbständige Existenz aufzubauen. Gerade Existenzgründer, die sich aus der Arbeitslosigkeit heraus selbständig machen, erhalten vielfältige Förderungen. Die Bundesagenturen für Arbeit beraten jeden gerne, der den Mut zur Gründung einer eigenen Unternehmung aufbringt.

Bei Interesse siehe hierzu:
§ 118 SGB III (Sozialgesetzbuch III), »Anspruchsvoraussetzungen bei Arbeitslosigkeit«
§ 123 SGB III, »Anwartschaftszeit«
§ 124 SGB III, »Rahmenfrist«

Reisekostenersatz beim Vorstellungsgespräch

Irrtum:
Die Kosten für die Fahrt zum Vorstellungsgespräch muss der Bewerber selbst tragen.

Richtig ist:
Grundsätzlich muss der Arbeitgeber dem Bewerber die Fahrtkosten zum Vorstellungstermin ersetzen.

Stellenbewerbungen kosten viel Geld. Vor allem die Reisekosten können ganz erheblich zu Buche schlagen. Vielen ist dabei überhaupt nicht klar, dass in der Regel der Stellenanbieter verpflichtet ist, sämtliche Aufwendungen des Bewerbers zu ersetzen, wenn er diesen zu einem Vorstellungsgespräch einlädt[3]. Hierzu gehören zum Beispiel die Fahrtkosten oder Mehrkosten für Verpflegung und Übernachtung.

Selbstverständlich gibt es gewisse Grenzen. Der Bewerber kann nur solche Ausgaben auf den Arbeitgeber abwälzen, die er den Umständen nach für erforderlich halten durfte. Eine Taxifahrt von Hamburg nach München, die das Vielfache eines Fluges kosten würde, ist sicherlich nicht erforderlich, auch wenn der Bewerber Flugangst haben sollte. In diesem Fall dürfte man von ihm wohl erwarten, dass er auf die Bahn umsteigt. Der Arbeitgeber ist auch dann nicht verpflichtet, die Aufwendungen des Bewerbers zu ersetzen, wenn er ausdrücklich darauf hingewiesen hatte, dass er keine Kosten erstattet. Ist der Bewerber arbeitslos, so kann er in diesem Fall jedoch versuchen, die Kosten von der Bundesagentur für Arbeit ersetzt zu erhalten. Er sollte seinen zuständigen Sachbearbeiter allerdings rechtzeitig vor Reiseantritt ansprechen und die Frage der Kostenübernahme durch die Bundesagentur klären.

Bei Interesse siehe hierzu:
§ 670 BGB (Bürgerliches Gesetzbuch), »Ersatz von Aufwendungen«

Zustimmung zur Kündigung

Irrtum:
Der Betriebsrat muss jeder Kündigung zustimmen.

Richtig ist:
Die meisten Kündigungen sind auch ohne Zustimmung des Betriebsrats wirksam.

Mit verblüffender Hartnäckigkeit hält sich das Märchen, der Betriebsrat müsse Kündigungen von Arbeitnehmern zustimmen. Zwar haben Arbeitnehmer in deutschen Unternehmen in der Tat viel weitergehende Einfluss- und Blockademöglichkeiten als ihre Kollegen in den meisten anderen Ländern. Dass die Unternehmen den Betriebsrat für *jede* Kündigung um Erlaubnis fragen müssten, ist jedoch nicht der Fall.

Der verbreitete Irrtum über die angeblichen Rechte des Betriebsrats beruht auf einem Missverständnis. Die Inhaber verschiedener Posten im Betrieb können, wenn überhaupt, tatsächlich nur mit Zustimmung des Betriebsrats gekündigt werden. Hierzu gehören – praktischerweise – die Mitglieder des Betriebsrats selbst, aber auch die Mitglieder der Jugend- und Auszubildendenvertretung und des Wahlvorstands. Sogar bloße Wahlbewerber, die überhaupt noch keinen Posten innehaben, genießen erhöhten Kündigungsschutz. Ordentliche Kündigungen all diesen Personen gegenüber sind von vornherein unwirksam. Und außerordentliche Kündigungen sind nur mit Zustimmung des Betriebsrats möglich. Auf diese Weise kann der Betriebsrat also zum Beispiel über die Zulässigkeit einer verhaltensbedingten Kündigung seiner eigenen Mitarbeiter bestimmen. Nicht selten erlebt man es daher, dass bestimmte Arbeitnehmer, die akut von der Kündigung bedroht sind, noch schnell in den Betriebsrat gewählt werden. Von dem Moment an, wo sie auf dem Wahlzettel stehen, ist ihr Arbeitsplatz deutlich sicherer geworden.

Bei allen anderen Arbeitnehmern jedoch muss der Betriebsrat der Kündigung nicht zustimmen, damit sie wirksam ist. Er hat allerdings die Möglichkeit, einer ordentlichen Kündigung zu widersprechen, wenn er beispielsweise meint, dass sie nicht sozial gerechtfertigt sei oder der Gekündigte an anderer Stelle im Unternehmen weiter arbeiten könne. Wenn der Arbeitnehmer nun gegen die Kündigung klagt, darf er so lange im Betrieb bleiben, bis das Klageverfahren vor Gericht abgeschlossen ist. Und das kann natürlich dauern.

Der Arbeitgeber hat in einem solchen Fall nur noch die Möglichkeit, bei Gericht eine einstweilige Verfügung zu beantragen, die es ihm gestattet, den gekündigten Arbeitnehmer bis zum Abschluss des Klageverfahrens erst einmal nicht weiter zu beschäftigen. Die Hürden für eine solche einstweilige Verfügung sind jedoch recht hoch.

Unter dem Strich heißt das: Die Betriebsräte haben bei Kündigungen tatsächlich ein gewichtiges Wort mitzureden. Ganz so allmächtig, wie viele es glauben, sind sie jedoch nicht.

Bei Interesse siehe hierzu:
§ 15 KSchG (Kündigungsschutzgesetz), »Unzulässigkeit der Kündigung«
§ 102 Abs. 2, 3, 5 BetrVG (Betriebsverfassungsgesetz), »Mitbestimmung bei Kündigungen«
§ 103 BetrVG, »Außerordentliche Kündigung und Versetzung in besonderen Fällen«

Familie

Beischlafpflicht in der Ehe

Irrtum:
Sex in der Ehe ist eine freiwillige Angelegenheit.

Richtig ist:
Ehepartner haben die unabdingbare Pflicht zur »Geschlechtsgemeinschaft«. Rechtlich durchsetzbar ist diese »Sexpflicht« jedoch nicht.

Deutschland gehört zu den geburtenschwächsten Ländern der Erde. Ganz offensichtlich wissen die ansonsten durchaus pflichtbewussten Deutschen nicht um die Verpflichtungen, die ihnen die Ehe auferlegt. Viele wird es überraschen, dass Sex in der Ehe keineswegs eine gänzlich freiwillige Angelegenheit ist. Das Bürgerliche Gesetzbuch sieht vielmehr vor, dass die Ehepartner einander zur ehelichen Lebensgemeinschaft verpflichtet sind. Und hierzu gehört auch die so genannte Geschlechtsgemeinschaft. Mit anderen Worten: Die Verweigerung der sexuellen Hingabe verstößt gegen ein Grundprinzip des Rechtsinstituts Ehe!

Die Geschlechtsgemeinschaft ist dabei von so fundamentaler Bedeutung, dass die »Sexpflicht« nach verbreiteter juristischer Auffassung nicht einmal per Ehevertrag ausgeschlossen werden kann. Nach katholischem Kirchenrecht kommt eine gültige Ehe gar nicht erst zustande, wenn das Recht auf den Vollzug des Beischlafs im

Vorhinein ausgeschlossen wird. Und bis zu dessen erst-
maligem Vollzug kann selbst eine gültig geschlossene
Ehe nach katholischem Recht wieder aufgelöst werden,
wenn sich einer der Ehepartner erst nach der Ehe-
schließung zur Enthaltsamkeit entscheidet.

So viel zur Theorie. Was aber können Ehepartner in
der Praxis tun, wenn sie schon allzu lange auf dem
Trockenen sitzen und die allabendlich mit schöner
Regelmäßigkeit wiederkehrenden »Kopfschmerzen«
des Partners oder der Partnerin einfach nicht verschwin-
den wollen? Der drohende Hinweis auf die kirchen-
rechtliche Auflösbarkeit der Ehe wird sicher nicht immer
helfen. Aber auch die Beschreitung des Rechtsweges
ist kein Ausweg. Denn ein Rechtsanspruch bringt
nur dann etwas, wenn er sich notfalls im Wege der
Zwangsvollstreckung auch durchsetzen lässt. Ansprüche
auf Herstellung der ehelichen Lebensgemeinschaft
können jedoch naturgemäß nicht zwangsvollstreckt
werden.

Interessant wäre es, sich einmal die Konsequenzen
auszumalen, wenn dies anders wäre. Möglichkeiten der
Zwangsvollstreckung gibt es grundsätzlich viele. Ein
Zahlungsanspruch zum Beispiel kann vollstreckt werden,
indem man Konten des Schuldners pfändet oder ihm
den Gerichtsvollzieher ins Haus schickt. Ansprüche auf
Vornahme einer Handlung dagegen können auch im
Wege der so genannten Ersatzvornahme vollstreckt
werden. Die Handlung, die eigentlich der Schuldner
vornehmen müsste, wird dann zum Beispiel durch den
Gerichtsvollzieher oder das Gericht durchgeführt. Dass
der Gerichtsvollzieher ersatzweise die erotischen Verpflichtungen des unwilligen Ehepartners übernimmt,

wäre in den weitaus meisten Fällen jedoch wohl keine befriedigende Lösung. Juristen sprechen hier von einer »unvertretbaren Handlung«. Der Anspruch des vernachlässigten Ehepartners könnte dann nur noch vollstreckt werden, indem gegen den beischlafverpflichteten Partner ein Zwangsgeld oder gar Zwangshaft verhängt wird. Auch dies ist im Falle des Anspruchs auf Herstellung der ehelichen Geschlechtsgemeinschaft jedoch nicht möglich.

Fazit: Eheleute trifft zwar eine Beischlafpflicht, rechtlich durchsetzbar ist diese letztlich jedoch nicht. Kopfschmerztabletten helfen da schon eher.

Bei Interesse siehe hierzu:
§ 1353 BGB (Bürgerliches Gesetzbuch), »Eheliche Lebensgemeinschaft«
§ 887 Abs. 1 ZPO (Zivilprozessordnung), »Vertretbare Handlungen«
§ 888 ZPO, »Unvertretbare Handlungen«

Namenswahl

Irrtum:
Man darf nicht mit falschem Namen unterschreiben.

Richtig ist:
Grundsätzlich darf man sich nennen, wie man will, und auch so unterschreiben.

Seit einigen Jahren ist es in Deutschland möglich, dass Eheleute nach der Hochzeit ihren jeweiligen Geburtsnamen behalten. Sie müssen sich also nicht mehr auf einen gemeinsamen Namen einigen. Das heißt jedoch nicht, dass sie sich nicht trotzdem im Rechtsverkehr auf einen gemeinsamen Namen einigen *dürfen*. Dies ist vielen nicht klar, denn die rechtliche Bedeutung des im Personalausweis angegebenen Namens wird allgemein überschätzt.

Wenn ein Ehepaar beispielsweise in einer sehr katholischen Gegend ein gemeinsames Zimmer nimmt, sich aber nicht mit einer stirnrunzelnden Pensionsbetreiberin auseinander setzen möchte, zwingt sie niemand, sich als Herr Sommer und Frau Heckeler anzumelden. Sie dürfen sich genauso gut zum Beispiel als Eheleute Sommer eintragen. Wenn damit keine Identitätstäuschung verbunden ist – also der Wirtin nicht vorgespiegelt wird, sie habe ein ganz bestimmtes und konkretisierbares anderes Ehepaar Sommer vor sich –, ist die Angabe des falschen Namens nicht strafbar. Es liegt keine Urkundenfälschung vor, sondern nur eine so genannte »schriftliche Lüge«, die nicht verfolgt werden kann. Und auch ein vollendeter oder versuchter Betrug liegt nicht vor, wenn der Wirtin durch die Namenstäuschung kein Schaden entsteht oder entstehen soll.

Wer möchte, darf sich also im Rechtsverkehr grundsätzlich nennen, wie er will. Auch die Wirksamkeit von Verträgen hängt nicht davon ab, dass die Unterschriften der Vertragsparteien eins zu eins mit den Namen in ihren Personalausweisen übereinstimmen. Entscheidend ist allein, ob der Unterzeichner sich tatsächlich vertraglich binden und nicht etwa nur eine Scherzerklärung abgeben will. Wenn aus den übrigen Umständen der Situation klar ist, dass es ihm mit dem Vertragsschluss ernst ist, kann er ihn auch wirksam mit dem Namen des Ehepartners, mit einem Künstlernamen, ja selbst mit »Gonzo« oder »Miss Piggy« unterzeichnen.

Auf dem gesellschaftlichen Parkett schließlich spielt es ohnehin keine Rolle, mit welchem Namen man sich vorstellt. Wenn Frau Rutkowski nach 20 Jahren Ehe mit Baron von Klotz nun doch dessen Namen führen möchte, dann mag sie dies tun. Niemand wird von ihr verlangen, dass sie bei jeder Vorstellung eine Heiratsurkunde oder einen Personalausweis vorlegt. Das Gleiche gilt natürlich auch im umgekehrten Fall. Wenn die Gattin vor 20 Jahren den Namen ihres Mannes angenommen hatte, sich nun jedoch wieder mit ihrem Mädchennamen ansprechen lassen will, dann wird sie niemand daran hindern.

Nur bei förmlichen Aufforderungen durch die Polizei, eine sonstige Behörde oder das Gericht muss natürlich in jedem Fall der amtlich beurkundete Name genannt werden. Hier kann man sich nicht mit Spitznamen oder sonstigen Scherzen aus der Affäre ziehen.

Bei Interesse siehe hierzu:
§ 263 StGB (Strafgesetzbuch), »Betrug«
§ 267 Abs. 1 StGB, »Urkundenfälschung«

Testament auf Video

Irrtum:
Testamente können per Video verfasst werden.

Richtig ist:
Nur handschriftliche Testamente sind wirksam.

Vor allem aus amerikanischen Filmen kennt man die Situation: Die gesamte Verwandtschaft des Verstorbenen sitzt vereint zur Testamentseröffnung beim Notar und sieht sich ein Video an, auf dem der Erblasser sich an die Hinterbliebenen wendet. In der Regel überzieht er sie mit allerlei bösen Sprüchen und verkündet ihnen, dass sie entweder gar nichts erben oder dass sie nur dann etwas erhalten, wenn sie irgendeine hinterhältig formulierte Aufgabe erfüllen.

Es soll bereits Erblasser gegeben haben, die sich durch solche Filme dazu haben inspirieren lassen, ihr Testament ebenfalls nur auf Video zu hinterlassen. Ein bloßes Videotestament ist jedoch null und nichtig. Das Gesetz schreibt eindeutig vor, dass Testamente grundsätzlich handschriftlich verfasst werden müssen. Nicht einmal auf der Schreibmaschine oder dem PC geschriebene Testamente sind gültig. Der komplette Text muss tatsächlich vom Erblasser selbst per Hand niedergeschrieben worden sein. Gewisse Ausnahmen von dieser Regel gibt es nur bei so genannten Nottestamenten, die Sterbenskranke zum Beispiel vor dem Bürgermeister zur Niederschrift erklären können. Auch in Notsituationen ist jedoch ein reines Videotestament nicht wirksam.

Übrigens hat auch die in Filmen beliebte Testamentseröffnung vor dem Notar nichts mit der Realität zu tun. Mit der Testamentsvollstreckung wird in aller Regel das Nachlassgericht betraut und nicht der Notar. Und auch dort hat man Besseres zu tun, als lauter Hinterbliebene zusammenzutelefonieren, die sich dann alle in freudiger Erwartung zu einer dramatisch inszenierten Testamentseröffnung einfinden. Solche Termine finden in der Praxis schlichtweg nicht statt.

Bei Interesse siehe hierzu:
§ 2247 Abs. 1 BGB (Bürgerliches Gesetzbuch), »Eigenhän-
diges Testament«

Gericht und Polizei

Mündliche Verhandlung

Irrtum:
Mündliche Verhandlungen vor Gericht sind eine Art Quasselstunde, in der man dem Richter einmal alles erzählen kann, was man zum Rechtsstreit zu sagen hat.

Richtig ist:
Die Argumente werden schon vor der Verhandlung schriftlich ausgetauscht. In der Verhandlung ist es dafür oft zu spät.

Ein bei Juristen beliebtes Klischee besagt, dass Lehrer erstens viel Zeit zum Klagen haben und zweitens der Auffassung sind, dass sie eigentlich gar keinen Anwalt brauchen. Das bisschen Jura kann man sich schließlich auch selbst in irgendwelchen Gesetzbüchern anlesen. Und so erscheinen die Damen und Herren Studienräte dann mit einer Taschenbuchausgabe der Zivilprozessordnung (ZPO) unter dem Arm im Gerichtssaal und beginnen mit ihrem Plädoyer. Jetzt wollen sie dem Richter einmal ganz genau und von Anfang an erklären, was sich eigentlich zugetragen hat. Wenn der Richter sie dann ungeduldig unterbricht und darauf aufmerksam macht, dass sie all dies schon viel früher schriftlich hätten vortragen müssen, belehren sie ihn gern über den so genannten »Grundsatz der Mündlichkeit« gemäß § 128

ZPO. Denn dort heiße es ja schließlich: »Die Parteien verhandeln über den Rechtsstreit vor dem erkennenden Gericht *mündlich*.« Der Richter wird ihnen dann empfehlen, ihr Geld beim nächsten Mal nicht nur in eine Taschenbuch-ZPO zu investieren, sondern auch in einen Rechtsanwalt. Dann nämlich werden sie erfahren, dass der Grundsatz der Mündlichkeit – wie der Name schon sagt – nur »im Grundsatz« gilt. Wer seine Sachargumente erst in der mündlichen Verhandlung auf den Tisch legt, kann mit seinem Vortrag als verspätet zurückgewiesen werden. Denn Gerichtsverhandlungen müssen durch ausführliche Schriftsätze an das Gericht vorbereitet werden.

Doch genug der wohlfeilen Lehrerschelte. Nicht nur Pädagogen mit juristischer Halbbildung halten die mündliche Verhandlung im Zivilprozess häufig für eine Art Sprechstunde beim Richter, in der sie sich einmal alles von der Seele reden können, was sie beschäftigt. Diese falsche Vorstellung ist in der ganzen Bevölkerung verbreitet. Aufrechterhalten wird sie auch durch die nachmittäglichen Gerichtsshows. Dort spielen sich regelmäßig wahre Dramen ab. Prozessbeteiligte erzählen einander stundenlang ihre Lebensgeschichte und die Richter erwecken nicht selten den Eindruck, als beschäftigten sie sich zum ersten Mal überhaupt mit den Einzelheiten des Falles.

Mit der Realität hat all das wenig gemein. Zwar gibt es den schon genannten Grundsatz der Mündlichkeit. Weder Richter noch Rechtsanwälte haben jedoch Zeit und Lust, sich in der mündlichen Verhandlung endloses, wenig zielführendes Gerede der Prozessparteien anzuhören. Durch die vorbereitenden Schriftsätze an das

Gericht sollte der Richter zu Beginn der mündlichen Verhandlung daher bereits eine recht klare Vorstellung davon haben, wohin die Reise geht. Die Verhandlung selbst ist dann oft nur noch ein Durchlauftermin, zu dem die eigentlichen Prozessparteien häufig nicht einmal geladen werden.

Den Anwälten ist es oft auch ganz recht, wenn sie ungestört von ihren Mandanten verhandeln können. Wer allen vorsichtigen Abwehrversuchen seines Anwaltes zum Trotz dennoch morgens um 9 Uhr in einem deutschen Gerichtssaal zu »seiner« Verhandlung erscheint, glaubt oft, seinen Augen nicht zu trauen. Statt des erwarteten holzgetäfelten Gerichtssaals von der Größe einer Turnhalle, in dem er nun sein lange geübtes Plädoyer halten kann, findet er an manchem Amtsgericht bestenfalls ein Gerichts*zimmer* vor, in dem lauter fremde Rechtsanwälte herumstehen. Der überraschte Mandant fragt sich, was diese Leute alle hier wollen. Sein eigener 9-Uhr-Termin ist doch der erste Verhandlungstermin an diesem Tag. Die anderen können doch noch lange nicht dran sein. Doch, muss ihm sein Anwalt dann erklären, das sind sie sehr wohl. Das Gericht hat für 9 Uhr nämlich gleich fünf Verhandlungen auf einmal terminiert. Und die nächsten fünf sind schon um 9 Uhr 30 an der Reihe, so dass für jede Verhandlung durchschnittlich sechs Minuten zur Verfügung stehen. Während also vorne am Richterpult ein Anwalt schnell im Stehen ein Versäumnisurteil gegen seinen nicht erschienenen Prozessgegner beantragt, bilden sich um ihn herum Anwaltspärchen. »Irgendjemand in der dritten Sache da?«, ruft einer der Anwälte den Kollegen zu. Wenn er Glück hat und sein Pendant in der dritten Sache auf der Terminliste des

Gerichts findet, hechten die beiden zum Richterpult und versuchen, möglichst vor den Kollegen, die auch für 9 Uhr geladen sind, als Nächste dranzukommen. Nach drei Minuten ist die ganze Veranstaltung vorbei, der desillusionierte Mandant konnte sich nicht einmal zu Wort melden und weiß für alle Zukunft, dass sein Erscheinen wohl tatsächlich nicht erforderlich ist, wenn das Gericht ihn nicht ausdrücklich zu einer Verhandlung lädt.

Bei Interesse siehe hierzu:
§ 128 ZPO (Zivilprozessordnung), »Mündliche Verhandlung«

Präzedenzfälle

Irrtum:
Es gibt Präzedenzfälle, an die die Gerichte sich halten müssen.

Richtig ist:
Präzedenzfälle gibt es nur im anglo-amerikanischen Rechtsraum.

Immer wieder kann man in der Presse lesen, dass der Bundesgerichtshof (BGH) oder gar das Amtsgericht Waldbröl angeblich einen »Präzedenzfall« entschieden haben. Und weil das Wort »Präzedenzfall« so offiziell und allgemeinverbindlich daherkommt, meinen viele, alle anderen Gerichte müssten ähnliche Fälle nun genauso entscheiden. Nichts gegen das schöne Waldbröl im Bergischen Land und sein Amtsgericht, aber weder dort noch beim Bundesgerichtshof können Richter Urteile erlassen, die als »Präzedenzfall« andere Richter binden. Ältere Urteile ihrer Kollegen werden Richter bei der Entscheidungsfindung zwar berücksichtigen – das gilt vor allem dann, wenn ein höheres Gericht wie der BGH schon einmal eine ähnliche Frage entschieden hat. Dennoch gilt der eiserne Verfassungsgrundsatz der richterlichen Unabhängigkeit: Richter müssen keinen Weisungen folgen. Sie sind nur an das Gesetz gebunden.

Den Begriff »Präzedenzfall« gibt es im deutschen Rechtswesen daher gar nicht. Wieso taucht er dann trotzdem so häufig in Artikeln und TV-Produktionen auf? Die Journalisten und Drehbuchautoren, die ihn verwenden, haben ihn ganz einfach aus dem anglo-amerikanischen Rechtssystem übernommen, wohl deshalb, weil er so schön griffig klingt. In den USA und England herrscht eine völlig andere Rechtstradition als auf dem europäischen Kontinent. Dort legt man traditionell viel weniger Wert auf geschriebenes Recht. Für viele Rechtsfälle gibt es – vor allem in England – überhaupt keine einschlägigen Gesetze. Stattdessen praktiziert man ein eher einzelfallbezogenes richterliches Fallrecht (ein so genanntes »case law«). Wenn ein Fall zur Entscheidung ansteht, wird zunächst einmal überprüft, ob vergleichbare Fälle früher schon einmal von einem Richter entschieden wurden. Wenn es solche Präzedenzfälle (»precedents«) gibt, dann ist der Richter jedenfalls dann an die älteren Urteile gebunden, wenn diese vom eigenen Gericht oder von einem höheren Gericht stammen. Abweichen kann er von dem älteren Urteil, wenn der aktuelle Fall von dem früheren in tatsächlicher oder rechtlicher Hinsicht abweicht (»distinguishing in fact« oder »distinguishing in law«).

Aber wie gesagt: In Deutschland ist dies ganz anders. Deutsche Richter sind in ihrer Urteilsfindung erheblich freier. Präzedenzfälle nach anglo-amerikanischem Vorbild gibt es hierzulande nicht.

Bei Interesse siehe hierzu:
Art. 97 Abs. 1 GG (Grundgesetz), »Unabhängigkeit der Richter«

Unerwartete Zeugen

Irrtum:
Prozesse nehmen häufig unerwartete Wendungen durch plötzlich auftretende neue Zeugen.

Richtig ist:
Unerwartet auftauchende Zeugen sind ein unrealistisches dramaturgisches Mittel deutscher Gerichtsshows.

»Herr Richter, ich kann mir das nicht länger anhören, ich muss etwas zu diesem Verfahren sagen!« Mit Ausrufen wie diesen melden sich in deutschen Gerichtsshows ständig unerwartete Zeugen zu Wort, die zuvor still im Zuschauerraum gesessen haben. Oft platzen auch ganz einfach Mitarbeiter der Rechtsanwälte herein, die im Auftrag ihres Chefs Ermittlungen angestellt haben und nun in letzter Minute die Ergebnisse präsentieren. Plötzlich klärt sich der zuvor unlösbar scheinende Fall mit einem dramatischen Knalleffekt auf. Irgendeiner der Prozessbeteiligten bricht unter Tränen zusammen und gesteht eine Straftat, einen Seitensprung oder was auch immer, und der Richter kann sein weises Urteil fällen.

Falls Sie demnächst Abitur machen und mit dem Gedanken spielen, Jura zu studieren, weil es in Gerichtssälen so spannend zugeht: Lassen Sie es. Erstens gibt es sowieso viel zu viele Juristen und zweitens ist die Realitätsnähe deutscher Gerichtsshows durchaus noch ausbaufähig – um es vorsichtig auszudrücken.

Die unerwartet auftauchenden Zeugen sind ebenso ein Hirngespinst von Gerichtsshow-Produzenten wie die hereinhetzenden Mitarbeiter der auf eigene Faust ermittelnden Rechtsanwälte. Man fragt sich, um was für »Mitarbeiter« es sich dabei eigentlich handeln soll. Angestellte Detektive dürfte es in keiner deutschen Kanzlei geben und die durchschnittliche deutsche Anwaltssekretärin würde vermutlich reichlich verwundert über ihre Halbbrille hinweg aus der Wäsche gucken, wenn ihr Chef sie bittet, sich nun einmal eine Nacht in einem Lieferwagen auf einem Supermarktparkplatz auf die Lauer zu legen, um die für den Prozess dringend benötigten Beweisfotos zu schießen. Wenn es in einem Fall noch etwas zu ermitteln gibt, dann wird das im Übrigen in aller Regel deutlich vor dem Gerichtstermin erledigt. Gelingt dies nicht, kann man den Termin zumeist auch noch kurzfristig verlegen lassen. Für Ermittlungen in letzter Minute besteht in der Praxis also gar kein Bedarf.

Vorladung zur Polizei

Irrtum:
»Vorladungen« zur Polizei muss man Folge leisten.

Richtig ist:
Nur Ladungen durch die Staatsanwaltschaft oder das Gericht müssen befolgt werden.

»Sie wollen nicht aussagen? Dann laden wir Sie eben morgen ins Präsidium vor!« Diese Drohung hört man besonders von Fernsehkommissaren immer wieder gerne, wenn der Beschuldigte oder Zeuge einer Straftat sich nicht aussagebereit zeigt. Leider hört man nie die einzig angemessene Antwort: »Machen Sie mal. Sie können mich vorladen so oft Sie wollen, ich muss nicht kommen und auch keine Aussage machen.«

Auch wenn es dem obrigkeitsstaatlichen Denken vieler Menschen widerspricht: Wenn man nicht gerade als Tatverdächtiger von der Polizei vorläufig festgenommen wird und deshalb mit auf die Wache kommen muss, ist man nicht verpflichtet, eine polizeiliche Vorladung zur Vernehmung zu befolgen. Viele können dies gar nicht glauben, denn schon das Wort »Vorladung« klingt so offiziell und verbindlich, dass man sich bereits in Handschellen vorgeführt sieht, wenn man die vermeintliche Anordnung nicht befolgt.

Niemand muss bei der Polizei eine Aussage machen, und zwar weder als Zeuge noch als Beschuldigter. Nur Angaben zur Person (Name, Anschrift, Geburtsdatum etc.) müssen sowohl Zeugen als auch Beschuldigte machen. Dies kann aber auch mündlich, schriftlich oder telefonisch geschehen. Niemand kann also gezwungen werden, eigens auf der Polizeiwache zu erscheinen, nur um dort mitzuteilen, wie er heißt. Unter Umständen kann es für die Betreffenden auch durchaus sinnvoll sein, zu Hause zu bleiben und nicht auszusagen. Das gilt natürlich in besonderem Maße, wenn Beschuldigte vorgeladen werden. Diese sollten auf jeden Fall einen Strafverteidiger zu Rate ziehen, bevor sie bei der Polizei irgendwelche unbedachten Äußerungen tun.

Vorladungen der Polizei sind also nicht verbindlich. Bei Ladungen des Gerichts oder der Staatsanwaltschaft sieht dies schon anders aus. Sie müssen tatsächlich befolgt werden. Ob es besonders sinnvoll ist, dass ausgerechnet die Polizei als die Behörde, die die Hauptermittlungsarbeit leistet, kein Recht hat, verbindliche Ladungen auszusprechen, mag die Politik beurteilen. Einiges spräche wohl dafür, Polizeibeamten diese Kompetenz zuzubilligen. Die Mehrheit der Bevölkerung würde die Veränderung zudem auch kaum bemerken, denn schließlich glauben sowieso die meisten, dass die Polizei dieses Recht schon heute hat.

Bei Interesse siehe hierzu:
§ 163 a Abs. 3 StPO (Strafprozessordnung), »Vernehmungen im Ermittlungsverfahren«
§ 214 StPO, »Ladungen«

Medien und geistiges Eigentum

Ebay I: Bewertungskommentare

Irrtum:
In Deutschland herrscht Meinungsfreiheit. Deshalb darf ich in Ebay-Bewertungen hineinschreiben, was ich will.

Richtig ist:
Auch Ebay-Bewertungen dürfen nicht beleidigend oder falsch sein.

Wer beim Internet-Auktionshaus Ebay etwas gekauft oder verkauft hat, hat anschließend die Möglichkeit, seinen Auktionspartner zu bewerten. Die Bewertungskommentare werden auf der Ebay-Internetseite veröffentlicht. Sie können von jedem gelesen werden, der bei späteren Auktionen auf den gleichen Käufer oder Verkäufer trifft. Dessen Seriosität lässt sich auf diese Weise zuverlässiger beurteilen.

Die Bewertungen beschränken sich üblicherweise auf knappe Kommentare wie »Danke, alles o.k.«, »Top-Ebayer, jederzeit wieder« oder »Super-Ware, schnelle Lieferung. So macht Ebay Spaß!«. Manch unzufriedener Kunde zieht jedoch auch richtig vom Leder und lässt seinen Emotionen freien Lauf. Der Vertragspartner wird als Betrüger beschimpft, die ersteigerte Ware als unbrauchbarer Schrott bezeichnet, und es werden allerlei Behauptungen aufgestellt, die diese Bewertungen untermauern sollen. Schließlich herrscht in Deutschland ja Meinungsfreiheit, denkt sich der Kunde und glaubt, bei seinen Kommentaren keinerlei Beschränkungen zu unterliegen. Hier irrt er jedoch. Denn die Freiheit des Wortes endet bei beleidigenden Äußerungen und vor allem bei unwahren Tatsachenbehauptungen. Vulgäre Beleidigungen entfernt Ebay selbst und können außerdem strafrechtlich geahndet werden. Unwahre Tatsachenbehauptungen entfernt Ebay, wenn eine vollstreckbare gerichtliche Entscheidung die weitere Verbreitung der falschen Behauptung untersagt.

Wer also zum Beispiel behauptet, dass das ersteigerte Radio nicht funktioniert und erst zwei Monate nach Bezahlung geliefert wurde, der sollte sicher sein, dass diese Behauptungen stimmen. Wenn sich nachträglich herausstellt, dass der Käufer lediglich vergessen hatte, Batterien in das Radio einzulegen, dann darf er seine Behauptung nicht wiederholen. Das Gleiche gilt, wenn er die Ware in Wahrheit nicht erst zwei Monate nach Bezahlung, sondern schon unmittelbar danach erhalten hat.

Der Käufer läuft in einer solchen Situation Gefahr, eine anwaltliche Abmahnung des Verkäufers zu kassieren. Die Anwaltskosten von möglicherweise mehr als 1000,– € muss der Käufer tragen. Weigert er sich auch jetzt noch, eine Unterlassungserklärung abzugeben und Ebay um die Entfernung der falschen Bewertung zu bitten, kann der Verkäufer innerhalb weniger Tage bei Gericht eine einstweilige Verfügung erwirken. Der Käufer darf die Aussage anschließend vorläufig nicht weiter verbreiten. Ebay wird diese richterliche Entscheidung befolgen und die negative Bewertung entfernen. Die Kosten des Gerichtsverfahrens muss der unvorsichtige Käufer tragen, wenn sich herausstellt, dass seine Behauptungen tatsächlich falsch waren. Möglicherweise muss er sogar den weiteren Schaden ersetzen, der dem Verkäufer durch die falsche Bewertung entsteht. Ein Ebay-»Powerseller«, der nach einer falschen Bewertung beweisen kann, dass er hierdurch Umsatzeinbußen hatte, kann unter Umständen verlangen, dass ihm die Mindereinnahmen ersetzt werden. In der Praxis wird es sicher nicht ganz leicht sein, den Ursachenzusammenhang zwischen der schlechten Bewertung und dem Umsatzeinbruch zu beweisen und die Schadenshöhe genau zu beziffern. Ausgeschlossen ist eine solche Beweisführung aber sicher nicht.

Bei Interesse siehe hierzu:
§ 824 BGB (Bürgerliches Gesetzbuch), »Kreditgefährdung«
§ 185 StGB (Strafgesetzbuch), »Beleidigung«

Ebay II: »Das neue EU-Recht«

Irrtum:
Die Standard-Haftungsausschlussklausel für Gebrauchtartikel ist wegen »des neuen EU-Rechts« notwendig geworden.

Richtig ist:
Die Standard-Haftungsausschlussklausel bei Ebay-Auktionen ist juristischer Unsinn.

Den folgenden Haftungsausschlusstext findet man – manchmal in leicht abgewandelter Form – bei jeder zweiten Ebay-Auktion. Die Verkäufer vergießen in einem entschuldigenden Begleittext in der Regel zahlreiche Krokodilstränen und behaupten, dass »das neue EU-Recht« sie leider, leider zu diesem Disclaimer zwinge:

»Der Artikel wird ›so wie er ist‹ von Privat verkauft. Dies bedeutet: Mit der Abgabe eines Gebotes erklären Sie sich ausdrücklich damit einverstanden, auf die Ihnen gesetzlich zustehende Garantie bei Gebrauchtwaren völlig zu verzichten. Bieten Sie nicht, wenn Sie mit diesen Regeln nicht einverstanden sind. Wundern Sie sich bitte nicht über diesen Disclaimer, aber er wird schon in kurzer Zeit so oder so ähnlich bei jedem Ebay-Angebot stehen! Denn das neue EU-Recht sieht eine einjährige Garantie bei Gebrauchtwaren vor.«

Jeder Jurist, der einen solch hanebüchenen Unsinn liest, bekommt Zahnschmerzen. Leider hat sich dennoch die Prophezeiung im vorletzten Satz dieses so genannten »Disclaimers« bewahrheitet. Irgendein Rechtslaie, der irgendwo einmal etwas von Änderungen im Kaufrecht gehört hat, muss ihn sich eines Tages ausgedacht und ins Netz gestellt haben. Und weil er so toll juristisch klingt, schreiben ihn seither alle voneinander ab. Man weiß gar nicht, wo man anfangen soll, das Wirrwarr von juristischen Absurditäten auseinander zu nehmen, das in dem beliebten Sprüchlein von dem angeblichen neuen EU-Recht steckt. Darum in aller Kürze:

Schon immer hafteten auch Privatverkäufer für die Mängel von Waren, egal ob sie neu oder gebraucht sind. Und schon immer war es aus ihrer Sicht daher sinnvoll, wenn sie diese Haftung ausschlossen. Eine spezielle »gesetzliche Garantie bei Gebrauchtwaren« gibt es jedoch ebenso wenig wie ein »neues EU-Recht«, das hieran irgendetwas geändert hätte. Das deutsche Kaufrecht wird im Übrigen ohnehin nicht durch EU-Richtlinien geregelt, sondern immer noch durch das deutsche Bürgerliche Gesetzbuch (BGB). Wie kam der Erfinder des Disclaimers also auf die Geschichte von dem ominösen neuen EU-Recht, das Privatverkäufern von Gebrauchtartikeln jetzt angeblich solche Schwierigkeiten macht?

Wahrscheinlich hat er die EU-Verbrauchsgüterkauf-Richtlinie von 1999 missverstanden. Ihre Vorgaben wurden im Jahre 2002 tatsächlich in das BGB übernommen. Und sie hatte in der Tat etwas mit dem Thema Gewährleistung beim Kauf zu tun. Das war es dann aber auch schon. Denn ihre hier relevanten Neuregelungen galten gerade *nicht* für den Verkauf von Privat an Privat, sondern nur für den Verkauf von Unternehmern an Verbraucher. Und sie gewährten auch keineswegs eine einjährige »Garantie« für Gebrauchtartikel *(→ Gewährleistung und Garantie).* Zusammengefasst bedeutet das:

Für den Verkauf von Privat an Privat hat sich in den hier interessierenden Fragen nicht das Geringste geändert. Das ganze Gerede von dem neuen EU-Recht und dem vermeintlich notwendig gewordenen Disclaimer ist nichts als irreführender Theaterdonner, der nur ein Ziel hat: Mit pseudo-juristischen Argumenten soll dem Ebay-Bieter ein schon immer üblicher Haftungsausschluss als angeblich ganz neue rechtliche Notwendigkeit verkauft werden. Seriöse Anbieter beteiligen sich nicht an solchen Spielchen. Anstatt die Käufer mit überflüssigem Geschwätz für dumm zu verkaufen, sollten private Ebay-Verkäufer ganz einfach unkommentiert folgenden, schlichten Satz in ihr Angebot aufnehmen:

»Der Verkauf erfolgt unter Ausschluss jeglicher Gewährleistung.« Damit ist alles Notwendige gesagt.

(Übrigens: Im Zusammenhang mit dieser Auskunft
und allen anderen Auskünften in diesem Buch müssen
Autor und Verlag selbstverständlich leider, leider jegliche
Haftung ausschließen ...)

Bei Interesse siehe hierzu:
§ 437 BGB (Bürgerliches Gesetzbuch), »Rechte des Käufers
bei Mängeln«
§ 439 BGB, »Nacherfüllung«
§ 440 BGB, »Besondere Bestimmungen für Rücktritt und
Schadensersatz«
§ 441 BGB, »Minderung«
§ 444 BGB, »Haftungsausschluss«

Ebay III: Gewährleistungsausschluss

Irrtum:
Wenn ich bei meinem privaten Ebay-Verkauf die
Gewährleistung ausschließe, muss ich für Mängel der
Ware nicht mehr haften.

Richtig ist:
Ein Haftungsausschluss für arglistig verschwiegene
Mängel und für garantierte Eigenschaften der Ebay-
Ware ist nicht möglich.

Im vorangegangenen Kapitel wurde empfohlen, dass
private Ebay-Verkäufer in ihr Angebot den Satz aufnehmen: »Der Verkauf erfolgt unter Ausschluss jeglicher

Gewährleistung.« Diese Empfehlung gilt übrigens nicht nur für Ebay-Auktionen, sondern für alle Privatverkäufe. Tatsächlich finden sich ähnliche Haftungsausschlussklauseln in den Bedingungen zahlreicher Ebay-Auktionen.

Die Klausel schützt den Verkäufer wirksam vor vielen Reklamationen. Wer jedoch glaubt, sie komme einem völligen Freibrief für private Verkäufer gleich, dem Auktionspartner ungestraft jeglichen Schund anzudrehen, der irrt sich gewaltig.

Der Verkäufer kann sich zum Ersten nicht auf einen Haftungsausschluss berufen, wenn er einen Mangel arglistig verschwiegen hat. Wer also genau weiß, dass das verkaufte Radio nicht funktioniert, darf diese Tatsache nicht für sich behalten. Er muss darüber aufklären.

Ein Haftungsausschluss ist zum Zweiten auch dann unwirksam, wenn der Verkäufer eine Garantie für eine bestimmte Eigenschaft übernommen hat. Wer ausdrücklich die Gewähr dafür übernimmt, dass das verkaufte Radio neu ist (zum Beispiel: »garantierte Neuware«), kann sich natürlich nicht auf eine Haftungsausschlussklausel berufen, wenn sich später herausstellt, dass das Radio in Wahrheit gebraucht ist. Dabei spielt es keine Rolle, ob der Verkäufer wusste, dass das Radio nicht mehr neu war oder nicht.

In Fällen wie den oben beschriebenen muss der Käufer sich nicht auf die Haftungsausschlussklausel verweisen lassen. Er kann verlangen, dass das gebrauchte Radio gegen ein neues ausgetauscht wird. Bei einem defekten Gerät hat er die Wahl zwischen Reparatur und Neulieferung. Ist eine Nachbesserung durch Reparatur oder Neulieferung nicht möglich oder scheitern zwei solche Versuche, kann der Käufer einen angemessenen Teil des Kaufpreises zurückfordern oder ganz vom Kauf zurücktreten.

Für den Verkäufer bedeutet das: Er sollte zwar unbedingt eine Haftungsausschlussklausel verwenden, darf sich aber nicht darauf verlassen, dass sie völligen Schutz vor Reklamationen bietet. Vielmehr sollte er zusätzlich umfassend über alle bekannten Mängel der Auktionsware aufklären und sich mit Garantieerklärungen zurückhalten. Nur dann kann die Haftungsausschlussklausel ihre volle Wirkung entfalten.

Bei Interesse siehe hierzu:
§ 437 BGB (Bürgerliches Gesetzbuch), »Rechte des Käufers bei Mängeln«
§ 439 BGB, »Nacherfüllung«
§ 440 BGB, »Besondere Bestimmungen für Rücktritt und Schadensersatz«
§ 441 BGB, »Minderung«
§ 444 BGB, »Haftungsausschluss«

Impressumspflicht bei privaten Internetseiten

Irrtum:
»Private« Homepagebetreiber müssen auf ihrer Internetseite kein Impressum anbringen.

Richtig ist:
Jeder Homepagebetreiber sollte auf seiner Internetseite ein Impressum einstellen.

Der Irrtum, nur gewerbliche Anbieter, die mit ihrer Homepage Geld verdienen wollen, müssten ein Impressum auf ihre Seite einstellen, ist immer noch sehr weit verbreitet. Vielen privaten Homepagebetreibern ist überhaupt nicht klar, dass auch sie unbedingt ihre Postanschrift (kein Postfach!), ihre Telefonnummer sowie ihre E-Mail-Adresse auf der Internetseite angeben sollten. Zwar schreibt das Gesetz diese Informationspflichten nur für »geschäftsmäßige« Teledienste vor. Der Begriff der Geschäftsmäßigkeit wird jedoch sehr weit definiert. Einige Gerichte weiten den Begriff so aus, dass praktisch so gut wie jede private Homepage darunter fällt und somit impressumspflichtig ist.

Es spielt also keine Rolle, ob man über seine Homepage Waren verkauft oder man der weltweiten Internetgemeinde nur das Familienmeerschweinchen vorstellen möchte. Bevor nicht höchstrichterlich endgültig geklärt ist, wer auf seiner Internetseite ein Impressum anbringen muss und wer nicht, sollte vorsichtshalber jeder Internetseitenbetreiber der Impressumspflicht nachkommen. Wer dies nicht tut, riskiert kostenpflichtige Abmahnungen oder − zumindest theoretisch − sogar ein Bußgeldverfahren mit einer Geldbuße bis zu 50 000 €.

Bei Interesse siehe hierzu:
§ 6 TDG (Teledienstegesetz), »Allgemeine Informationspflichten«

Internet Privacy Act

Irrtum:
Ein Disclaimer nach dem Internet Privacy Act bewirkt einen Haftungsausschluss.

Richtig ist:
Es gibt nirgendwo auf der Welt einen »Internet Privacy Act«.

Folgender, kaum fassbarer Unsinn findet sich in dieser oder ähnlicher Form als Disclaimer (Haftungsausschluss) auf zahlreichen deutschen Internetseiten:

»Alle Objekte und Informationen auf dieser Seite sind privates Eigentum und somit nicht zum Lesen bestimmt. Es ist also verboten, diese Seite zu betreten. Dies gilt insbesondere, wenn Sie irgendwie in Verbindung mit der Regierung, Anti-Piraten-Gruppen oder anderen ähnlichen Gruppen stehen. Wenn Sie diese Seite dennoch betreten oder benutzen, verstoßen Sie gegen den 1995 von Bill Clinton verabschiedeten »Code 431.322.12 of the Internet Privacy Act«. Das heißt, Sie können gegen die Personen, die diese Dateien verwalten, in keiner Weise vorgehen oder sie für irgendwelche Folgen der Verwendung dieser Daten verantwortlich machen. Wenn Sie dieser Vereinbarung nicht zustimmen, sind Sie gezwungen diese Seiten wieder zu verlassen.«

Die Idee ist natürlich sehr pfiffig: Wer über seine Internetseite ungestört gefälschte Markenware oder Kinderpornos verkaufen will, verbietet den Markenherstellern und der Polizei ganz einfach, die als »privat« deklarierte

Seite zu betreten. Schon ist er durch Bill Clintons »Internet Privacy Act« geschützt und kann seine üblen Geschäfte ganz legal weiter betreiben.

Manche Leute glauben offenbar tatsächlich, der amerikanische Präsident könne einfach so Gesetze machen, die auch in Deutschland Anwendung finden. Die hierzulande gültigen Gesetze werden jedoch ausschließlich hierzulande beschlossen und nirgendwo sonst. Amerikanische Gesetze haben hier selbstverständlich keine Geltung.

Angebliche amerikanische Gesetze sollte es dabei in diesem Fall richtigerweise heißen. Denn das US-Recht hält zwar einige Absonderlichkeiten bereit, die aus europäischer Sicht schwer nachvollziehbar sind. Ein derart absurdes Gesetz wie den vorgeblichen »Internet Privacy Act« gibt es jedoch nicht einmal im Land der unbegrenzten Möglichkeiten. Es ist frei erfunden und gehört zu den zahlreichen Beispielen skurriler Internetmärchen, die sich weiterverbreiten, indem einer sie vom anderen abschreibt, ohne ihren (Un-) Sinn zu hinterfragen.

Dabei sollte jedem einleuchten, dass es nicht möglich sein kann, die Haftung für Internetinhalte auszuschließen, indem man das Betreten der Seite durch einen schlecht aus dem Englischen übersetzten (Was bitte sind »Anti-Piraten-Gruppen«?) pseudo-juristischen Disclaimer »verbietet«. Wer in seiner Wohnung Drogen verkauft, kann sich schließlich auch nicht vor Strafverfolgung schützen, indem er an seiner Wohnungstür ein Schild aufhängt: »Zutritt für Polizisten und Staatsanwälte allerstrengstens verboten!«

Internet = rechtsfreier Raum?

Irrtum:
Das Internet ist ein rechtsfreier Raum.

Richtig ist:
Das Internet ist kein rechtsfreier Raum und war es auch noch nie.

Einer der beliebtesten Rechtsirrtümer aus dem Bereich des Internet ist die pauschale Feststellung: »Das Internet ist ein rechtsfreier Raum.«

Man sollte meinen, dass sich mittlerweile herumgesprochen haben müsste, wie falsch diese Behauptung ist. Aber das ist keineswegs der Fall. Die Floskel vom angeblich rechtsfreien Raum Internet wird heute noch immer wieder gern zitiert. Vor allem aber verhalten sich viele auch in der Praxis so, als könnten Recht und Gesetz im Internet keine Geltung beanspruchen.

Das Märchen vom rechtsfreien Internet entstand vermutlich, weil sich die Gerichte in der Tat erst einmal an dieses völlig neue Medium gewöhnen mussten. Es gab und gibt bis heute kein »Internetgesetz«, das alle Rechtsfragen im Zusammenhang mit dem Internet klärt. Ein solches ist jedoch auch weder nötig noch sinnvoll. Denn im Internet gelten grundsätzlich die gleichen Regeln wie in der realen Welt auch. Wer also zum Beispiel ein Foto von einer fremden Website herunterkopiert, begeht genauso eine Urheberrechtsverletzung wie derjenige, der eine Kopie des Originalabzugs macht. Um zu diesem Ergebnis zu kommen, benötigt man kein Internetgesetz – die bisher gültigen Gesetze reichen völlig aus. Auch die

Gerichte lernten dies sehr schnell. Doch da war es bereits zu spät. Die Geschichte vom »rechtsfreien Raum Internet« war in der Welt und lässt sich jetzt nur sehr langsam wieder ausrotten.

Markenverteidigung

Irrtum:
Ich habe mir einen Namen als Marke schützen lassen, jetzt ist er mir sicher und kann von niemand anderem mehr benutzt werden.

Richtig ist:
Marken müssen ständig überwacht und verteidigt werden. Ansonsten verlieren sie ihren Wert.

Nicht nur Unternehmen, sondern auch Privatleute ohne Geschäftsbetrieb können sich seit einigen Jahren schnell und problemlos einen bestimmten Namen oder ein Logo schützen lassen. Sie sind dann befugt, das bekannte ®-Zeichen hinter ihrer Marke zu führen. Die Zahl der Markenanmeldungen in Deutschland hat seitdem stark zugenommen. Denn auch die Kosten sind relativ gering. Schon für wenige Hundert Euro kann man Markenschutz erhalten und sich stolz die Markenurkunde des Deutschen Patent- und Markenamtes an die Wand hängen. Hängt sie dort erst einmal, glauben viele, damit sei alles getan, was zum Schutz des Namens nötig ist.

Dies ist jedoch ein Irrtum. So leicht es ist, einen Firmennamen, einen Slogan oder ein Logo schützen zu lassen, so wichtig ist es, die Markeneintragung anschließend zu überwachen und zu verteidigen. Denn eingetragene Marken können im Laufe der Zeit ihren Schutz verlieren. Es besteht die Gefahr, dass andere Unternehmen identische oder ähnliche Marken anmelden oder schlicht in Benutzung nehmen. Hierdurch kann die ältere Marke derartig verwässert werden, dass ihr Schutzumfang auf null zusammenschrumpft. In Extremfällen kann sie sogar verfallen und wieder aus dem Markenregister gelöscht werden. Wer also zum Beispiel den Namen Müller, Meier oder Schmitz als Marke für Bürodienstleistungen schützen lässt, der sollte tunlichst darauf achten, dass nicht auch andere einen identischen oder ähnlichen Namen für identische oder ähnliche Dienstleistungen in Anspruch nehmen. Wenn es irgendwann Dutzende Bürodienstleister Müller, Meier oder Schmitz gibt, verliert die eigene Marke an Unterscheidungskraft. Sie kann neu hinzutretenden Konkurrenten irgendwann nicht mehr erfolgreich entgegengehalten werden und wird damit im schlimmsten Fall wertlos.

Dies lässt sich nur verhindern, wenn die Marke überwacht und verteidigt wird. Das Deutsche Patent- und Markenamt (DPMA), bei dem man die Marke anmeldet, übernimmt diese Aufgabe nicht etwa automatisch. Wer also auf die Idee kommt, morgen beim DPMA die Marke »Koka Kola« für koffeinhaltige Erfrischungsgetränke anzumelden, dem wird das Amt aus eigenem Antrieb keine Steine in den Weg legen. Der Anmelder kann sich jedoch sicher sein, dass ein großer amerikanischer Getränkekonzern mit recht ähnlichem Namen die Anmeldung bemerken und sie zu Fall bringen wird. Den leichtsinnigen Anmelder würde dieser »Spaß« eine

Menge Geld kosten. Es ist daher niemandem anzuraten, eine solche Marke anzumelden!

Jeder Markeninhaber, der seine Markenurkunde nicht irgendwann wieder von der Wand abhängen möchte, weil sie nutzlos geworden ist, sollte die Marke also überwachen und verteidigen. Die Rechtsanwaltskammern führen Listen von Anwälten, die sich auf das Markenrecht spezialisiert haben und hierbei Hilfestellung leisten können.

Bei Interesse siehe hierzu:
§ 49 Abs. 2 Nr. 1 MarkenG (Markengesetz), »Verfall«

Meinungsfreiheit

Irrtum:
Wenn ein Gericht eine bestimmte Äußerung für zulässig erklärt, dann ist sie richtig.

Richtig ist:
Man darf vieles äußern, auch wenn es nicht stimmt.

Wer einer bestimmten Aussage zu besonderer Glaubwürdigkeit verhelfen will, verweist manchmal darauf, dass irgendein Gericht genau diese Aussage für zulässig erklärt habe. Man kann dann zum Beispiel lesen: »Nach einem Urteil des Landgerichts XY darf der Finanzminister als Abzocker bezeichnet werden, der die Bürger belügt und betrügt.« Na dann wird´s wohl stimmen, denkt sich der Leser und hält den Finanzminister fortan für einen Abzocker, Lügner und Betrüger. Schließlich sieht es das Gericht ja genauso, denkt er.

Tatsache ist jedoch: Wer damit argumentiert, dass ein Gericht irgendeine Aussage für zulässig erklärt hat, verkauft sein Gegenüber in vielen Fällen für dumm. Denn dass eine Aussage rechtlich zulässig ist, heißt noch lange nicht, dass das Gericht sie auf ihre inhaltliche Richtigkeit hin überprüft hat. Wenn der Finanzminister tatsächlich gegen die oben zitierte Äußerung geklagt und vor Gericht verloren hat, dann hat sich der Richter keine Sekunde lang Gedanken darüber gemacht, ob der klagende Minister wirklich ein Abzocker, Lügner oder Betrüger ist. Denn diese Frage spielt für die Beurteilung des Rechtsstreits überhaupt keine Rolle.

Ob man eine Äußerung verbieten lassen kann oder nicht, hängt zunächst einmal davon ab, ob sie ein Werturteil oder eine Tatsachenbehauptung ist. Werturteile, die noch keine beleidigende so genannte »Schmähkritik« darstellen, fallen unter den Schutz der Meinungsäußerungsfreiheit. Sie können also auf keinen Fall verboten werden, selbst wenn sie sehr negativ sind. Bei Tatsachenbehauptungen sieht es anders aus. Wer über einen anderen eine unwahre Tatsachenbehauptung aufstellt, kann auf Unterlassung verklagt werden.

Der Unterschied zwischen Werturteilen und Tatsachenbehauptungen ist folgender:

Tatsachenbehauptungen können *objektiv als wahr oder unwahr bewiesen* werden. Beispiel: »Der Geschäftsführer des Unternehmens XY ist wegen Betrugs vorbestraft.« Ob der Geschäftsführer tatsächlich vorbestraft ist oder nicht, lässt sich objektiv beweisen. Ist er nicht vorbestraft, dann darf man die gegenteilige Behauptung nicht aufstellen.

Werturteile dagegen kann man lediglich *subjektiv für*

richtig oder falsch halten. Beispiel: »Die Geschäftspraktiken des Unternehmens XY sind dubios.« Was der eine
für dubios hält, erscheint dem anderen vielleicht noch als
akzeptabel. Diese Äußerung ist also ein rein subjektives
Werturteil und damit zulässig.

Für unser oben genanntes Beispiel heißt das: Bezeichnungen wie »Abzocker«, »Lügner« oder »Betrüger« dürften in dieser Pauschalität zu subjektiv und schwammig
sein, als dass sie eindeutig als wahr oder unwahr bewiesen
werden könnten. Sie fallen eher in die Kategorie der
»dubiosen Geschäftspraktiken«, sind also keine Tatsachenbehauptungen, sondern bloße Werturteile. Der
Finanzminister könnte sie demnach nicht verbieten lassen, da sie vom Grundrecht der Meinungsfreiheit gedeckt sind.

Fazit: Der Verweis auf ein Gerichtsurteil, das die
eigene Behauptung angeblich unterstützt, ist in vielen
Fällen vollkommen unsinnig, nämlich immer dann, wenn
das Gericht lediglich zu prüfen hatte, ob die Aussage ein
Werturteil oder eine Tatsachenbehauptung war. Liegt nur
ein Werturteil vor, dann trifft das Gericht keinerlei Aussage über die Richtigkeit der Meinungsäußerung. Dass
man den Finanzminister möglicherweise mit gericht-
licher Billigung als Abzocker bezeichnen darf, heißt also
nicht, dass er tatsächlich einer ist oder das Gericht ihn
auch nur dafür hält.

Bei Interesse siehe hierzu:
Art. 5 Abs. 1 GG (Grundgesetz), »Meinungsfreiheit«

Titelschutzanzeige

Irrtum:
*Wer eine Titelschutzanzeige schaltet, hat sich den an-
gemeldeten Titel rechtlich gesichert.*

Richtig ist:
*Titelschutzanzeigen bewirken nur die Vorverlagerung
eines etwaigen späteren Titelschutzes.*

Wer künstlerisch tätig ist, also beispielsweise Lieder
komponiert, Bücher schreibt oder ein Theaterstück verfasst, wird sich in aller Regel für sein Werk einen Titel
überlegen. Nichts anderes machen zum Beispiel Verlage
oder Fernsehsender, die mit einer neuen Zeitschrift oder
einem neuen Fernsehformat auf den Markt kommen
wollen. Auch sie müssen sich für ihr neues Produkt einen
prägnanten Namen einfallen lassen. Und natürlich wollen sie diesen Namen vorsorglich auch gleich schützen
lassen, damit niemand anderes ihn benutzen kann. Wie
aber schützt man einen Titel? Wer sich mit dieser Frage
beschäftigt, stößt schnell auf den Begriff der »Titelschutzanzeige«. Bestimmte Medien bieten die Möglichkeit, Inserate wie das folgende zu veröffentlichen:

*Unter Hinweis auf § 5 Abs. 3 MarkenG nehmen wir
Titelschutz in Anspruch für*

»Zündorfer Allgemeine Zeitung«

*in jeder Schreibweise, Darstellungsform, Wortverbindung
und Kombination zur Verwendung in allen Medien.*

Wer nun jedoch glaubt, mit einer solchen Mitteilung sei der Titel für alle Zeiten geschützt, der irrt gewaltig. Auch wenn der Name etwas anderes verspricht: Titelschutzanzeigen schützen keine Titel! Titelschutz entsteht erst dann, wenn der Titel tatsächlich benutzt wird, das heißt, wenn das zugehörige Buch, das Musikstück oder die neue Zeitung wirklich auf dem Markt sind. Das gilt völlig unabhängig davon, ob vorher eine Titelschutzanzeige geschaltet wurde oder nicht. Der Titel dieses Buches *Neues Lexikon der Rechtsirrtümer* wäre also auch dann geschützt, wenn der Ullstein Verlag hierfür niemals eine Titelschutzanzeige hätte veröffentlichen lassen.

Nun wird man sich fragen, welchen Sinn Titelschutzanzeigen dann eigentlich haben. Dies ist schnell erklärt: Sie bewirken nur eine zeitliche Vorverlagerung des Schutzes. Für den Fall, dass der Titel später tatsächlich benutzt wird, wird so getan, als sei er bereits zu dem Zeitpunkt benutzt worden, als die Anzeige erschien. Jeder Dritte, der in der Zwischenzeit damit begonnen hat, einen ähnlichen Titel für ein ähnliches Werk zu benutzen, kann verpflichtet werden, dies sofort zu unterlassen. Das gilt jedoch nur, wenn der Inserent der Titelschutzanzeige zwischen deren Schaltung und dem Beginn der Benutzung des Titels keinen unangemessen langen Zeitraum verstreichen lässt. Welcher Zeitraum angemessen ist, hängt vom Einzelfall ab. In der Regel sollten jedoch nicht mehr als sechs Monate vergehen.

Im Ergebnis bedeutet das: Eine Titelschutzanzeige bringt rein gar nichts, wenn der vermeintlich »geschützte« Titel später niemals oder erst nach einer unangemessen langen Zeit benutzt wird. Man sollte sie also nur schalten, wenn man auch tatsächlich vorhat, in Kürze mit dem Titel auf den Markt zu kommen. Der Name »Titelschutzanzeige« ist demnach etwas irreführend. Deshalb ist es auch verständlich, dass selbst große Medienunternehmen häufig gar nicht wissen, wie sinnlos viele der Titelschutzanzeigen sind, die sie ständig schalten.

Wer genau weiß, dass er mit einem bestimmten Titel erst in ein oder zwei Jahren auf den Markt kommen kann, sollte keine Titelschutzanzeige veröffentlichen und damit andere auch noch auf die Bezeichnung aufmerksam machen. Er sollte vielmehr versuchen, den Titel als eingetragene Marke schützen zu lassen. Eine Markeneintragung ist bereits für einige Hundert Euro zu haben und bewirkt, dass man sich mindestens fünf Jahre Zeit nehmen kann, bevor man den Titel tatsächlich benutzt. Erst fünf Jahre nach ihrer Eintragung können auch Marken wieder aus dem Markenregister gelöscht werden, wenn ihr Inhaber sie dann immer noch nicht benutzt.

Bei Interesse siehe hierzu:
§ 5 Abs. 1, 3 MarkenG (Markengesetz), »Geschäftliche Bezeichnungen«

Werbeverbot für Anwälte und Ärzte

Irrtum:
Anwälte und Ärzte dürfen nicht werben.

Richtig ist:
Anwälte und Ärzte dürfen in sachlicher, informativer und nicht irreführender Weise für sich und ihre Leistungen werben.

Dass Ärzte und Anwälte nicht werben dürfen, ist ein weit verbreiteter Irrtum, und zwar selbst in den betroffenen Berufsgruppen. Anzeigen, die auf Praxisumzüge, Kanzleieröffnungen oder ähnlich langweilige Ereignisse hinwiesen, waren für Angehörige dieser Berufe zwar tatsächlich lange Zeit die einzige Möglichkeit, öffentlichkeitswirksam auf sich hinzuweisen; jegliche andere Form von Werbung galt zumindest als unschicklich, war aber auch rechtlich häufig unzulässig. Manch etablierter Anwalts- oder Arztpraxis war diese Rechtslage sicher nicht ganz unangenehm. Zum einen ließ sich so auf elegante Weise verhindern, dass neue Kollegen auf den Markt drängten und mit einem durchdachten Werbekonzept Mandanten oder Patienten abwarben. Im Übrigen empfand man es vielfach auch schlicht als lästig und unter der Würde des Berufsstandes, sich mit so profanen Dingen wie Werbung zu beschäftigen. Das war doch eher etwas für Gewerbetreibende, dachte man sich.

Seit vielen Jahren ist jedoch ein Trend feststellbar, der in eine andere Richtung geht. Das Bewusstsein dafür, dass auch Ärzte und Anwälte Unternehmer sind, wächst. Das Werberecht wird in ihren Berufsordnungen und in der Rechtsprechung immer weiter liberalisiert. Bestimmte Grenzen existieren allerdings nach wie vor. Je nach Berufsgruppe werden sie im Detail etwas unterschiedlich ausgelegt. Vereinfacht ausgedrückt gilt aber: Eine irreführende oder eine allzu reklamehafte, anpreisende Herausstellung des Anwaltes oder Arztes und seiner Leistungen ist weiterhin unzulässig. Die Werbung muss vom Gesamteindruck her sachlich und informativ sein. Dann ist sie unproblematisch. Ein Beispiel aus der Praxis soll dies verdeutlichen:

Das Bundesverfassungsgericht hatte über die Abbildung eines halben, leicht geöffneten Mundes in einer Anzeige für einen Zahnarzt zu entscheiden[4]. Die zuständige Zahnärztekammer und alle vorangegangenen Gerichtsinstanzen hielten die Anzeige für unzulässig. Die Abbildung des Mundes sei ein reklamehafter Eyecatcher, der lediglich die Aufmerksamkeit des Publikums auf die Anzeige ziehen solle. Irgendeinen Informationswert habe die Abbildung nicht. Das Bundesverfassungsgericht entschied anders und erklärte die Anzeige für zulässig. Es sei nicht nachvollziehbar, weshalb durch die Abbildung eines halben geöffneten Mundes als Teil einer Anzeige im Format 6 x 4 cm ein Gemeinwohlbelang beeinträchtigt werde. Weder sei ersichtlich, dass die Anzeige dadurch zur Irreführung von Patienten beitrage, noch lasse sich der Abbildung vorhalten, dass sie nicht wenigstens für solche Patienten sachgerechte Informationen enthalte, die eine kieferorthopädische Behandlung benötigten.

Trotz aller Liberalisierung des Werberechts sind Anzeigen oder gar Radio- und Fernsehwerbung für Ärzte und Anwälte zwar auch heute noch die Ausnahme. Dass die rechtlichen Möglichkeiten bisher noch nicht von allen ausgeschöpft werden, sollte jedoch niemanden zu dem Irrglauben verleiten, dass sie nicht bestünden. Wer es immer noch nicht glaubt, mag einmal die letzten Seiten dieses Buches durchblättern.

Bei Interesse siehe hierzu:
§ 43 b BRAO (Bundesrechtsanwaltsordnung), »Werbung«
§ 27 MBO-Ä (Musterberufsordnung für die deutschen Ärztinnen und Ärzte), »Erlaubte Information und berufswidrige Werbung«

Mietrecht

Untervermietung verboten?

Irrtum:
Der Vermieter kann verbieten, dass ein Teil der Wohnung untervermietet wird.

Richtig ist:
Der Vermieter kann eine teilweise Untervermietung in vielen Fällen nicht untersagen.

Viele Vermieter sind überhaupt nicht begeistert, wenn sie erfahren, dass ihr Mieter ein oder mehrere Zimmer der Wohnung untervermieten will. Wer in ihr Eigentum einzieht, möchten sie schon selbst bestimmen, denken sie sich und glauben, dass der Mieter sie auf jeden Fall um Erlaubnis fragen muss, wenn er entsprechende Pläne hat. Manch selbst gebastelter Mietvertrag enthält sogar eine ausdrückliche Klausel, wonach jede Form der Untervermietung nur mit Zustimmung des Vermieters gestattet ist.

Doch selbst wenn ein Vertrag eine solche Klausel enthält, kann der Vermieter in vielen Fällen nicht verhindern, dass der Mieter einen Teil des Wohnraumes untervermietet. Dies gilt immer dann, wenn der Mieter ein berechtigtes Interesse an der Untervermietung hat und sie dem Vermieter zugemutet werden kann.

Wann aber liegt ein berechtigtes Interesse an einer Untervermietung vor?

Diese Hürde ist sehr niedrig. Es reicht bereits jeder »vernünftige Grund« für die Aufnahme eines Untermieters. Dies kann zum Beispiel der Tod oder Auszug eines Mitbewohners sein, dessen ausbleibender Mietanteil ersetzt werden muss. Auch die Aufnahme der Eltern oder des Lebensgefährten stellt ebenso ein berechtigtes Interesse dar wie beispielsweise ein gesunkenes Einkommen des Mieters.

Wenn der Mieter ein berechtigtes Interesse an der Untervermietung hat, ist nur noch zu prüfen, ob sie dem Vermieter auch zugemutet werden kann. Und das kann sie in aller Regel. Es muss schon einiges passieren, damit ein Untermieter als unzumutbar gilt. Nicht einmal seine Zahlungsunfähigkeit reicht als Ablehnungsgrund aus. Denn schließlich haftet ja der Mieter gegenüber dem Vermieter auch für den Mietanteil des klammen Untermieters.

Wohl aber kann ein Untermieter abgelehnt werden, wenn die Wohnung überbelegt ist. Kein Vermieter muss dulden, dass eine 10-köpfige Großfamilie auch noch Onkel und Tante in die 50-Quadratmeter-Zweizimmerwohnung aufnimmt. Wer dieses Beispiel hypothetisch findet, sollte sich nicht täuschen. Derlei Fälle kommen auch in Deutschland tatsächlich vor.

Bei Interesse siehe hierzu:
§ 553 Abs. 1 BGB (Bürgerliches Gesetzbuch), »Gestattung der Gebrauchsüberlassung an Dritte«

Wände weiß streichen?

Irrtum:
Der Mieter muss die Wohnung nach dem Auszug weiß streichen.

Richtig ist:
Auch andere »gedeckte« Farben sind zulässig.

In den meisten Mietverträgen werden die Mieter dazu verpflichtet, die Schönheitsreparaturen in der Wohnung auf eigene Kosten vorzunehmen. Zu den Schönheitsreparaturen gehört auch das Streichen der Wände. Nun mag es vorkommen, dass die Mieter die übliche weiße Raufasertapete zu gewöhnlich fanden und ihre Wohnung stattdessen in anderen, etwas »frischeren« Farben gestrichen oder tapeziert haben. Wenn dann der Auszugstermin naht und der Vermieter mit den potentiellen Nachmietern zum ersten Mal seit Jahren wieder sein Eigentum betritt, stellt er möglicherweise etwas irritiert fest, dass das Schlafzimmer in Himmelblau, das Bad in ein zartes Rosé und das Wohnzimmer in einen Hauch von Mauve getaucht ist. Selbstverständlich wird er fordern, dass die Mieter die Wohnung vor der Übergabe neu streichen – und zwar in einer anständigen Farbe. Und da gibt es nur eine: Weiß!

Die verbreitete Vorstellung, es gebe nur eine einzige mietrechtlich zulässige Wandfarbe, ist jedoch falsch. Weiß mag die am häufigsten gewählte Farbe in deutschen Wohnungen sein. Denn mit Weiß kann man schließlich »nichts falsch machen«. Wer weiße Raufaser nicht bereits von Anfang an zu langweilig findet, der kann sich darauf verlassen, dass ihn diese Farbe auch nach Jahren noch nicht nervt. Bei etwas exzentrischeren Tönen wie Lila, Schwarz oder Dunkelrot mag das durchaus anders sein. Es gibt dennoch keinen mietrechtlichen Grundsatz, wonach Weiß die einzige Farbe ist, in der ein Mieter seine Wohnung nach dem Auszug übergeben darf. Er muss es zwar vermeiden, allzu ausgefallene Farben wie die gerade genannten zu wählen. Gegen einen Anstrich in einer »normalen«, d.h. gedeckten Farbe ist jedoch nichts einzuwenden.

Eine hellblau marmorierte Tapete ist nach einem Urteil des Landgericht Lübeck zum Beispiel akzeptabel. Wenn sie noch in einem guten Zustand ist, kann der Vermieter nicht verlangen, dass sie vor der Übergabe abgerissen und durch einen weißen Anstrich ersetzt wird[5]. Das Landgericht Berlin sah es genauso: Im Interesse des Vermieters, der die Wohnung noch anderweitig vermieten will, dürfen nach Ansicht des Gerichts lediglich allgemein anerkannte Geschmacksgrenzen nicht überschritten werden[6].

Wo die allgemein anerkannten Geschmacksgrenzen genau liegen, ist im Einzelfall sicher schwierig zu bestimmen. Repräsentative Umfragen zu diesem Thema wird es kaum geben. Bitte fragen Sie daher auch nicht Ihren Berater beim Mieterverein, ob Sie die Küche orange streichen dürfen. Er wird Ihnen keine allgemeingültige Antwort geben können. Wer auf Nummer sicher gehen will, sollte seinen Vermieter nicht mit riskanten Experimenten im Grenzbereich ärgern (»Aber ich bitte Sie, dieses leuchtende Türkis ist doch ein Traum!«), sondern die Wohnung allenfalls leicht getönt in einer zurückhaltenden Farbe streichen.

Zweitschlüssel für den Vermieter

Irrtum:
Vermieter haben einen Anspruch auf einen Zweitschlüssel zur Wohnung.

Richtig ist:
Vermieter haben weder Anspruch auf einen Zweitschlüssel noch auf ungenehmigten Zutritt zur Wohnung.

Viele Vermieter gehen wie selbstverständlich davon aus, dass es ihr gutes Recht ist, einen Zweitschlüssel zur vermieteten Wohnung zu behalten. Wer weiß, wozu man den noch mal braucht, denken sie sich wahrscheinlich. Die Mieter wissen hiervon entweder gar nichts oder aber sie glauben, der Vermieter habe tatsächlich Anspruch auf einen Zweitschlüssel.

Ein solcher Anspruch besteht jedoch nicht. Der Vermieter darf nur dann einen Zweitschlüssel behalten, wenn der Mieter dies genehmigt. Der Grund hierfür ist simpel: Der Vermieter kann ohne Zustimmung des Mieters mit dem Schlüssel nichts anfangen. Denn auch dem Vermieter gegenüber kann sich der Mieter auf sein Grundrecht auf Unverletzlichkeit der Wohnung berufen. Der Vermieter ist daher nicht berechtigt, die Mieträume unerlaubt zu betreten. Tut er es doch, kann dem Mieter sogar ein fristloses Kündigungsrecht zustehen. Er hätte auch die Möglichkeit, auf Kosten des Vermieters ein neues Schloss einbauen zu lassen.

Der Mieter sollte dennoch, wenn er zum Beispiel in Urlaub fährt, einer Person seines Vertrauens einen Zweitschlüssel zur Wohnung überlassen und dies dem Vermieter auch mitteilen. Denn in (wirklichen!) Notfällen darf der Vermieter die Wohnung natürlich schon betreten. Wenn er sie dann erst langwierig aufbrechen lassen muss und dadurch weiterer Schaden entsteht, kann der Mieter hierfür unter Umständen haftbar gemacht werden. Als Notfälle gelten zum Beispiel Wasserrohrbrüche oder ein Gasaustritt. Offen stehende Fenster, nicht abgedrehte Heizungen oder die Notwendigkeit kleinerer Reparaturen sind dagegen sicherlich keine Notfälle.

Wenn kein Notfall vorliegt, steht dem Vermieter nur in Ausnahmefällen ein Besichtigungsrecht zu. Ca. alle zwei Jahre darf er die Wohnung betreten, um ihren Zustand zu überprüfen. Auch wenn er sie verkaufen oder neu vermieten will, darf der Vermieter die Wohnung mit Interessenten besichtigen. Das Gleiche gilt, wenn die Wohnung saniert oder modernisiert werden soll. In all diesen Fällen darf der Vermieter sein Besichtigungsrecht jedoch nicht eigenmächtig mit Hilfe eines Zweitschlüssels durchsetzen, und zwar selbst dann nicht, wenn der Mieter sich unberechtigterweise weigert, eine Besichtigung zu dulden. In einem solchen Fall müsste der Vermieter stattdessen gerichtliche Hilfe in Anspruch nehmen.

Wichtig ist, dass der Vermieter seinen Besuch bzw. den Besuch der Handwerker oder Interessenten rechtzeitig ankündigt. Bei der Wahl des Besuchstermins muss er außerdem auf die Berufstätigkeit des Mieters Rücksicht nehmen und den Termin nur zu den üblichen Zeiten ansetzen, d. h. beispielsweise wochentags am frühen Abend, wenn der Mieter von der Arbeit zurück ist. Auch darf er den Mieter nicht mit zu häufigen Besuchen belasten. Nachdem ein Mieter innerhalb von anderthalb Jahren über 50 Besichtigungen seiner Wohnung über sich ergehen lassen musste, urteilte das Amtsgericht Hamburg, dass der Vermieter Interessenten nur noch einmal monatlich von 18:00 bis 20:00 Uhr in die Wohnung führen durfte[7].

Bei Interesse siehe hierzu:
§ 554 Abs. 1, 2 BGB (Bürgerliches Gesetzbuch), »Duldung von Erhaltungs- und Modernisierungsmaßnahmen«

Öffentliches Recht

Befehl ist Befehl

Irrtum:
Soldaten müssen Befehle ihrer Dienstvorgesetzten auf jeden Fall befolgen.

Richtig ist:
Rechtswidrige Befehle dürfen in vielen Fällen nicht befolgt werden.

»Befehl ist Befehl!« Es gibt wohl keinen Irrtum, der im Deutschland des 20. Jahrhunderts schwerwiegendere Folgen hatte als diese Floskel. Die Vollstrecker gleich zweier verbrecherischer Regime auf deutschem Boden zogen sie zur Entschuldigung oder Rechtfertigung ihrer Taten heran. Nach dem Zusammenbruch der Nazi-Herrschaft hieß es überall: »Wir konnten doch nichts tun. Wir haben nur unseren Befehlen gehorcht.« Nichts anderes hörte man nach dem Ende der SED-Diktatur etwa von den Mauerschützen, die als Angehörige der DDR-Grenztruppen Menschen bei ihren Fluchtversuchen erschossen.

Handeln auf Befehl rechtfertigt das Verhalten eines Soldaten dann nicht, wenn die befohlene Handlung eine Straftat darstellt. Wenn der Soldat also den rechtswidrigen Befehl erhält, einen anderen Menschen zu verletzen oder zu töten, darf er ihn nicht befolgen. Tut er es doch und war für ihn offensichtlich, dass er eine Straftat begeht, kann der Soldat für sein Verhalten strafrechtlich zur Rechenschaft gezogen werden.

Blinder Gehorsam ist also selbst in einer autoritären Organisationsstruktur wie dem Militär fehl am Platze. Verstand und Gewissen sind auch für Befehlsempfänger unerlässliche Kontrollinstanzen, die niemand völlig preisgeben darf.

Bei Interesse siehe hierzu:
§ 11 SoldG (Soldatengesetz), »Gehorsam«
§ 5 Abs. 1 WStG (Wehrstrafgesetz), »Handeln auf Befehl«

Kanzlerwahl

Irrtum:
Das Volk wählt den Kanzler.

Richtig ist:
Der Bundeskanzler wird von den Abgeordneten des Bundestages gewählt.

Das deutsche Wahlsystem haben wir alle einmal in der Schule gelernt. Die meisten haben seine vielen komplizierten Details danach allerdings sofort wieder vergessen. Viele Wähler haben deshalb nur eine ungefähre Vorstellung davon, wen oder was genau sie eigentlich mit ihrer Erst- bzw. Zweitstimme wählen.

Eine Folge dieser verbreiteten Wissenslücken sind Kommentare wie: »Ich kann nichts dafür, ich habe den Schröder nicht gewählt!« Diese Feststellung ist zwar richtig, bedarf aber eigentlich keiner besonderen Erwähnung.

Denn Otto Normalbürger kann den Bundeskanzler ohnehin nicht wählen. Nur einigen hundert Deutschen gebührt dieses Privileg, nämlich den Abgeordneten des Deutschen Bundestages. Sie allein bestimmen, wer mit der Aufgabe betraut wird, eine neue Regierung zu bilden. Die Abgeordneten wiederum werden in der Tat vom Volke gewählt. Mit der Erststimme wird in jedem Wahlkreis ein Direktkandidat für den Bundestag bestimmt. Die Zweitstimme dagegen geht nicht an eine bestimmte Person, sondern an eine Partei. Das prozentuale Verhältnis der Zweitstimmen entscheidet schließlich über die Zahl der Sitzplätze, die eine Partei im Bundestag erhält.

Bei einer Bundestagswahl wird also kein Kanzler gewählt, sondern – wie der Name schon sagt – ein Bundestag. Da die Abgeordneten grundsätzlich frei entscheiden können, wen sie zum Kanzler wählen, sind sie auch nicht etwa an den Wählerwillen gebunden. Sie haben grundsätzlich die Möglichkeit, auch Kanzlerkandidaten anderer Parteien zu wählen. Und diese Gefahr ist nicht etwa nur theoretischer Natur. Als zum Beispiel Willy Brandt zum Bundeskanzler gewählt wurde, hatte seine sozialliberale Koalition zwar eine rechnerische Mehrheit von zwölf Sitzen im Bundestag, bei der Wahl versagten ihm jedoch drei »seiner« Abgeordneten die Stimme. Umgekehrt scheiterte 1972 das Misstrauensvotum gegen Bundeskanzler Brandt daran, dass nun Abgeordnete der CDU-Opposition nicht für »ihren« Mann Rainer Barzel stimmten. (Später stellte sich heraus, dass sie bestochen worden waren.)

Der Wählerwille wirkt sich bei der Kanzlerwahl also nicht unmittelbar aus. Die Wahl treffen letztlich die Abgeordneten als Repräsentanten des Volkes. Dieses Prinzip bezeichnet man als repräsentative Demokratie.

Bei Interesse siehe hierzu:
Art. 63 Abs. 1 GG (Grundgesetz), »Wahl des Bundes-
kanzlers«

Meldepflicht bei Schusswunden

Irrtum:
Ärzte sind verpflichtet, Schusswunden, die sie behan-
deln, behördlich zu melden.

Richtig ist:
Es gibt bei lebenden Patienten keine Schusswunden-
meldepflicht.

Hartnäckig hält sich das Gerücht, Ärzte seien verpflichtet, Schusswunden, die sie behandeln, der Polizei zu
melden. Denn es könnte ja sein, dass der Patient zum
Beispiel ein Bankräuber ist, der auf frischer Tat ertappt
und von Polizeibeamten angeschossen wurde. Flüchtige
Straftäter, die ihre Wunden lieber vom Komplizen not-
dürftig mit einem zerrissenen Hemd verbinden lassen,
anstatt ins Krankenhaus zu gehen, sind daher auch ein
beliebtes dramatisches Element deutscher Fernsehkrimis.
Tatsache ist jedoch, dass eine Schusswundenmeldepflicht
nicht existiert. Ganz im Gegenteil läuft ein Arzt gegebenenfalls sogar Gefahr, sich wegen Verletzung von
Privatgeheimnissen strafbar zu machen, wenn er seine
ärztliche Schweigepflicht bricht und preisgibt, dass einer
seiner Patienten eine Schussverletzung erlitten hat.
    Selbstverständlich gilt die ärztliche Schweigepflicht
jedoch nicht schrankenlos. In anderen Bereichen gibt es

für Ärzte durchaus Meldepflichten. Patienten, die an schweren Infektionskrankheiten wie Cholera, Masern oder Tollwut leiden oder bei denen ein entsprechender Verdacht besteht, muss der behandelnde Arzt dem zuständigen Gesundheitsamt melden. Das Gleiche gilt, wenn sich bei einer Leichenschau herausstellt, dass der Patient an einer solchen Krankheit gestorben sein könnte. Auf diese Weise soll die weitere Ausbreitung solcher Krankheiten gestoppt werden. Meldepflichten bestehen auch gegenüber der Polizei. Wenn ein Arzt bei einer Leichenschau einen nicht natürlichen Tod feststellt oder der Tote nicht identifiziert werden kann, muss er die zuständige Polizeibehörde benachrichtigen.

Mit anderen Worten: Eine Meldepflicht für Schusswunden besteht nur dann, wenn der Schuss tödlich war. Daher der Praxistipp: Wer nach einem Bankraub eine Kugel abbekommen hat, aber noch lebt, sollte sich gut überlegen, ob er in der Notaufnahme des Krankenhauses nicht besser aufgehoben ist als zu Hause. Denn Pinzetten, Wodka und das alte Hemd des Komplizen sind sicher kein gleichwertiger Ersatz für das Skalpell eines Chirurgen und steriles Verbandszeug.

Bei Interesse siehe hierzu:
§ 6 Abs. 1 IfSG (Infektionsschutzgesetz), »Meldepflichtige Krankheiten«
§ 9 Abs. 5, 6 BestG NRW (Bestattungsgesetz NRW), »Leichenschau, Todesbescheinigung und Unterrichtung der Behörden«

Rechtsbegriffe richtig gestellt

Aktiennennwert

Irrtum:
Der Nennwert einer Aktie ist ihr Mindestwert.

Richtig ist:
Der Nennwert einer Aktie ist nur der auf eine Aktie entfallende Anteil am Grundkapital.

Auch die Totalverluste, die viele Anleger im Jahre 2000 mit ihren Aktien vom Neuen Markt erlitten, haben nicht zur völligen Ausrottung eines der ältesten und am meisten verbreiteten Börsenmissverständnisse führen können. Generationen von Bankangestellten mussten ihren Kunden bereits erklären, was unter dem Aktiennennwert wirklich zu verstehen ist. Bis 1998 gab es in Deutschland nur so genannte Nennwertaktien, die einen fest definierten »Wert« von zum Beispiel 5 DM oder 50 DM hatten. Viele Anleger glaubten und glauben daher, der Nennwert sei der garantierte Mindestwert, den die Aktie auf jeden Fall habe und den sie immer beanspruchen könnten. Natürlich ist das nicht richtig. Der Nennwert einer Aktie bezeichnet lediglich einen bestimmten summenmäßigen Anteil am Grundkapital einer Gesellschaft. Die Nennwerte aller Aktien ergeben addiert also das Grundkapital:

*Nennwert Aktie 1 + Nennwert Aktie 2 + (...) +
Nennwert Aktie XY = Grundkapital*

Wenn aber kein Grundkapital mehr zu verteilen ist, weil das Unternehmen pleite ist, dann ist auch die Aktie nichts mehr wert. Auch mit einer Nennwertaktie kann man also im Extremfall einen Totalverlust erleiden. Die Aktie ist nur so viel wert, wie am Markt für sie bezahlt wird. Einen sicheren Mindestwert hat sie nicht.

Seit 1998 werden in Deutschland statt Nennwertaktien in zunehmendem Maße so genannte Stückaktien gehandelt. Sie bezeichnen den Bruchteil, den eine Aktie vom Grundkapital darstellt. Wenn ein Unternehmen zum Beispiel eine Milliarde Aktien ausgegeben hat, dann stellt jede Aktie ein Milliardstel des Grundkapitals dar.

Damit ist klar: Das Risiko eines Totalverlustes besteht auch bei Stückaktien. Auch sie können keinen garantierten Mindestwert haben. Denn wenn das Grundkapital weg ist, dann ist auch ein Milliardstel des Grundkapitals nichts mehr wert.

Bankbeamter

Irrtum:
Der Mann hinter dem Sparkassenschalter ist ein Bankbeamter.

Richtig ist:
Bankbeamte gibt es nur in alten Filmen und bei Bundesbank und Postbank.

Der Publizist Siegfried Kracauer beschrieb 1929 das Berufsbewusstsein der Bankangestellten wie folgt:

»Dass die Krone der Angestelltenschöpfung der Bankbeamte sei, ist zum mindesten bei den Bankbeamten ein weit verbreiteter Glaubenssatz. Er hat sich aus den Urzeiten der Branche fortgeerbt, ist sicherlich an die intime Beschäftigung mit dem Geld geknüpft und erhält eine Art von äußerer Bestätigung durch die fürstlichen Bankpaläste im Renaissance-Stil.[8]«

Offenbar hielten sich Bankangestellte tatsächlich für derart staatstragend, dass sich für sie die Bezeichnung »Bankbeamter« einbürgerte. Schon 1920 wurde der »Bankbeamte« jedoch offiziell durch den passenderen »Bankangestellten« abgelöst. 1961 wurde dann die heute noch gültige, staatlich anerkannte Berufsbezeichnung »Bankkaufmann« eingeführt. Im allgemeinen Sprachgebrauch hat sie sich auch weitestgehend durchgesetzt.

Ganz totzukriegen ist der gute alte Bankbeamte trotzdem nicht. Immer wieder kann man diese Bezeichnung auch heute noch lesen und hören. Dabei waren die so genannten Bankbeamten auch schon vor 1920 keineswegs echte Beamten. Schließlich arbeiteten sie für private Arbeitgeber und nicht als verbeamtete Staatsdiener. Nicht anders sieht es heute aus. Beamte gibt es zwar noch bei Bundesbank und Postbank – sie verdienen tatsächlich die Bezeichnung »Bankbeamte«. Wer jedoch bei allen anderen Kreditinstituten am Schalter steht, ist kein Beamter, sondern schlicht ein Angestellter, der vermutlich eine Ausbildung zum Bank- oder Sparkassenkaufmann absolviert hat.

Bankraub

Irrtum:
Es gibt ein Delikt namens Bankraub.

Richtig ist:
Ein »Bankraub« ist eigentlich eine räuberische Erpressung.

Wer eine Bank überfällt, begeht einen Bankraub. Jedenfalls wird das Delikt vom Volksmund meistens so genannt. Juristen dagegen verwenden den Begriff nicht. Dies hat zwei Gründe: Zum einen ist das Wort Bankraub sicher etwas schief formuliert: Ein Handtaschenräuber raubt Handtaschen. Was bitte soll dann ein Bankräuber rauben? Über solche sprachlichen Feinheiten mag man ja noch großzügig hinwegsehen. Der Begriff des Raubes ist im Zusammenhang mit Banküberfällen jedoch auch aus juristischen Gründen in aller Regel fehl am Platze. Denn im Allgemeinen begehen Bankräuber keinen Raub, sondern eine räuberische Erpressung.

Ob ein Raub vorliegt oder eine räuberische Erpressung, hängt davon ab, ob der Täter die Beute mit Gewalt oder unter Androhung von Gewalt *selbst wegnimmt* (Raub) oder ob das Opfer dem Täter das Geld *herausgibt* (räuberische Erpressung). Wer einen Kassierer mit der Waffe bedroht und ihn so dazu bringt, Geld herauszugeben, ist also kein Räuber, sondern ein (räuberischer) Erpresser. Ein Raub läge dagegen vor, wenn der Täter dem Opfer das Geld zum Beispiel gewaltsam aus der Hand reißt. Dies dürfte jedoch der absolute Ausnahmefall sein. In aller Regel werden die vermeintlichen Bankräuber daher wegen räuberischer Erpressung angeklagt und verurteilt. Beim Strafmaß gibt es zwischen den beiden Delikten übrigens keine Unterschiede. Der räuberische Erpresser wird genauso bestraft wie der Räuber.

Bei Interesse siehe hierzu:
§ 249 Abs. 1 StGB (Strafgesetzbuch), »Raub«
§ 253 Abs. 1 StGB, »Erpressung«
§ 255 StGB, »Räuberische Erpressung«

BVG

Irrtum:
Die korrekte Abkürzung für das Bundesverfassungsgericht lautet »BVG«.

Richtig ist:
Das Bundesverfassungsgericht wird »BVerfG« abgekürzt, das Bundesverwaltungsgericht »BVerwG«.

Der Bundesgerichtshof wird »BGH« abgekürzt, das Bundesarbeitsgericht »BAG«, der Bundesfinanzhof »BFH« und das Bundessozialgericht »BSG«. Und immer wieder kann man in der Zeitung lesen, das »BVG« in Karlsruhe habe mal wieder eine wichtige Grundsatzentscheidung gefällt. Wenigstens an der Ortsangabe »Karlsruhe« lässt sich dann erraten, welches Gericht der Journalist gemeint hat, nämlich aller Wahrscheinlichkeit nach das in der badischen Residenzstadt gelegene Bundesverfassungsgericht. Aus der Abkürzung allein würde dies leider nicht klar. Denn es gibt noch ein weiteres oberstes

Bundesgericht, das mit der gleichen Berechtigung als
»BVG« abgekürzt werden könnte. Die Rede ist vom
Bundesverwaltungsgericht in Leipzig. Damit es nicht
zu Verwechslungen kommt, lauten die korrekten Abkür-
zungen dieser Gerichte daher »BVerfG« (Bundesverfassungsgericht) bzw. »BVerwG« (Bundesverwaltungsgericht). Unter dem »BVG« dagegen verstehen Juristen
das Bundesversorgungsgesetz – oder allenfalls noch die
Berliner Verkehrsbetriebe.

Freiberufler

Irrtum:
Jeder, der nicht angestellt ist, ist Freiberufler.

Richtig ist:
*Die meisten, die sich für Freiberufler halten, sind
keine.*

»Ich war jahrelang Angestellter. Irgendwann hatte ich die
Nase voll. Jetzt bin ich freiberuflicher Versicherungsver-
treter.« Fehleinschätzungen wie diese hört man häufiger.
Auch selbständige Angehörige anderer Berufe, seien es
Makler, Detektive, Fotomodelle oder Hellseher, halten
sich häufig für Freiberufler. Denn schließlich üben sie
ihren Beruf ja »frei«, also ohne einen Vorgesetzten aus.
Sie verwechseln dabei jedoch Selbständigkeit mit Freibe-
ruflertum. Der Begriff des Freiberuflers ist eng definiert.
Das Bundesverwaltungsgericht zählt dazu *»freie, wissenschaftliche, künstlerische und schriftstellerische Tätigkeiten
höherer Art«* und *»persönliche Dienstleistungen höherer Art,*

die eine höhere Bildung erfordern«. Anerkanntermaßen gehören dazu jedenfalls die folgenden vier Berufsgruppen:
Zum Ersten die Angehörigen der rechts-, wirtschafts-
und steuerberatenden Berufe, also zum Beispiel Rechts-
und Patentanwälte, Notare, Steuerberater, Wirtschaftsprüfer und Unternehmensberater. Die zweite Gruppe
sind Heilkundler wie etwa Ärzte, Zahnmediziner und
Apotheker. Drittens gehören dazu Techniker wie beispielsweise Architekten und Ingenieure und schließlich
viertens die Angehörigen der freien Kulturberufe wie
Schriftsteller oder Dolmetscher.

Andere Berufsgruppen wie zum Beispiel die oben genannten Makler, Detektive, Fotomodelle oder Hellseher
sind zwar selbstständig, gelten jedoch nicht als Freiberufler. Die meisten würden dies sicher gerne ändern, denn
Freiberufler genießen vor allem gegenüber dem Finanzamt einige lieb gewonnene Privilegien. Zum Beispiel gilt
ihre Tätigkeit nicht als Gewerbe. Sie müssen daher keine
Gewerbesteuer bezahlen. In der Regel sind sie auch nicht
zur doppelten Buchführung verpflichtet. Es genügt,
wenn sie ein Kassenbuch führen und eine simple Ein-
nahme-Überschussrechnung erstellen. Dies erklärt auch,
weshalb sich die Angehörigen der freien Berufe vehe-
ment dagegen wehren, dass ihre Privilegien abgeschafft
werden. Politiker, die beispielsweise immer wieder einmal
fordern, dass auch die fast eine Million deutschen Freiberufler Gewerbesteuer zahlen sollen, machen sich in den
zugehörigen Berufsgruppen nicht sonderlich beliebt.

Bei Interesse siehe hierzu:
§ 18 EStG (Einkommensteuergesetz), »Selbständige Arbeit«

Grober Unfug

Irrtum:
Es gibt eine Ordnungswidrigkeit namens »Grober Unfug«.

Richtig ist:
»Grober Unfug« heißt heute »Belästigung der Allgemeinheit«.

Immer wieder kann man lesen, dass Personen angeblich wegen »groben Unfugs« zur Rechenschaft gezogen wurden. Den Tatbestand »Grober Unfug« gibt es unter diesem Namen jedoch gar nicht mehr. Die entsprechende Ordnungswidrigkeit heißt heute »Belästigung der Allgemeinheit«. Und dieser Name ist erheblich treffender als die etwas unpräzise Bezeichnung »Grober Unfug«. Denn es geht nicht darum, Personen dafür zu bestrafen, dass sie irgendwelchen unnötigen, aber harmlosen Unfug treiben. Entscheidend ist vielmehr die Frage, ob sie durch ihr Tun die Allgemeinheit belästigen.

Bejaht wurde das zum Beispiel im Falle des Freiburger »Nacktläufers«, der eine Zeit lang durch alle Boulevardmagazine und Talkshows gereicht wurde und der aus etwas undurchsichtigen Motiven für sein vermeintliches Recht kämpfte, nackt durch Wälder, Fußgängerzonen und Einkaufszentren spazieren zu dürfen. Er wurde vom Oberlandesgericht Karlsruhe letztinstanzlich zu einer Geldbuße von seinerzeit DM 2400,– verurteilt[9]. Die Belästigung der Allgemeinheit begründete das Gericht unter anderem damit, dass der Anblick seines entblößten Geschlechtsteils unterschiedlichste Reaktionen habe hervorrufen können: Abscheu, Ekel, Schock, Schrecken oder Verletzung des Schamgefühls. Außerdem hätten die Passanten nicht wissen können, ob es sich bei dem – inzwischen auch wegen sexuellen Missbrauchs von Kindern vorbestraften – Nacktläufer um einen Exhibitionisten handelt oder einfach nur um einen harmlosen Sonderling.

Bei Interesse siehe hierzu:
§ 118 Abs. 1 OWiG (Gesetz über Ordnungswidrigkeiten), »Belästigung der Allgemeinheit«

Leitende Angestellte

Irrtum:
Angestellte, die einige Mitarbeiter unter sich haben, sind leitende Angestellte.

Richtig ist:
Nicht jeder, der sich für einen leitenden Angestellten hält, ist auch einer.

»Ich bin leitender Angestellter«, verkündet manch einer stolz und irrt dabei gewaltig. Denn entgegen einer verbreiteten Vorstellung ist nicht jeder Arbeitnehmer, der drei Untergebene hat, deswegen gleich ein leitender Angestellter.

Eine allgemein gültige gesetzliche Definition des leitenden Angestellten gibt es zwar nicht[10]. Klar ist aber, dass es sich um einen Arbeitnehmer handeln muss, der typische Unternehmensfunktionen mit erheblichem eigenen Entscheidungsspielraum wahrnimmt[11]. Hierzu gehört zum Beispiel die Berechtigung, selbständig Arbeitnehmer einzustellen oder zu entlassen. Vereinfacht ausgedrückt kann man sich merken, dass leitende Angestellte eine Art Zwischenstellung zwischen Arbeitgeber und Arbeitnehmern einnehmen. Dies gilt vor allem für Geschäftsführer, Betriebsleiter, Prokuristen oder Generalbevollmächtigte, nicht aber pauschal für jeden, der eine Vorgesetztenstellung innehat.

Die besondere Nähe zum Unternehmen führt dazu, dass leitende Angestellte nicht den gleichen arbeitsrechtlichen Schutz genießen wie andere Arbeitnehmer. Zum Beispiel gilt für sie das Arbeitszeitgesetz nicht. Leitende Angestellte können also verpflichtet werden, länger und öfter zu arbeiten als andere Angestellte. Auch beim Kündigungsschutz gelten gewisse Einschränkungen zu ihren Lasten. Zwar haben auch leitende Angestellte Kündigungsschutz. Durch Zahlung einer Abfindung kann der Arbeitgeber ihre Weiterbeschäftigung im Ergebnis jedoch selbst bei einer rechtswidrigen Kündigung jederzeit beenden. Das ist bei anderen Angestellten nicht möglich.

Bei Interesse siehe hierzu:
§ 5 Abs. 3 BetrVG (Betriebsverfassungsgesetz), »Arbeitnehmer«
§ 14 Abs. 2 KSchG (Kündigungsschutzgesetz), »Angestellte in leitender Stellung«
§ 9 Abs. 1 S. 2 KSchG, »Auflösung des Arbeitsverhältnisses durch Urteil des Gerichts; Abfindung des Arbeitnehmers«

Pferderecht und Dachdeckerrecht

Irrtum:
Es gibt Rechtsgebiete wie »Pferderecht« und »Dachdeckerrecht«.

Richtig ist:
Viele vermeintliche Rechtsgebiete sind reine Marketingbegriffe.

Wenn man in den Gelben Seiten unter »Rechtsanwälte« nachschlägt, ist man überrascht, auf wie vielen Rechtsgebieten sich spezialisierte Anwälte tummeln. Da werden Tätigkeitsschwerpunkte wie »Pferderecht«, »Bühnenrecht« oder gar »Dachdeckerrecht« genannt. Wer also einen Anwalt für einen Fall sucht, in dem ein Pferd, eine Theaterbühne oder ein Dachdecker vorkommen, wird beruhigt sein, festzustellen, dass es offenbar ausgewiesene Spezialisten gibt, die sich genau mit dem briefmarkengroßen Rechtsgebiet beschäftigen, in dem er anwaltlichen Rat benötigt. Da fragt man sich, zu welchem Anwalt eigentlich ein Dachdecker gehen müsste, der auf einer Theaterbühne vom Pferd getreten wird?

Wer einen Anwalt sucht, sollte sich darüber im Klaren sein, dass Rechtsanwälte täglich neue lustige Rechtsgebiete erfinden, in der Hoffnung, dass alle Rechtsstreitigkeiten um nordfriesische Gartenzwerge künftig auf ihrem Schreibtisch landen, wenn sie als ihre ausschließliche Spezialisierung das »Nordfriesische Gartenzwergrecht« angeben. Viele dieser angeblichen Rechtsgebiete rufen bei den Juristenkollegen nur ein müdes

Lächeln hervor. Oft muss man sie als reine Marketingbegriffe betrachten, die ersonnen wurden, um den natürlichen Bedürfnissen um sich selbst kreisender Mandanten entgegenzukommen.

Wer beispielsweise ein Marktforschungsinstitut leitet, ist von der Wichtigkeit seiner Branche mitunter so überzeugt, dass er die Existenz spezialisierter »Marktforschungsanwälte« für völlig unabdingbar hält. Es hat dann gefälligst auch ein Rechtsgebiet namens »Marktforschungsrecht« zu geben und natürlich wird der erste Rechtsanwalt, der dieser Erwartungshaltung entspricht und sich als ausgewiesener Marktforschungsrechtler vorstellt, mit offenen Armen empfangen: »Endlich mal ein Anwalt, der meine speziellen Probleme versteht!« Dass kein Jurastudent jemals eine Vorlesung in Marktforschungsrecht besucht haben dürfte, weiß der Mandant ja nicht, auch nicht, dass die vermeintlich typischen Probleme der Marktforschungsbranche sich auf zahlreiche Rechtsgebiete aufteilen und auch in Hundert anderen Branchen vorkommen. Ein Marktforscher, der Mitarbeiter entlassen und den Namen seines Unternehmens schützen lassen will, sollte daher erwägen, sich jeweils gesondert an einen Spezialisten für Arbeitsrecht und einen Rechtsanwalt für Markenrecht zu wenden. Möglicherweise ist er dort besser aufgehoben, als wenn beide Sachen von einem »Marktforschungsrechtler« übernommen werden.

Zur Ehrenrettung von Anwaltskollegen, die sich nun auf den Schlips getreten fühlen, weil sie sich tatsächlich mit Pferde-, Bühnen- oder Dachdeckerrecht beschäftigen, sei abschließend noch Folgendes eingeräumt: Natürlich gibt es keinen feststehenden Katalog von

Rechtsgebieten und natürlich kommt es vor, dass die Bedürfnisse einer Branche tatsächlich zur Entstehung sinnvoll abgegrenzter »neuer« Rechtsgebiete führen. Diese sollten allerdings über eine gewisse Substanz verfügen. Ein typisches Beispiel ist das noch relativ junge Medienrecht, das Teilbereiche ganz unterschiedlicher Rechtsgebiete zusammenfasst.

Alles ist also wandelbar. Wer sich gut mit Pferden und ihren Krankheiten auskennt, wem die Besonderheiten von arbeitsrechtlichen Streitigkeiten an Theatern vertraut sind oder wer vielleicht schon einmal selbst ein Dach gedeckt hat, der mag besonders geeignet sein, einen Kaufvertrag über ein krankes Pferd rückabzuwickeln, eine gekündigte Theaterschauspielerin zu vertreten oder die Werklohnklage eines Dachdeckers zu begleiten. Wer meint, diese Spezialkenntnisse rechtfertigten es, auf ihrem Fundament die Entstehung eines ganz neuen Rechtsgebietes zu verkünden, der darf das natürlich tun. Es gibt keine Institution, die ihm dies verbietet und die bestimmt, welche Rechtsgebiete es gibt und welche nicht.

Und was folgt aus alledem für den Rechtsrat suchenden Bürger? Seien Sie nicht verunsichert. Kompetente Hilfe bei der Auswahl eines Anwalts mit der richtigen Spezialisierung erhalten Sie in jedem Fall bei den örtlichen Rechtsanwaltskammern.

Bei Interesse siehe hierzu:
§ 1 FAO (Fachanwaltsordnung), »Zugelassene Fachanwalts-bezeichnungen«

Rufmord

Irrtum:
Es gibt einen Straftatbestand namens »Rufmord«.

Richtig ist:
»Rufmord« ist kein juristischer Fachbegriff.

Wer in einer Internetsuchmaschine die Begriffe »Rufmord« und »strafbar« eingibt, wird mehrere Tausend Treffer erzielen. Auf unzähligen Internetseiten wird davor gewarnt, dass man sich angeblich wegen Rufmordes strafbar mache, wenn man zum Beispiel falsche Tatsachenbehauptungen aufstellt. Beides ist falsch. Zum Ersten gibt es den so oft zitierten Straftatbestand des Rufmordes überhaupt nicht. Zum Zweiten macht man sich auch nicht unbedingt strafbar, wenn man irgendwelche falschen Tatsachenbehauptungen aufstellt. Ansonsten wäre schließlich jede harmlose Lüge bereits eine Straftat. So weit sind wir zum Glück noch nicht.

Wenn es auch keinen Rufmord gibt, so kann ein Verhalten, das juristische Laien für Rufmord halten, jedoch andere Straftatbestände erfüllen. Wer zum Beispiel bei der Polizei wider besseres Wissen behauptet, sein Nachbar stehle ihm jeden Morgen die Zeitung aus dem Briefkasten, begeht eine so genannte *falsche Verdächtigung*. Wer über einen anderen sonstige falsche oder nicht beweisbare Behauptungen verbreitet, kann sich außerdem wegen *übler Nachrede* oder *Verleumdung* strafbar machen. Das gilt jedoch nur dann, wenn die falsche Tatsachenbehauptung geeignet ist, den anderen verächtlich zu machen oder in der öffentlichen Meinung herabzuwürdigen. Alle an-

deren falschen Tatsachenbehauptungen sind strafrechtlich unproblematisch.

Wer juristisch präzise argumentieren möchte, sollte
also nicht von Rufmord sprechen, sondern eine der
vorgenannten Bezeichnungen verwenden, wenn ihn die
unwahren Behauptungen eines anderen stören.

Bei Interesse siehe hierzu:
§ 186 StGB (Strafgesetzbuch), »Üble Nachrede«
§ 187 StGB, »Verleumdung«

Steuerrecht

Spekulationssteuer

Irrtum:
Es gibt eine »Spekulationssteuer«.

Richtig ist:
Eine spezielle Spekulationssteuer gibt es nicht und gab es auch noch nie.

Immer wieder hört und liest man etwas von einer angeblichen »Spekulationssteuer«, die auf den Verkauf von Häusern oder Aktien erhoben werde. So griffig der Begriff ist, so falsch ist er, denn eine spezielle Spekulationssteuer existiert nicht.

Zunächst einmal ist festzuhalten, dass der Verkaufserlös aus einem Haus- oder Aktienverkauf ohnehin nicht versteuert werden muss. Steuerpflichtig ist nur der Gewinn aus solchen Geschäften und auch dies nur, wenn zwischen Kauf und Verkauf weniger als eine gewisse Mindestzeitspanne lag. Bei nicht selbst genutzten Grundstücken beträgt diese Spanne zum Beispiel 10 Jahre, bei Aktien ein Jahr.

Wer also 2006 ein Haus für 200 000 € kauft und es 2008 für 220 000 € wieder verkauft, muss nicht die kompletten 220 000 € versteuern, sondern nur den Gewinn, d. h. 20 000 €. Hierbei handelt es sich allerdings nicht um eine »Spekulationssteuer«, sondern um die ganz normale Einkommensteuer. Zum Einkommen zählen nun einmal ganz unterschiedliche Einkünfte. Dies können zum Beispiel das Arbeitseinkommen, Mieteinnahmen oder eben Gewinne aus dem Verkauf eines Hauses sein. Der Verkäufer zahlt demnach keine »Spekulationssteuer«, sondern schlicht Einkommensteuer. Wer den Anteil der Einkommensteuer, der auf den Verkaufsgewinn fällt, überflüssigerweise in Spekulationssteuer umbenennt, dürfte auch Einkünfte aus Vermietung und Verpachtung nicht mehr als Einkommensteuer, sondern zum Beispiel als »Vermietungssteuer« bezeichnen. Dies wäre zumindest konsequent.

Bei Interesse siehe hierzu:
§ 23 Abs. 1 Nr. 1, 2 EStG (Einkommensteuergesetz),
»Private Veräußerungsgeschäfte«

Steuerfreiheit für Studenten

Irrtum:
Studenten dürfen einen bestimmten Betrag im Jahr steuerfrei verdienen.

Richtig ist:
Einen Grundfreibetrag speziell für Studenten gibt es nicht.

Studenten sind wichtig, denn aus ihnen rekrutiert sich der akademische Nachwuchs, den unsere Wissensgesellschaft braucht. Ganz so wichtig, wie manche Studenten meinen, sind sie jedoch auch wieder nicht. Vor allem gibt es entgegen einer verbreiteten Annahme kein spezielles Steuerrecht für Studenten.

Viele junge Menschen gehen tatsächlich davon aus, dass sie aufgrund ihres Studentenstatus einen bestimmten Betrag im Jahr durch Jobben steuerfrei verdienen dürfen. Zwar müssen viele Studenten tatsächlich keine Steuern zahlen. Das liegt jedoch nicht daran, dass sie Studenten sind, sondern ganz einfach daran, dass sie weniger als den so genannten Grundfreibetrag verdienen. Dieser Grundfreibetrag beschreibt das steuerliche Existenzminimum von derzeit 7664 € im Jahr, das für jeden Bürger – nicht etwa nur für Studenten – steuerfrei bleibt.

Abgesehen davon, dass Studenten einen Teil ihrer Ausbildungskosten steuermindernd geltend machen können, stehen ihnen im Steuerrecht also keine Privilegien zu. Sie werden vielmehr behandelt wie jeder andere Bürger auch.

Bei Interesse siehe hierzu:
§ 32 a Abs. 1 S. 1, 2 EStG (Einkommensteuergesetz), »Einkommensteuertarif«

Versicherungen absetzen

Irrtum:
Meine Versicherungen setze ich alle ab!

Richtig ist:
Versicherungsbeiträge mindern die Steuerlast in der Praxis gar nicht oder nur minimal.

Viele Steuerbürger machen sich jedes Jahr von neuem die Mühe, sämtliche Beiträge ihrer Lebens-, Renten-, Unfall-, Haftpflicht- oder Krankenversicherungen fein säuberlich in die Steuererklärung einzutragen. »Das kann man ja schließlich alles absetzen«, denken sie sich – und täuschen sich meist gewaltig.

In vielen Fällen wirken sich die so genannten Vorsorgeaufwendungen für solche Versicherungen in der Praxis überhaupt nicht zugunsten des Steuerbürgers aus. Denn Vorsorgeaufwendungen können nur bis zu bestimmten jährlichen Höchstbeträgen abgesetzt werden. Sämtliche Ausgaben, die über diese Höchstbeträge hinausgehen, werden vom Finanzamt also nicht als steuerlastmindernd anerkannt.

Die Höhe der Maximalbeträge variiert und ist häufigen Gesetzesänderungen unterworfen. Tatsache ist aber, dass sie oft schon durch die Arbeitnehmerbeiträge zur Sozialversicherung komplett aufgebraucht werden.

Sind die Höchstbeträge einmal ausgeschöpft, kann der Steuerbürger noch so viele Tausend Euro in Versicherungen gleich welcher Art stecken, im Steuerbescheid werden sie keine Berücksichtigung finden. Sie mindern seine Steuerlast nicht.

Bei Interesse siehe hierzu:
§ 10 Abs. 4 EStG (Einkommensteuergesetz), »Sonderausgaben«

Weltuntergang am 31. Mai?

Irrtum:

Bis zum 31. Mai des Folgejahres muss man unbedingt seine Steuererklärung abgegeben haben.

Richtig ist:

Es gibt keine allgemein gültige und unverrückbare Abgabefrist »31. Mai«.

Alljährlich aufs Neue werden die Büros der Steuerberater Ende Mai von panischen Bürgern und Gewerbetreibenden gestürmt, die glauben, sie müssten unbedingt bis spätestens zum 31. Mai ihre Steuererklärung für das Vorjahr abgeben. Danach gebe es keine Rückerstattung mehr oder es fielen hohe Säumniszuschläge an. Der Steuerberater lehnt sich dann lächelnd zurück und beruhigt die aufgeregten Gemüter.

Denn der 31. Mai ist zum Ersten nur die gesetzliche Abgabefrist für diejenigen, die überhaupt verpflichtet sind, eine Steuererklärung abzugeben. Viele Nur-Arbeitnehmer, die über keine sonstigen Einkünfte verfügen, gehören gar nicht zu dieser Gruppe. Sie *können* zwar eine Lohnsteuer-Rückerstattung beantragen, *müssen* es aber nicht. Und wenn sie die Rückerstattung beantragen, dann haben sie damit nicht bloß fünf Monate Zeit, sondern zwei volle Jahre. Eine Rückerstattung für 2005 kann also nicht nur bis zum 31. Mai 2006 beantragt werden, sondern sogar noch bis zum 31. 12. 2007.

Für diejenigen, die tatsächlich verpflichtet sind, eine Steuererklärung abzugeben – hierzu gehören vor allem

Selbständige und Gewerbetreibende –, gilt zwar grundsätzlich die Abgabefrist 31. Mai. Dieses Datum ist in der
Praxis jedoch nur theoretischer Natur. Vor allem, wer
durch einen Steuerberater vertreten ist, bekommt ohne
weiteres eine Fristverlängerung zum Beispiel bis zum
30. September desselben Jahres. Auch weitere Fristver-
längerungen sind nach dem Ermessen der Finanzbehör-
den möglich.

Fazit: Die Frist des 31. Mai für die Abgabe der Steuererklärung existiert zwar. Für viele gilt sie jedoch nicht,
und selbst wenn sie gilt, kann man sie relativ leicht ver-
längern lassen.

Bei Interesse siehe hierzu:
§ 149 AO 1977 (Abgabenordnung), »Abgabe der Steuerer-
klärungen«

Strafrecht

Anzeigepflicht bei Straftaten

Irrtum:
Jeder ist verpflichtet, Straftaten anzuzeigen, von denen er erfährt.

Richtig ist:
Eine Anzeigepflicht bei Straftaten existiert nicht.

Viele wird dies überraschen: Wer Zeuge eines Mordes wurde, ist nicht verpflichtet, diese Straftat anzuzeigen. Es ist zwar lobenswert, wenn Menschen Verantwortung für das Gemeinwesen übernehmen, indem sie aufeinander achten und nicht wegschauen, wenn Straftaten begangen werden. Es ginge jedoch zu weit, Bürgern eine entsprechende Verpflichtung aufzuerlegen. Die Verfolgung von Straftaten ist eine ausschließliche Aufgabe des Staates. Einem friedlichen und vertrauensvollen Zusammenleben der Menschen wäre es nicht dienlich, wenn zum Beispiel auch Nachbarn oder Verwandte per Gesetz gezwungen würden, sich gegenseitig zu denunzieren. Selbst bei schwersten Straftaten wie Mord oder Totschlag besteht daher keine Pflicht, eine bereits begangene Tat anzuzeigen.

Etwas anderes gilt, wenn die Tat noch nicht oder jedenfalls noch nicht vollständig ausgeführt ist. Wenn man die Möglichkeit hat, die Ausführung zum Beispiel eines Mordes, eines Raubes oder einer Geldfälschung noch zu verhindern, ist man verpflichtet, die Strafverfolgungsbehörden oder den von der Straftat Bedrohten zu informieren. Aber selbst diese Verpflichtung besteht nur bei besonders schwerwiegenden Delikten wie den oben genannten. Wer von einem geplanten Ladendiebstahl Kenntnis erlangt, verhält sich daher zwar unmoralisch, wenn er dies für sich behält, er kann jedoch nicht für sein Schweigen bestraft werden.

Selbst für Polizisten und Staatsanwälte, die beruflich mit der Verfolgung von Straftaten betraut sind, gilt, dass sie nicht jede Straftat zur Anzeige bringen bzw. verfolgen müssen. Taten, die ihnen auf privatem Wege bekannt geworden sind, müssen sie nur bei überwiegendem öffentlichem Interesse verfolgen. Wenn sie Zeuge eines Mordes werden, müssen sie ihn also anzeigen. Einen Schwarzfahrer dagegen dürfen sie unbehelligt lassen.

Bei Interesse siehe hierzu:
§ 138 StGB (Strafgesetzbuch), »Nichtanzeige geplanter Straftaten«

Beihilfe zum Selbstmord

Irrtum:
Anstiftung und Beihilfe zum Selbstmord sind strafbar.

Richtig ist:
Deutschland ist eines der wenigen Länder der Welt, in denen Beihilfe und Anstiftung zum Selbstmord nicht bestraft werden können.

In fast allen Ländern der Welt, unter anderem auch in Österreich und in der Schweiz, ist es strafbar, einem Lebensmüden einen Giftbecher, eine Pistole oder einen Strick zu reichen, damit dieser sich umbringen kann. Die Täter werden dort in solchen Fällen wegen Beihilfe zum Selbstmord zur Verantwortung gezogen. Auch die Anstiftung, d. h. das Überreden zu einem Selbstmord, ist fast überall auf der Welt unter Strafe gestellt.

Viele gehen wie selbstverständlich davon aus, dass dies in Deutschland nicht anders sein könne. Tatsächlich ist Deutschland jedoch eines der wenigen Länder, in denen die Beihilfe und auch die Anstiftung zum Suizid nicht bestraft werden können.

Der Grund hierfür ist simpel: Nach deutschem Recht kann Beihilfe nur zu einer *Straftat* geleistet werden. Gleiches gilt für die Anstiftung. Nur wer einen anderen zu einer *Straftat* anstiftet, kann auch selbst zur Rechenschaft gezogen werden. Ein eigenverantwortlicher Selbstmord, der ohne Zwang oder Täuschung geschieht, ist jedoch in Deutschland keine Straftat. Anderenfalls müsste jeder, der schon einmal mit einem Selbstmordversuch gescheitert ist, anschließend vor den Strafrichter gebracht und wegen seiner versuchten Selbsttötung zur Rechenschaft gezogen werden. Da also der Selbstmord an sich nicht strafbar ist, kann es nach der Logik des deutschen Strafrechts auch nicht verboten sein, einen anderen zum Suizid anzustiften oder ihm dazu Beihilfe zu leisten.

Dies wird viele überraschen. Schließlich hat jeder schon einmal gehört, dass Sterbehilfe in Deutschland verboten sei. Und tatsächlich können Personen, die anderen beim Sterben Unterstützung leisten, in vielen Fällen dennoch bestraft werden.

Das gilt in jedem Fall, wenn nicht nur Beihilfe zu einem Selbstmord vorliegt, sondern eine so genannte Tötung auf Verlangen. Der Unterschied ist schnell erklärt: Wer einem Lebensmüden eine Giftspritze reicht, mit der sich dieser anschließend umbringt, begeht nur eine straflose Beihilfe zum Selbstmord. Wer dem Sterbewilligen die Giftspritze mit dessen Einverständnis dagegen selbst injiziert, begeht eine strafbare Tötung auf Verlangen.

Vor allem aber besteht paradoxerweise eine Pflicht zum Einschreiten, sobald der Selbstmörder nicht mehr eigenverantwortlich handeln kann, weil er zum Beispiel bewusstlos geworden ist. Nun muss jeder Versuch unternommen werden, um ihn zu retten. Dies führt zu folgendem kuriosen Ergebnis: Es ist zwar erlaubt, einem Lebensmüden den Strick zu reichen, mit dem er sich anschließend erhängt. Sobald er jedoch das Bewusstsein verliert, ist man verpflichtet, ihn wieder abzuschneiden und lebensrettende Maßnahmen einzuleiten. Wer dies nicht tut, begeht zumindest eine unterlassene Hilfeleistung.

Bei Interesse siehe hierzu:
§ 216 Abs. 1 StGB (Strafgesetzbuch), »Tötung auf Verlangen«
§ 323 c StGB, »Unterlassene Hilfeleistung«

Cannabis

Irrtum:
Besitz, Erwerb, Import etc. von bis zu 10 Gramm Cannabis sind legal.

Richtig ist:
Ob ein strafbares Drogendelikt vorliegt oder nicht, hängt nicht nur von der Menge der Drogen ab.

Ein bei Kiffern beliebtes Märchen lautet: »Bis zu 10 Gramm Gras darf ich haben, da kann mir nichts passieren.« Ursache dieses Missverständnisses ist eine Entscheidung des Bundesverfassungsgerichts. Das Gericht bestimmte 1994, dass Polizei und Staatsanwaltschaften Drogendelikte nicht mehr verfolgen sollen, wenn es ausschließlich um den gelegentlichen Gebrauch geringer Mengen von Cannabisprodukten geht[12].

Dass eine Tat nicht mehr verfolgt werden soll, heißt aber noch lange nicht, dass sie deswegen legal ist. Anbau, Einfuhr, Besitz, Erwerb, Abgabe und alles andere, was man mit Drogen machen kann, ist immer eine Straftat. Einzige Ausnahme ist der Konsum der Droge selbst. Dieser ist immer erlaubt, egal was und wie viel man konsumiert (siehe dazu *Lexikon der Rechtsirrtümer*, S. 188).

Nur bei jemandem, der sich gelegentlich geringe Mengen Cannabis zum Eigenkonsum verschafft, wird in der Regel von der Strafverhängung abgesehen. Was aber ist eine geringe Menge? Jedenfalls nicht pauschal »10 Gramm«. Denn entscheidend ist nicht allein das Gewicht, sondern vor allem der Wirkstoffgehalt der Droge, also ihr THC-Anteil. 30 Gramm eines fast wirkungslosen Krautes können also durchaus noch eine geringe Menge sein. Wer dagegen das Pech hat, mit Cannabis von sehr guter Qualität erwischt zu werden, der sollte nicht mehr als drei Konsumeinheiten, also maximal sechs Gramm, dabeihaben.

Wo genau die Grenze gezogen wird, hängt jedoch auch davon ab, in welchem Bundesland das Strafverfahren läuft. Hier ist ein gewisses Nord-Süd-Gefälle zu beobachten; das heißt, in Bremen mag der Täter im Einzelfall auf etwas größere Milde hoffen können als zum Beispiel in Bayern.

Einige Staatsanwaltschaften machen sich diesen Umstand zunutze und stellen zum Beispiel bayerische Täter, die an der nordrhein-westfälisch-niederländischen Grenze aufgegriffen werden, vor die Wahl: Entweder die Täter kooperieren und nennen zum Beispiel Auftraggeber und Abnehmer der geschmuggelten Drogen dann wird das Strafverfahren am Tatort, also in Nordrhein-Westfalen geführt. Alternativ gibt es auch die Möglichkeit, ein solches Strafverfahren am Wohnort der Täter zu führen. Manch bayerischer Täter wird angesichts dieser Aussicht erstaunlich auskunftsfreudig.

Bei Interesse siehe hierzu:
§ 29 BtMG (Betäubungsmittelgesetz), »Straftaten«

»Deutschland, Deutschland über alles«

Irrtum:

Die beiden ersten Strophen des Deutschlandliedes sind verboten.

Richtig ist:

Wer unbedingt »Deutschland, Deutschland über alles« und »von der Maas bis an die Memel« singen will, der darf dies tun.

Das Lied der Deutschen

Deutschland, Deutschland über alles,
Über alles in der Welt,
Wenn es stets zu Schutz und Trutze
Brüderlich zusammenhält,
Von der Maas bis an die Memel,
Von der Etsch bis an den Belt –
Deutschland, Deutschland über alles,
Über alles in der Welt!

Deutsche Frauen, deutsche Treue,
Deutscher Wein und deutscher Sang
Sollen in der Welt behalten
Ihren alten schönen Klang,
Uns zu edler Tat begeistern
Unser ganzes Leben lang –
Deutsche Frauen, deutsche Treue,
Deutscher Wein und deutscher Sang!

Einigkeit und Recht und Freiheit
Für das deutsche Vaterland!
Danach lasst uns alle streben
Brüderlich mit Herz und Hand!
Einigkeit und Recht und Freiheit
Sind des Glückes Unterpfand –
Blüh im Glanze dieses Glückes,
Blühe, deutsches Vaterland!

(HOFFMANN VON FALLERSLEBEN)

Das Lied der Deutschen wurde 1922 zur deutschen Nationalhymne erklärt. Heute dürfte unser Land das einzige der Welt sein, dessen Bewohner zu einem großen Teil glauben, es sei strafbar, Teile der eigenen Nationalhymne zu singen. Selbst Polizisten unterliegen mitunter diesem Irrtum und beschlagnahmen CDs, auf denen das Deutschlandlied in allen drei Strophen zu hören ist.

Sicher: Das Bundesverfassungsgericht stellte 1990 klar, dass die ersten beiden Strophen heute gerade *nicht* mehr zur Nationalhymne gehören. Die beiden Strophen sind strafrechtlich daher auch nicht mehr als nationales Symbol gegen Verunglimpfung geschützt. Vielmehr werden sie behandelt wie jedes andere Lied auch. Wer also heute laut »Pfui!« rufen möchte, wenn die erste oder zweite Strophe gesungen wird, der darf dies tun, ohne strafrechtliche Konsequenzen fürchten zu müssen. Ab der dritten Strophe sollte er jedoch lieber den Mund halten. Denn dann beginnt der strafrechtliche Schutz des Deutschlandliedes als nationales Symbol. Wer jetzt noch Unflätiges dazwischenbrüllt, kann dafür zur Verantwortung gezogen werden. Ihm drohen Geldstrafe oder

Freiheitsstrafe bis zu drei Jahren, in schwerwiegenden Fällen sogar bis zu fünf Jahren.

Dass man die ersten beiden Strophen heute ungestraft verunglimpfen darf, heißt jedoch noch lange nicht, dass es deswegen auch gleich verboten ist, sie zu singen. Das gilt vor allem für die zweite Strophe. Sie besingt im Wesentlichen das ideologisch vollkommen unverdächtige Thema von »Wein, Weib und Gesang«, die uns »zu edlen Taten begeistern« sollen. Damit ist die Kernaussage dieser Strophe nun wirklich so harm- wie zeitlos – Bekenntnisse späterer Generationen zu »Sex, Drugs and Rock'n' Roll« besagen schließlich im Kern nichts anderes. Man mag sich zwar fragen, was derlei Themen in einer Nationalhymne verloren haben. Sie gleich für strafbar zu erklären, dürfte jedoch ein wenig zu weit gehen.

Die erste Strophe dagegen ist weit eher geeignet, beim Singen oder Zuhören Bauchschmerzen zu bereiten. Zwar haben wir alle in der Schule gelernt, dass Hoffmann von Fallersleben mit »Deutschland, Deutschland über alles« nicht etwa Rassenideologie und Weltherrschaftsträume der Nazis vorwegnehmen wollte, als er 1841 das Deutschlandlied textete. Ihm ging es bekanntlich nur darum, mit diesem Ausspruch für den Zusammenschluss der deutschen Teilstaaten zu einem einigen Nationalstaat zu werben. Dennoch sollte man berücksichtigen, dass diese Textzeilen jedenfalls im Ausland seit der Naziherrschaft ganz anders verstanden wurden, als sie ursprünglich einmal gemeint waren.

Und auch das Besingen von Maas, Memel, Etsch und Belt ist heute sicher nicht ganz unproblematisch. Denn nach den deutschen Gebietsverlusten infolge der beiden Weltkriege liegen diese Gewässer heute nicht mehr in Deutschland, sondern in Belgien (Maas), zwischen Russland und Litauen (Memel), im italienischen Südtirol (Etsch) und vor der dänischen Küste (Kleiner Belt).

Deshalb gilt: Wer das Deutschlandlied in allen drei Strophen singen möchte, der darf dies zwar tun. Im Interesse gutnachbarlicher Beziehungen im zusammenwachsenden Europa sollte man von diesem Recht aber nicht gerade beim nächsten Campingurlaub in Dänemark Gebrauch machen. Ansonsten erinnern sich unsere nordischen Nachbarn vielleicht irgendwann daran, dass auch ihre Grenze schon einmal um einiges weiter südlich verlief. Und das möchte man in Flensburg heute sicher auch nicht mehr hören.

Bei Interesse siehe hierzu:
§ 86 a StGB (Strafgesetzbuch), »Verwenden von Kennzeichen verfassungswidriger Organisationen«
§ 90 a StGB, »Verunglimpfung des Staates und seiner Symbole«

Doppelt lebenslänglich

Irrtum:
Ein Straftäter kann zu 200 Jahren Haft oder »doppelt lebenslänglich« verurteilt werden.

Richtig ist:
Ein Straftäter kann in Deutschland zu Freiheitsstrafen von einem Monat bis zu 15 Jahren oder zu lebenslanger Haft verurteilt werden.

In den USA und manchen anderen Ländern werden Straftäter gerne einmal zu 200 Jahren Haft oder gar zu »zweimal lebenslänglich« verurteilt. Im Land der unbegrenzten Möglichkeiten ist halt alles etwas größer, warum nicht auch die Höhe der Strafen? Möglicherweise herrscht in Amerika auch ein besonders großes Vertrauen in die Fortschritte, die die Medizin hinsichtlich lebensverlängernder Maßnahmen in den nächsten Jahrzehnten machen wird.

In Deutschland ist man dagegen deutlich zurückhaltender. Der deutsche Gesetzgeber geht – wohl zutreffend – davon aus, dass Menschen auch künftig nicht 200 Jahre und älter oder gar anschließend noch ein paar Mal wiedergeboren werden. Von daher sieht unser Strafrecht mit einiger Berechtigung von Freiheitsstrafen ab, die mehrere Hundert Jahre dauern oder sogar eine oder mehrere Reinkarnationen eines Straftäters betreffen. So genannte »zeitige Freiheitsstrafen«, d. h. Freiheitsstrafen, die nach einer bestimmten Anzahl von Monaten oder Jahren bemessen sind, dauern in Deutschland vielmehr nur von einem Monat bis zu maximal 15 Jahren. Alternativ kann auch lebenslange Haft verhängt werden. Danach ist dann aber auch wirklich Schluss.

Bei Interesse siehe hierzu:
§ 38 StGB (Strafgesetzbuch), »Dauer der Freiheitsstrafe«
§ 57 StGB, »Aussetzung des Strafrestes bei zeitiger Freiheitsstrafe«
§ 57 a StGB, »Aussetzung des Strafrestes bei lebenslanger Freiheitsstrafe«

Heimliche Tonbandaufnahmen

Irrtum:
Heimliche Tonbandaufnahmen sind sehr nützliche Beweismittel.

Richtig ist:
Heimliche Tonbandaufnahmen sind als Beweismittel in aller Regel nicht verwertbar.

Immer wieder kommt es vor, dass Mandanten bei ihrem Anwalt erscheinen und ihm versteckt gemachte Tonbandaufnahmen präsentieren, mit denen sie zum Beispiel beweisen wollen, dass ihr Nachbar sie ständig unflätig beleidigt. Andere schneiden heimlich Telefongespräche mit, um so zum Beispiel belegen zu können, dass der Gesprächspartner ihnen Geld schuldet. Und nun solle der Anwalt mal schön Anzeige erstatten oder klagen – Beweismittel genug habe er ja jetzt.

Ganz so einfach ist es jedoch nicht. Wer heimlich das nicht öffentlich gesprochene Wort eines anderen auf einen Tonträger aufnimmt, macht sich strafbar. Der entsprechende Tatbestand im Strafgesetzbuch heißt »Verletzung der Vertraulichkeit des Wortes«. Selbst Richter, Staatsanwaltschaft und Polizei dürfen Gespräche nur unter strengen Voraussetzungen abhören und aufzeichnen. Nur schwere Straftaten, die im Gesetz ausdrücklich aufgezählt sind, können solche Maßnahmen rechtfertigen.

Das rechtswidrige Anfertigen von Tonaufnahmen ist nicht nur strafbar. Es ist obendrein auch noch völlig nutzlos. Denn vor Gericht dürfen rechtswidrig angefertigte Tonaufnahmen des nicht öffentlich gesprochenen Wortes nicht verwertet werden. Der Richter muss so tun, als gebe es die Aufnahme gar nicht. Wenn es außer der Aufnahme keine weiteren Beweismittel gibt, sind ihm daher die Hände gebunden. Für die oben genannten Beispiele heißt das: Der wegen Beleidigung angeklagte Nachbar muss freigesprochen und der säumige Schuldner kann nicht zur Zahlung verurteilt werden.

Wie so viele Irrtümer beruht wohl auch die falsche Vorstellung von der Verwertbarkeit heimlicher Tonaufnahmen auf dem Konsum amerikanischer Filme und Fernsehsendungen. Zahlreiche Grundrechte und Freiheiten, die in Europa selbstverständlich sind, gelten in den USA gar nicht oder nur in sehr eingeschränktem Maße. Dies gilt auch für den Schutz jedes Bürgers vor der Verletzung der Vertraulichkeit des Wortes.

Bei Interesse siehe hierzu:
§ 201 StGB (Strafgesetzbuch), »Verletzung der Vertraulichkeit des Wortes«

Kampfsportarten

Irrtum:
Kampfsportarten darf man zur Selbstverteidigung nur anwenden, wenn man den Gegner vorher warnt.

Richtig ist:
Eine Vorwarnpflicht für Kampfsportler gibt es nicht.

Kampfsportler erklären anderen häufig mit wichtiger Miene, dass sie ihre furchtbar gefährlichen Kampfkünste im Ernstfall nur anwenden dürfen, wenn sie den Gegner vorwarnen (»Vorsicht, ich kann Karate!«). Manche sind sogar der Meinung, sie dürften ihre einstudierten Schläge und Tritte im wirklichen Leben überhaupt nicht einsetzen, sondern nur im Rahmen ihres Trainings bzw. bei Wettkämpfen.

Möglicherweise ist es gar nicht so schlecht, dass dieser unsinnige Irrglaube so weit verbreitet ist. Wer weiß, wie es sonst auf unseren Straßen zuginge. Man fragt sich jedoch unwillkürlich, weshalb so viele Nachwuchs-Bruce-Lees sich mit dem Erlernen von Tae-Kwon-Do, Ving Chun & Co. beschäftigen, wenn sie allen Ernstes glauben, sie dürften das Erlernte gar nicht, auch nicht zur Selbstverteidigung, oder nur dann anwenden, wenn sie den Angreifer vorher auch noch ausdrücklich darauf aufmerksam machen, dass sie vorhaben, ihm gleich die Nase einzuschlagen. Wer so dumm ist, riskiert selbst einen Nasenbeinbruch.

Grundsätzlich gilt: Wer sich in einer echten Notwehrsituation befindet, d. h. wer sich zum Beispiel gegen einen tätlichen Angriff auf Leib oder Leben zur Wehr setzen muss, der hat prinzipiell die Möglichkeit, den Angriff mit allen erdenklichen Mitteln abzuwehren. Er darf seine Kampfkünste anwenden; er darf auch Waffen benutzen und er darf den Angreifer sogar töten, wenn der Angriff nur so beendet werden kann. Denn es gilt der Grundsatz: »Das Recht braucht dem Unrecht nicht zu weichen.«

Selbstverständlich gibt es keinen Grundsatz ohne Ausnahme. Das gewählte Verteidigungsmittel muss »erforderlich und geboten« sein. Es darf daher kein unerträgliches Missverhältnis zwischen dem angegriffenen

Rechtsgut und der gewählten Verteidigungsform liegen. Wer einmal eine leichte Ohrfeige einstecken muss, hat also nicht das Recht, den Ohrfeigenden gleich mit einem Karate-Todestritt ins Jenseits zu befördern. Im Falle eines ernsthaften, brutalen Angriffs hat der Verteidiger jedoch das Recht, den Angreifer mit allen Mitteln, auch durch die Anwendung von Kampfsportarten, abzuwehren. Eine Vorwarnung muss er nicht aussprechen. Wenn der Angreifer sein Opfer unterschätzt hat, ist das sein eigenes Pech.

Ganz anders sieht es allerdings aus, wenn man sich nicht in einer Notwehrsituation befindet. Dann nämlich darf man ohnehin überhaupt keine körperliche Gewalt anwenden, also erst recht keine Kampfsportarten. Kampfsportler müssen in einem solchen Fall damit rechnen, dass sie nicht nur wegen *einfacher* Körperverletzung verurteilt werden, sondern sogar wegen *gefährlicher* Körperverletzung. Eine gefährliche Körperverletzung liegt vor, wenn sie zum Beispiel mittels einer Waffe oder einer lebensgefährlichen Behandlung erfolgt. Die Wucht der Tritte eines Kampfsportlers kann aus einem leichten Turnschuh ein gefährliches Werkzeug machen, das einer Waffe gleichzustellen ist. Auch ganz ohne weitere Hilfsmittel wie Schuhe oder Schlagringe können die Schläge, Tritte oder Würgegriffe eines Kampfsportlers lebensgefährlich sein. Er hat dann unter Umständen eine weit höhere Strafe zu erwarten als ein kampfunerfahrener Schläger.

Bei Interesse siehe hierzu:
§ 223 StGB (Strafgesetzbuch), »Körperverletzung«
§ 224 StGB, »Gefährliche Körperverletzung«

Lebenslänglich = 15 Jahre?

Irrtum:
Wer zu lebenslanger Haft verurteilt wird, ist spätes-
tens nach 15 Jahren wieder auf freiem Fuß.

Richtig ist:
In vielen Fällen bedeutet lebenslang tatsächlich
lebenslang.

Nach einem weit verbreiteten Gerücht soll es in Deutschland keine lebenslange Gefängnisstrafe mehr geben.
Zwischen »lebenslang« und »lebenslänglich« gebe es
einen Unterschied. Jeder Täter, der zu »lebenslänglich«
verurteilt werde, sei nämlich spätestens nach 15 Jahren
wieder in Freiheit. Gerne wird dieser Irrtum zum Anlass
für Schimpftiraden über das vermeintlich lasche deutsche
Strafrecht genommen. Immer wieder ereifern sich Menschen darüber, dass selbst Kinderschänder und Massen-
mörder angeblich irgendwann wieder auf freien Fuß gesetzt werden müssen.

Man mag über das deutsche Strafrecht denken, was
man will. Und mit Sicherheit stimmt es, dass die von den
Gerichten verhängten Strafen in einigen Fällen keine
wirksame Abschreckung für Straftäter darstellen. Die
Annahme, alle zu lebenslanger Haft verurteilten Täter
würden automatisch nach 15 Jahren entlassen, ist jedoch
falsch. Sie beruht auf einem Missverständnis:

Im Jahre 1977 hatte das Bundesverfassungsgericht
(BVerfG) über die Frage zu entscheiden, ob eine lebenslange Freiheitsstrafe bei Mord mit dem Grundgesetz ver-
einbar sei oder ob ihr Vollzug gegen die Menschenwürde

verstoße. Das BVerfG urteilte, dass die lebenslange Freiheitsstrafe zulässig ist. Es stellte jedoch klar, dass dem Verurteilten zumindest grundsätzlich eine Chance verbleiben muss, irgendwann einmal wieder in die Freiheit entlassen zu werden.[13]

Die Voraussetzungen, unter denen zu lebenslanger Haft verurteilte Täter vorzeitig entlassen werden können, wurden gesetzlich geregelt. Ein Täter hat Aussicht auf vorzeitige Entlassung, wenn

– er 15 Jahre der Strafe verbüßt hat,
– eine besondere Schwere seiner Schuld nicht die weitere Vollstreckung gebietet,
– die Entlassung unter Berücksichtigung des Sicherheitsinteresses der Allgemeinheit verantwortet werden kann
– und der Verurteilte in die Entlassung einwilligt.

Ob diese Voraussetzungen vorliegen, wird frühestens nach 15 Jahren Haft überprüft. Wenn das Gericht im Urteil die besondere Schwere der Schuld festgestellt hat, wird die Möglichkeit einer Freilassung erstmals nach 18 Jahren geprüft. Eine besonders schwere Schuld liegt zum Beispiel vor, wenn der Täter mehrere Menschen umgebracht hat oder mit äußerster Brutalität und Grausamkeit vorgegangen ist.

Eine automatische Haftentlassung nach 15 oder 18 Jahren gibt es also nicht. Die durchschnittliche Haftdauer der »Lebenslänglichen« ist demzufolge auch erheblich länger. In Nordrhein-Westfalen liegt sie im Durchschnitt bei 20 Jahren und zwei Monaten.

Bei psychisch kranken oder für die Allgemeinheit besonders gefährlichen Tätern besteht außerdem die Möglichkeit, dass sie in ein psychiatrisches Krankenhaus eingeliefert oder in Sicherungsverwahrung genommen werden. Die Einlieferung in die Psychiatrie oder die Sicherungsverwahrung ist zeitlich nicht befristet. Solange der Täter nicht geheilt ist oder von ihm keine Gefahr mehr für die Allgemeinheit ausgeht, hat er überhaupt keine Chance auf Entlassung. Er wird tatsächlich zeit seines Lebens nie mehr in Freiheit gelangen.

Bei Interesse siehe hierzu:
§ 57 Abs. 1 StGB (Strafgesetzbuch), »Aussetzung des Strafrestes bei zeitiger Freiheitsstrafe«
§ 57a Abs. 1 StGB, »Aussetzung des Strafrestes bei lebenslanger Freiheitsstrafe«
§ 63 StGB, »Unterbringung in einem psychiatrischen Krankenhaus«
§ 66 StGB, »Unterbringung in der Sicherungsverwahrung«

Privatdetektive und Rechtsanwälte

Irrtum:
Strafverteidiger beauftragen ständig Privatdetektive.

Richtig ist:
»Matulas« gibt es in den USA. In Deutschland arbeiten Strafverteidiger und Privatdetektive nur selten zusammen.

Die Krimiserie »Ein Fall für zwei« ist ein schönes Beispiel für eine deutsche Fernsehproduktion, deren Macher offensichtlich zu viele amerikanische Detektivfilme gesehen haben. Sie ist genauso unrealistisch wie viele andere deutsche Kriminalfilme und Serien, die ein stark verfälschtes Bild vom Alltag eines deutschen Rechtsanwalts oder Privatdetektivs vermitteln.

In Amerika ist es tatsächlich so, dass Strafverteidiger häufig Privatdetektive wie Josef Matula beauftragen. Ihre Aufgabe ist es, entlastendes Material für den angeklagten Mandanten des Rechtsanwalts zu sammeln. Diese Notwendigkeit ergibt sich aus einer Besonderheit des amerikanischen Rechtswesens.

Ein deutscher Strafrichter muss von Amts wegen ermitteln, ob der Angeklagte tatsächlich der Täter sein kann. Wenn er Zweifel daran hat, was eigentlich geschehen ist, muss er weitere Ermittlungen anstellen lassen. Auch der Staatsanwalt ist verpflichtet, nicht nur belastende, sondern auch entlastende Umstände zu ermitteln.

Anders als in Deutschland gibt es in den USA hingegen keinen Amtsermittlungsgrundsatz. Der Richter lässt sich sämtliches Beweismaterial ganz einfach von Staatsanwaltschaft und Verteidigung liefern und entscheidet dann ausschließlich auf Grund der Informationen, die ihm die beiden Seiten liefern. Er selbst muss also überhaupt nichts ermitteln. Auch amerikanische Staatsanwälte sind nicht verpflichtet, zu Gunsten des Angeklagten Ermittlungen anzustellen.

Einem Angeklagten bleibt in den USA daher häufig gar nichts anderes übrig, als selbst einen Privatdetektiv damit zu beauftragen, entlastendes Material zu sammeln. In der Praxis vermittelt häufig der Rechtsanwalt des Angeklagten einen Privatdetektiv, mit dem er in solchen Fällen regelmäßig zusammenarbeitet.

Matula & Co. gibt es in den USA also tatsächlich. In

Deutschland dagegen ist die Zusammenarbeit von Straf-
verteidigern und Detektiven die Ausnahme. Sie kommt
vor, jedoch sehr viel seltener, als Serien wie »Ein Fall für
zwei« es suggerieren.

Schutzaltersgrenze bei sexuellen Handlungen

Irrtum:
*Die Schutzaltersgrenze für sexuelle Handlungen liegt
bei 16 bzw. 18 Jahren.*

Richtig ist:
*In vielen Fällen sind homo- und heterosexuelle Kon-
takte Erwachsener bereits zu 14-jährigen Jugendlichen erlaubt.*

In einer Fernsehsendung wurde über folgenden Fall be-
richtet: Ein 25-jähriger Mann hatte ein mehrmonatiges
Verhältnis mit einem 14-jährigen Mädchen. Es soll sich
um eine echte Liebesbeziehung gehandelt haben. Nachdem die Beziehung im Streit zerbrach, drohte das
Mädchen dem früheren Liebhaber an, Strafanzeige
gegen ihn zu erstatten, da es zwischen den beiden auch zu
– einvernehmlichem – Geschlechtsverkehr gekommen
war. Der Mann nahm sich wegen der vermeintlich drohenden Freiheitsstrafe das Leben.

Auch ohne nähere Informationen über den Hinter-
grund der Beziehung wird man wohl Zweifel äußern
dürfen, ob diese wirklich gleichberechtigt war. Um eine
moralische Bewertung des Falles soll es an dieser Stelle
jedoch nicht gehen. Allein seine rechtlichen Aspekte

sollen beleuchtet werden. Und das Ergebnis der rein juristischen Betrachtung wird viele überraschen: Es spricht einiges dafür, dass der Mann starb, weil er einem verbreiteten Rechtsirrtum aufsaß. Wie viele andere glaubte er offensichtlich, dass in Deutschland eine allgemeine Schutzaltersgrenze von 16 oder gar 18 Jahren gelte. Tatsächlich gilt jedoch: Nur sexuelle Handlungen Erwachsener mit Kindern bis einschließlich 13 Jahren sind in jedem Fall strafbar. Ab 16 Jahren sind sexuelle Kontakte dagegen grundsätzlich zulässig. Ausnahmen bestehen für bestimmte Kontakte mit abhängigen Schutzbefohlenen (zum Beispiel Schülern). Für Jugendliche im Alter von 14 und 15 Jahren gelten die folgenden, stark differenzierenden Übergangsregelungen:

18- bis 20-jährigen Heranwachsenden sind sexuelle Kontakte zu 14- und 15-jährigen Jugendlichen grundsätzlich erlaubt. Etwas anderes gilt nur, wenn die sexuellen Handlungen ausnahmsweise als Missbrauch zu gelten haben. Wann aber ist einvernehmlicher Geschlechtsverkehr Missbrauch? Das Gesetz nennt nur zwei Fälle: Missbräuchlich und damit verboten ist der Kontakt nur dann, wenn der Heranwachsende eine Zwangslage des Jugendlichen ausnutzt oder für den Sex ein Entgelt bezahlt. In allen anderen Fällen sind die sexuellen Handlungen straflos, und zwar völlig unabhängig vom Reifegrad des Jugendlichen. Der Jugendliche muss also noch nicht einmal die vom Gesetz so bezeichnete »Fähigkeit zur sexuellen Selbstbestimmung« haben, die man am treffendsten mit »Der Jugendliche weiß schon, was er tut« übersetzen könnte.

Für Erwachsene über 21 Jahren gilt eine etwas schärfere Regelung. Auch ihnen sind sexuelle Kontakte zu 14- und 15-jährigen Jugendlichen zwar grundsätzlich erlaubt. Neben den beiden gerade genannten Ausnahmen (Ausnutzung einer Zwangslage und Verkehr gegen Entgelt) gilt für sie jedoch noch eine dritte Einschränkung: Wegen des großen Altersunterschiedes muss bei über 21-Jährigen gesichert sein, dass der 14- oder 15-jährige Partner bereits die Fähigkeit zur sexuellen Selbstbestimmung hat. Jugendliche, die mit so viel älteren Personen Verkehr haben, müssen also über eine gewisse Reife verfügen und »wissen, was sie tun«. Unterstellt man diesen Reifegrad in dem oben geschilderten Fall, dann hieße das, dass der 25-Jährige wegen des Geschlechtsverkehrs mit seiner 14-jährigen Freundin nicht hätte bestraft werden können. Seine Angst, die ihn in den Selbstmord trieb, war also unbegründet.

Übrigens gelten alle oben beschriebenen Regelungen für homo- und heterosexuelle Kontakte gleichermaßen. Der berühmte Paragraph 175 des Strafgesetzbuches wurde in den Neunzigerjahren noch unter der Regierung Kohl abgeschafft. Er hatte für männliche Homosexualität eine deutlich höhere Schutzaltersgrenze von 18 Jahren vorgesehen. Heute gibt es keine Bestimmungen mehr, die homosexuelle Handlungen gesondert unter Strafe stellen.

Bei Interesse siehe hierzu:
§ 174 StGB (Strafgesetzbuch), »Sexueller Missbrauch von Schutzbefohlenen«
§ 176 StGB, »Sexueller Missbrauch von Kindern«
§ 182 StGB, »Sexueller Missbrauch von Jugendlichen«

Schwarzhandel mit Eintrittskarten

Irrtum:
Wer Eintrittskarten verkauft, macht sich wegen Schwarzhandel strafbar.

Richtig ist:
Der Verkauf von Eintrittskarten ist grundsätzlich zulässig.

Wer sich privat ein Auto kauft, hat das gute Recht, es anschließend weiterzuverkaufen. Auch wer gewerbsmäßig mit neuen oder gebrauchten Autos handeln will, darf dies tun. Natürlich muss er in diesem Fall bei der zuständigen Behörde ein Gewerbe anmelden. Wie aber sieht es aus, wenn man mit Eintrittskarten für Fußballspiele oder Konzerte handeln will? Das geht natürlich nicht. Denn mit Eintrittskarten dürfen nur die jeweiligen Veranstalter selbst handeln. Jede Form von Schwarzhandel ist dagegen strafbar.

So oder so ähnlich stellt sich zumindest ein großer Teil der Bevölkerung die Rechtslage zum Schwarzhandel mit Eintrittskarten vor. Und tatsächlich ist es natürlich ein Ärgernis, wenn Schwarzhändler große Mengen von Eintrittskarten aufkaufen, um sie dann mit hohen Preisaufschlägen vor dem ausverkauften Stadion an den Mann zu bringen. Ob der Verkauf von Eintrittskarten deshalb jedoch generell verboten ist, ist eine ganz andere Frage. Hier muss man genau unterscheiden: Wer gewerbsmäßig Waren anbietet, ohne eine feste Verkaufsstelle zu besitzen, benötigt eine Reisegewerbekarte. Jemand, der sich mit 50 Eintrittskarten vor ein Stadion stellt, um diese zu verkaufen, sollte also eine Reisegewerbekarte vorweisen können. Dies wird ihm jedoch nicht möglich sein. Denn das Gesetz verbietet den Verkauf von Wertpapieren durch Reisegewerbetreibende. Nach einer Gerichtsentscheidung gelten auch Eintrittskarten als Wertpapiere. Daraus folgt, dass der gewerbsmäßige Verkauf von Tickets vor Stadien tatsächlich verboten ist.

Ganz anders sieht es jedoch aus, wenn ein gewerbsmäßiges Handeln nicht nachgewiesen werden kann. Wer plötzlich erkrankt und deshalb seine Eintrittskarten verkaufen will, der handelt nicht gewerbsmäßig und verhält sich daher auch nicht ordnungswidrig, wenn er versucht, sein Ticket zu verkaufen. Unproblematisch ist es auch, wenn Eintrittskarten nicht im Reisegewerbe, d. h. nicht vor dem Stadion stehend aus der Manteltasche heraus verkauft werden, sondern beispielsweise von zu Hause aus. Ebay-Auktionen sind keine Reisegewerbetätigkeit. Man benötigt für sie also auch keine behördliche Genehmigung in Form einer Reisegewerbekarte.

Von Gesetzes wegen ist der Verkauf von Eintrittskarten demnach in den meisten Fällen nicht verboten. Aus diesem Grund verbieten manche Sport- bzw. Konzertveranstalter die Weitergabe von Tickets ganz einfach in ihren allgemeinen Geschäftsbedingungen (dem »Kleingedruckten«). Solche pauschalen Weitergabeverbote dürften in aller Regel unwirksam sein, weil sie den Kartenkäufer unangemessen benachteiligen. Wer also seine Eintrittskarte auf einen anderen übertragen will, weil er zum Beispiel kurzfristig erkrankt ist, der kann dies tun. Entsprechende Weitergabeverbote dürften rechtlich nicht bindend sein.

Dem Deutschen Fußball-Bund DFB scheint dies übrigens auch bekannt zu sein. Denn obwohl er in der Öffentlichkeit immer wieder lauthals verkündet hat, die Tickets für die WM 2006 in Deutschland seien nicht übertragbar, lesen sich die allgemeinen Geschäftsbedingungen – die der durchschnittliche Fußballfan natürlich nie liest – schon deutlich kleinlauter. Dort heißt es wörtlich:

»Weder der Ticketinhaber noch irgendjemand sonst ist berechtigt, das Ticket oder die sich aus diesem ergebenden Rechte ohne vorherige schriftliche Zustimmung des OK an dritte Personen zu übertragen. Das OK wird seine Zustimmung nur aus sachlichen Gründen verweigern.«

Wer also sein WM-Ticket übertragen will, der sollte sich dies rechtzeitig vom OK, dem »FIFA Fußball-Weltmeisterschaft 2006 Organisationskomitee Deutschland«, genehmigen lassen. Ist hierfür keine Zeit mehr, weil der Kartenkäufer zum Beispiel unmittelbar vor dem Spiel erkrankt, muss die Übertragung vernünftigerweise auch ohne schriftliche Zustimmung des OK möglich sein. Jede andere Regelung würde die Käufer der zum Teil sehr teuren Karten unangemessen benachteiligen. Das pauschale Zustimmungserfordernis in den AGBs des DFB dürfte daher unwirksam sein. Gerichtliche Entscheidungen zu dieser Frage lagen bei Redaktionsschluss dieses Buches allerdings leider noch nicht vor.

Bei Interesse siehe hierzu:
§ 307 Abs. 1 BGB (Bürgerliches Gesetzbuch), »Inhaltskontrolle von Allgemeinen Geschäftsbedingungen«
§ 55 Abs. 1, 2 GewO (Gewerbeordnung), »Reisegewerbekarte«

§ 56 Abs. 1 Nr. 1h GewO, »Im Reisegewerbe verbotene Tätigkeiten«
Ziffer 3 der Allgemeinen Ticketgeschäftsbedingungen des DFB e. V. und seines FIFA Fußball-Weltmeisterschaft 2006 Organisationskomitees Deutschland

Trinken bis zur Schuldunfähigkeit

Irrtum:
Wer völlig betrunken ist, kann sich nicht strafbar machen, weil er schuldunfähig ist.

Richtig ist:
Auch betrunkene Straftäter können zur Rechenschaft gezogen werden. Notfalls werden sie dafür bestraft, dass sie sich überhaupt betrunken haben.

»Ich saufe einfach so viel, bis ich schuldunfähig bin. Wenn ich dann eine Straftat begehe, kann ich dafür nicht belangt werden.« Es gibt tatsächlich Zeitgenossen, die an diesen Unsinn glauben. Sie unterliegen einem Missverständnis.

Es ist richtig, dass ein Täter grundsätzlich nicht wegen Straftaten zur Rechenschaft gezogen werden kann, die er im Zustand der Schuldunfähigkeit begangen hat. Richtig ist auch, dass schwere Trunkenheit diesen Zustand herbeiführen kann. Als Faustregel gilt: Ab drei Promille Blutalkoholkonzentration ist ein Täter derart beeinträchtigt, dass er schuldunfähig ist. Die Grenze kann in Ausnahmefällen auch darüber oder darunter liegen. Es kommt insoweit ganz auf den Einzelfall an. Wer kein geübter Trinker ist und schon bei »nur« zwei Promille schwerste Ausfallerscheinungen zeigt, kann bereits als schuldunfähig gelten. Umgekehrt kann dieser Zustand auch bei mehr als drei Promille möglicherweise noch nicht erreicht sein. Das gilt vor allem für besonders schwerwiegende Straftaten wie Mord und Totschlag. Denn auch drei Promille im Blut enthemmen einen Menschen nicht unbedingt so weit, dass er ohne weiteres ein Tötungsdelikt begeht.

Selbst wenn man sich jedoch schuldunfähig getrunken hat, bedeutet dies keineswegs, dass man einen Freibrief zur Begehung von Straftaten hat. Wer sich ganz bewusst betrinkt, um dann zum Beispiel einen Einbruch zu begehen, kann ohnehin mit keiner Straffreiheit rechnen. Denn er hat die Tat ja noch im Zustand der Schuldfähigkeit geplant. Dies reicht aus, um ihn wegen des Einbruchs zu bestrafen. Die Juristen sprechen von einer so genannten »vorsätzlichen actio libera in causa« – einer (noch) freien, d.h. nicht in schuldunfähigem Zustand begangenen, vorsätzlichen und für die Straftat ursächlichen Tathandlung.

Wegen einer »fahrlässigen actio libera in causa« kann außerdem sogar bestraft werden, wer während des Sichbetrinkens fahrlässigerweise nicht bedacht hat, dass er in diesem Zustand eine bestimmte Tat begehen könnte.

Wie aber ist ein Täter zu behandeln, der überhaupt nicht damit rechnen konnte, dass er im betrunkenen Zustand eine Straftat begehen könnte? Ein solcher Täter kann wegen der begangenen Tat tatsächlich nicht bestraft werden, und zwar auch nicht über den Umweg der vorsätzlichen oder fahrlässigen actio libera in causa. Das heißt jedoch noch lange nicht, dass er ungeschoren davonkommt. Für ihn sieht das Strafgesetzbuch noch einen speziellen Auffangtatbestand vor. Wer sich bis zur Schuldunfähigkeit betrinkt und dann eine Straftat begeht, die für ihn vorher nicht absehbar war, kann immer noch dafür bestraft werden, dass er sich überhaupt betrunken hat. Er wird dann zwar nicht wegen Einbruchsdiebstahl, Mord oder Raub bestraft, wohl aber wegen des Delikts des »Vollrausches«. Sich zu betrinken ist in Deutschland also tatsächlich eine Straftat. Sie wird jedoch nur geahndet, wenn der Betrunkene in diesem Zustand andere Straftatbestände verwirklicht, für die er auf Grund seines Alkoholkonsums nicht zur Verantwortung gezogen werden kann. Der Vollrausch kann dann mit bis zu fünf Jahren Gefängnis bestraft werden.

Fazit: Auch volltrunkene Straftäter müssen letztlich immer büßen. Sie werden entweder dafür bestraft, dass sie sich vorsätzlich betrunken haben, um dann eine Straftat zu begehen (= vorsätzliche actio libera in causa), oder dafür, dass sie beim Trinken fahrlässig nicht bedacht haben, dass sie eine Straftat begehen könnten (= fahrlässige actio libera in causa), oder aber zumindest dafür, dass sie sich überhaupt betrunken haben (= Vollrausch). Ihre Schuldunfähigkeit gibt ihnen demnach in keinem Fall einen Freifahrtschein zum Begehen von Straftaten.

Bei Interesse siehe hierzu:
§ 20 StGB (Strafgesetzbuch), »Schuldunfähigkeit wegen seelischer Störungen«
§ 323 a StGB, »Vollrausch«

Waffenschein für Gaspistolen

Irrtum:
*Wer Gas-, Signal- oder Schreckschusspistolen mit sich
führt, braucht keinen Waffenschein.*

Richtig ist:
*Wer Gas-, Signal- oder Schreckschusspistolen mit sich
führt, braucht seit 2003 den so genannten »Kleinen
Waffenschein«.*

Deutsche Reisende, die ihre Gaspistole mit in den Urlaub nehmen wollten, fielen schon früher häufig aus allen Wolken, wenn sie an der Grenze von den Zollbeamten des Nachbarlandes darauf aufmerksam gemacht wurden, dass es dort nicht erlaubt ist, Gas- oder Schreckschusspistolen mit sich zu führen. Dass dies in Deutschland seit 2003 genauso ist, hat sich immer noch nicht überall herumgesprochen. Zwar dürfen Volljährige nach wie vor Gas-, Schreckschuss- oder Signalpistolen erwerben und besitzen, wenn diese ordnungsgemäß zugelassen sind. Wer sie jedoch außerhalb seiner Wohnung mit sich führen will, benötigt heute den so genannten »Kleinen Waffenschein«. Wer volljährig, zuverlässig und zum Führen einer Waffe körperlich und geistig geeignet ist, erhält den kleinen Waffenschein gegen eine Verwaltungsgebühr von derzeit 50,00 €[14].

Wer keinen Kleinen Waffenschein hat und trotzdem immer noch Gas-, Schreckschuss- oder Signalpistolen führt, macht sich strafbar und kann mit einer Freiheitsstrafe bis zu drei Jahren bestraft werden. Ausnahmen gelten zum Beispiel für Bergsteiger und Schiffsführer. Um ihnen die Möglichkeit zu geben, im Notfall Hilfe herbeizuholen, benötigen sie keine Erlaubnis zum Führen einer Signalpistole, wenn sie in den Bergen bzw. auf See sind. Auch wer bei Sportwettkämpfen das Startsignal gibt, braucht für seine Schreckschusspistole keinen Waffenschein. Alle anderen sollten schnell einen beantragen, wenn sie weiterhin straflos mit ihrer Gaspistole spazieren gehen wollen.

Bei Interesse siehe hierzu:
§ 10 Abs. 4 WaffG (Waffengesetz), »Erteilung von Erlaubnissen zum Erwerb, Besitz, Führen und Schießen« i.V.m. Anlage 2 Abschnitt 2 Unterabschnitt 3 Nr. 2 und 2.1 WaffG, »Waffenliste«

Zwangsarbeit

Irrtum:
In Deutschland gibt es keine Zwangsarbeit.

Richtig ist:
Strafgefangene dürfen in Deutschland zur Zwangsarbeit herangezogen werden.

Bei dem Wort »Zwangsarbeit« denkt man an Häftlinge in gestreifter Sträflingskleidung, die mit Fußketten gefesselt in einem Steinbruch bei sengender Hitze Schwerstarbeit leisten müssen. Man denkt also an Zustände, wie sie in der zivilisierten Welt zum Glück seit langem nicht mehr vorkommen – jedenfalls nicht in den östlich des Nordatlantik gelegenen Kulturnationen.

Der Glaube, in Deutschland gebe es keine Zwangsarbeit mehr, ist jedoch ein Irrglaube. Natürlich sind die oben geschilderten Zustände hierzulande längst düstere Vergangenheit. Dennoch gibt es auch in Deutschland Zwangsarbeit. Gemeint sind nicht etwa die Ein-Euro-Jobber, die sich jetzt möglicherweise angesprochen und in ihrer Haltung bestätigt fühlen, sie würden zu »Fronarbeit verdonnert«. Angesichts drohender Arbeitslosengeldkürzungen veranlasst Hartz IV zwar viele zur Aufnahme gemeinnütziger Arbeiten im Rahmen von Ein-Euro-Jobs. Von Zwangsarbeit zu sprechen, geht in diesem Zusammenhang jedoch sicherlich entschieden zu weit.

In deutschen Gefängnissen dagegen gibt es sehr wohl Zwangsarbeit. Das Grundgesetz sieht ausdrücklich vor, dass die – ansonsten verbotene – Zwangsarbeit bei gerichtlich angeordneter Freiheitsentziehung ausnahmsweise zulässig ist. Strafgefangene müssen zwar nicht mehr in den Steinbruch, sie können jedoch auch heute noch zum sprichwörtlichen Tütenkleben in der Gefängniswerkstatt zwangsverpflichtet werden. Ausnahmen gelten nur für Gefangene über 65 Jahre und gegebenenfalls für werdende und stillende Mütter. Alle anderen müssen jede Arbeit annehmen, zu der sie aufgrund ihres körperlichen Zustandes in der Lage sind. Die Justizvollzugsanstalten hören den Begriff »Zwangsarbeit« in diesem Zusammenhang natürlich nicht gern. Sie sprechen lieber von »arbeitstherapeutischen Maßnahmen«, mit denen der Gefangene resozialisiert werden soll. So segensreich diese Maßnahmen tatsächlich auch sein mögen, in wortwörtlicher Anlehnung an die Formulierung im Grundgesetz ist es dennoch gerechtfertigt, sie als Zwangsarbeit zu bezeichnen.

Bei Interesse siehe hierzu:
Art. 12 Abs. 3 GG (Grundgesetz), »Berufsfreiheit«
§ 41 Abs. 1 StVollzG (Strafvollzugsgesetz), »Arbeitspflicht«

Straßenverkehr

Allgemeine Verkehrskontrolle

Irrtum:
Eine allgemeine Verkehrskontrolle ist nur dann zulässig, wenn sie sich an alle vorbeifahrenden Fahrzeuge richtet.

Richtig ist:
Die Polizei darf auch bei nur einem Fahrzeug eine allgemeine Verkehrskontrolle vornehmen.

Eine allgemeine Verkehrskontrolle heißt zwar »allgemein«, das heißt aber noch lange nicht, dass sie sich deswegen auch an die Allgemeinheit richten muss. Dies ist nicht jedem Bürger klar, wenn er auf einer stark befahrenen Straße als Einziger von einem überholenden Polizeiwagen herausgewunken wird. Besserwisserisch belehrt manch einer die Beamten dann darüber, dass eine *allgemeine* Kontrolle ja wohl kaum an nur *einem* Fahrer vorgenommen werden könne. Und überhaupt: »Haben Sie eigentlich nichts Besseres zu tun? Fangen Sie lieber richtige Verbrecher, anstatt harmlose Bürger anzuhalten! Immerhin zahle ich mit meinen Steuergeldern Ihr Gehalt!«

Solche Sprüche kennt jeder Polizist zur Genüge. Auch die tausendste Wiederholung macht sie nicht geistreicher. Eine allgemeine Verkehrskontrolle setzt natürlich nicht voraus, dass eine komplette Straße von 20 Polizeibeamten abgesperrt und jeder dritte Wagen überprüft wird. Sie ist vielmehr auch verdachtsunabhängig möglich. Ein Fahrer muss also nicht einmal auffällig langsam oder in Schlangenlinien fahren. Die Polizei hat vielmehr das Recht, ihn jederzeit auch ohne konkreten Anlass aus dem Straßenverkehr herauszufischen und zu überprüfen. Eine allgemeine Verkehrskontrolle heißt also nicht deshalb so, weil die Allgemeinheit kontrolliert wird, sondern weil ein einzelner Fahrer einmal »ganz allgemein« überprüft werden soll. Der Fahrer ist dann verpflichtet, Führerschein und Fahrzeugpapiere vorzuweisen. Er muss zum Beispiel auch den obligatorischen Verbandskasten oder das Warndreieck vorzeigen, wenn die Beamten es sehen wollen. Eine grundlose Durchsuchung des Fahrzeugs muss er dagegen nicht dulden. Wenn also nicht gerade eine blutverschmierte Hand aus dem Kofferraum ragt, muss der Fahrer den Deckel nicht öffnen.

So viel zur Rechtslage. Und was die Sache mit den Steuergeldern und den Verbrechern angeht: Bevor man harmlose Polizeibeamte mit derlei Sprüchen behelligt, mag sich einmal jeder selbst überlegen, ob es wirklich sinnvoll wäre, wenn mit den Steuergeldern ausschließlich flüchtige Bankräuber eingefangen würden, oder ob der Staat nicht auch dafür sorgen sollte, dass die Verfolgungsjagd auf sicheren und sorgfältig verkehrsüberwachten Straßen stattfindet.

Bei Interesse siehe hierzu:
§ 36 Abs. 5 StVO (Straßenverkehrsordnung), »Zeichen und Weisungen der Polizeibeamten«

Anhänger und Wohnwagen parken

Irrtum:
Anhänger und Wohnwagen dürfen unbegrenzt geparkt werden.

Richtig ist:
Anhänger und Wohnwagen dürfen maximal 14 Tage an der gleichen Stelle parken.

Immer wieder sieht man, dass Anhänger ohne Zugfahrzeug oder Wohnwagen wochenlang auf öffentlichen Straßen geparkt werden. Oft haben die Besitzer dabei keinerlei Unrechtsbewusstsein. Sie kommen gar nicht auf die Idee, dass dies unzulässig sein könnte. Denn schließlich darf man Autos ja auch so lange parken, wie man will.

Für Anhänger – und dazu gehören auch Wohnanhänger – gibt es jedoch eine Sonderregelung. Ohne Zugfahrzeug dürfen sie nicht länger als zwei Wochen geparkt werden. Einzige Ausnahme sind entsprechend gekennzeichnete Parkplätze.

Wer ein Bußgeld vermeiden will, sollte den (Wohn-)anhänger also entweder nur zusammen mit dem dazugehörigen Auto parken oder ihn ab und zu wenigstens für eine gewisse Zeit »bewegen« und anschließend möglichst an anderer Stelle wieder abstellen. Wer leider wieder nur denselben Parkplatz findet, sollte darauf achten, dass die Stellung der Ventile an den Rädern eine andere ist als zuvor. Denn die Ventilstellung wird von den Politessen häufig notiert, um so nachweisen zu können, dass der Anhänger zwischendurch keineswegs, wie behauptet, entfernt und »ganz zufällig« wieder am gleichen Platz abgestellt wurde wie vorher.

Bei Interesse siehe hierzu:
§ 12 Abs. 3 b StVO (Straßenverkehrsordnung), »Halten und Parken«

Auffahrunfälle

Irrtum:
Wer auffährt, hat Schuld.

Richtig ist:
Nicht immer hat der Auffahrende Schuld.

Die wohl bekannteste Schuldregel bei Auffahrunfällen im Straßenverkehr lautet: »Wer auffährt, hat Schuld.« Doch so bekannt diese Regel ist, so häufig wird sie auch missverstanden. Denn der simple Grundsatz vom Auffahrenden, der angeblich immer Schuld hat, gilt bei weitem nicht in allen Fällen.

Wenn sich zwischen zwei Verkehrsteilnehmern ein Unfall ereignet hat, muss das Gericht zunächst einmal rekonstruieren, was eigentlich passiert ist. Schuld am Unfall hat derjenige, der vorsätzlich oder fahrlässig gegen Verkehrsregeln verstoßen und so den Unfall verursacht hat. Möglicherweise ist dies nur einer der beiden Verkehrsteilnehmer. Dann muss dieser den vollen Schaden tragen. Denkbar ist aber auch, dass beide Verkehrsteilnehmer einen Fehler gemacht haben. Dann müssen sie gemeinsam für den Schaden aufkommen. Das Gericht muss lediglich eine Haftungsquote festlegen, zum Beispiel im Verhältnis 50/50 oder 70/30. Als dritte Möglichkeit kommt in Betracht, dass keiner der beiden Unfallbeteiligten etwas falsch gemacht hat, sondern ein Dritter ausschließlich für den Unfall verantwortlich ist. Dann muss dieser sämtliche Kosten übernehmen.

Man kann es sich also nicht so einfach machen, immer pauschal dem Auffahrenden die Schuld am Unfall zu geben. Zuzugeben ist jedoch, dass eine zu hohe Geschwindigkeit des Auffahrenden oder ein zu geringer Sicherheitsabstand die häufigsten Unfallursachen sind. Wenn sich ein Auffahrunfall ereignet hat, dann spricht deshalb zunächst einmal der so genannte »Beweis des ersten Anscheins« dafür, dass der Hintermann zu schnell war oder nicht genügend Sicherheitsabstand einhielt. Betrüger machen sich diesen Umstand mitunter zu Nutze. Sie provozieren bewusst Auffahrunfälle, indem sie zum Beispiel ganz plötzlich und unerwartet bremsen.

Doch ein bloßer »Beweis des ersten Anscheins« ist noch lange kein endgültiger Beweis. Der erste Anschein kann vielmehr auch widerlegt werden. Wenn der Vordermann zum Beispiel grundlos eine Vollbremsung hingelegt hat, kann er nicht damit rechnen, dass ihm sein gesamter Schaden ersetzt wird.

Recht erhielt daher eine Fahrerin, die auf ein Auto auffuhr, weil sich dieses an einer grünen Ampel zunächst in Bewegung setzte, dann aber plötzlich und unerwartet wieder bremste.

Schlechte Karten haben auch die allseits beliebten Verkehrserzieher, die dem Hintermann nur einmal eine

Lehrstunde in Straßenverkehrsrecht erteilen wollten.
Wer aus solch hobbypädagogischen Gründen bremst,
verstößt selbst gegen die Straßenverkehrsordnung und
muss nicht nur mit einem Bußgeld und Punkten in
Flensburg rechnen, sondern auch mit einem Zivilver-
fahren auf Schadensersatz und Schmerzensgeld oder gar
mit einer Strafanzeige wegen fahrlässiger Körperverletzung bzw. Tötung, falls beim Unfall Menschen zu Schaden gekommen sind.

Tierfreunde mögen es verzeihen: Auch für Igel, Eich-
hörnchen oder sonstige Kleintiere darf man keine gefährliche Vollbremsung machen. Tut man es doch, so
muss man im Falle eines Unfalles zumindest einen Teil
des Schadens selbst tragen. Anders sieht es allerdings aus,
wenn man sich auf der Straße plötzlich einem kapitalen
Rehbock gegenübersieht. In diesem Fall ist man natürlich nicht gezwungen, einfach »draufzuhalten«.

Und noch ein letztes Beispiel soll zeigen, dass nicht
immer der Auffahrende Schuld hat. Eine Autofahrerin
fädelte sich von einer Autobahnauffahrt kommend direkt
auf die Überholspur ein. Ein sehr schnell fahrendes Auto
konnte dort nicht mehr rechtzeitig bremsen und fuhr
hinten auf. Auch diese Fahrerin musste natürlich für den
kompletten Schaden aufkommen. Der Auffahrende
musste nichts bezahlen.

Bei Interesse siehe hierzu:
§ 4 Abs. 1 StVO (Straßenverkehrsordnung), »Abstand«

Blinken bei abknickender Vorfahrt

Irrtum:
*Solange ich auf der Vorfahrtsstraße bleibe, muss ich
nicht blinken. Wenn ich die Vorfahrtsstraße verlasse,
muss ich auf jeden Fall blinken.*

Richtig ist:
*Wer abbiegen will, muss immer blinken, wer nicht
abbiegt, muss nicht blinken. Ob man sich auf einer Vorfahrtsstraße befindet oder nicht, spielt keine Rolle.*

Eigentlich ist es ganz einfach: Wer abbiegen will, muss
den Blinker betätigen, wer nicht abbiegt, muss nicht
blinken. Obwohl diese Regel im Grundsatz jedem Autofahrer klar ist, gibt es eine Verkehrssituation, in der sie in
der Praxis immer wieder missachtet wird, und zwar allen
Aufklärungsbemühungen zum Trotz. Die Rede ist von
abknickenden Vorfahrtsstraßen.

Viele Fahrer glauben, sie müssten nicht blinken, solange sie auf der Vorfahrtsstraße bleiben, egal, ob diese
abknickt oder nicht. Umgekehrt blinken sie zum Beispiel nach rechts, wenn sie die nach links abknickende
Vorfahrt verlassen und geradeaus weiterfahren. Beides
ist jedoch falsch. Ob man blinken muss oder nicht,
hängt nur davon ab, ob man abbiegt oder nicht. Ob
man sich gerade auf einer Vorfahrtsstraße befindet,
spielt dabei überhaupt keine Rolle. Denn der offizielle
Name des Blinkers ist schließlich »Fahrtrichtungsanzeiger«. Er soll die Fahrtrichtung anzeigen und nicht, ob
man beabsichtigt, von einer vorfahrtberechtigten Straße
auf eine nicht vorfahrtberechtigte Straße zu wechseln.

Andernfalls müsste man ihn »Vorfahrtstraßenanzeiger« nennen.

Bei Interesse siehe hierzu:
§ 9 Abs. 1 S. 1 StVO (Straßenverkehrsordnung), »Abbiegen, Wenden und Rückwärtsfahren«

Einhändig Fahrrad fahren

Irrtum:
Einhändig Fahrrad fahren ist gefährlich und deshalb verboten.

Richtig ist:
Nur freihändiges Fahrradfahren ist verboten.

Jedes Kind weiß, dass es verboten ist, freihändig Fahrrad zu fahren. Viele glauben, dass es auch untersagt ist, nur eine Hand am Lenker zu haben. Für diese Vermutung sprechen sogar gute Gründe. Denn in der Tat ist es erheblich sicherer, wenn beide Hände den Lenker fest umfassen. Wer plötzlich bremsen oder einem Hindernis ausweichen muss, riskiert, den Lenker zu verreißen, wenn er ihn nur mit einer Hand hält. Trotzdem ist es erstaunlicherweise nicht verboten, einhändig Fahrrad zu fahren. Solange man noch in der Lage ist, sein Fahrrad zu kontrollieren – und davon geht die Rechtsprechung bei durchschnittlichen Fahrradfahrern im Allgemeinen aus –, darf man sogar schwere Gegenstände mit einer Hand radelnd transportieren.

Nicht erlaubt ist es allerdings, beim Fahrradfahren zu telefonieren, es sei denn, man verwendet ein Headset und steckt das Handy in die Tasche. Das Handy in der Hand ist also auch beim Fahrradfahren tabu, jedenfalls dann, wenn man es nicht einfach nur transportiert, sondern es zum Telefonieren oder SMS-Verschicken benutzt.

In bestimmten Situationen ist einhändiges Fahrradfahren nicht nur erlaubt, sondern sogar geboten, zum Beispiel dann, wenn der Radfahrer anzeigen will, dass er vorhat, abzubiegen. Dies geschieht bekanntlich mit dem ausgestreckten linken oder rechten Arm. Zu einer sinnvollen Verkehrserziehung für Kinder gehört es daher, mit ihnen einhändiges Fahrradfahren zu üben. Man sollte ihnen jedoch erklären, dass sie diese Fähigkeit nur dann anwenden sollten, wenn sie einen Wechsel der Fahrtrichtung anzeigen wollen. In allen anderen Fällen ist es sicherer, beide Hände am Lenker zu haben, auch wenn dies vom Gesetz nicht ausdrücklich vorgeschrieben ist.

Bei Interesse siehe hierzu:
§ 23 Abs. 1 a, 3 StVO (Straßenverkehrsordnung), »Sonstige Pflichten des Fahrzeugführers«

Kinder als Fahrradfahrer

Irrtum:
Wenn die Eltern dabei sind, dürfen Kinder mit dem Fahrrad auf dem Radweg oder der Fahrbahn fahren.

Richtig ist:
Erst ab acht Jahren dürfen Kinder mit dem Fahrrad den Radweg oder die Fahrbahn benutzen, egal ob die Eltern dabei sind oder nicht.

Viele Eltern unterschätzen noch immer die Gefahren, die einem Kind drohen, wenn es mit seinem Rad auf dem Radweg oder gar auf der Fahrbahn fährt. Jedenfalls solange sie ihr Kind vorne und hinten sozusagen im Konvoi eskortieren, halten sie diese Gefahren für beherrschbar und ihr Tun für legal. Doch dies ist ein Irrtum.

Die Straßenverkehrsordnung hält für Rad fahrende Kinder im Straßenverkehr eine eindeutige Regelung bereit: Kinder bis zu sieben Jahren *müssen* mit ihrem Fahrrad den Gehweg benutzen. Dabei spielt es überhaupt keine Rolle, ob ihre Eltern dabei sind oder nicht – wobei die Eltern ihrerseits den Gehweg auch in diesem Fall nicht zum Fahrradfahren benutzen dürfen, sondern auf der Straße oder dem Radweg fahren müssen. Acht- und neunjährige Kinder haben die Wahl: Sie *dürfen* noch den Gehweg benutzen, haben aber auch schon das Recht auf dem Radweg oder der Fahrbahn zu fahren. Kinder ab zehn Jahren dürfen dagegen überhaupt nicht mehr auf dem Gehweg fahren. Sie müssen also den Radweg oder die Fahrbahn benutzen.

Was viele Eltern ebenfalls nicht wissen: Beim Überqueren einer Fahrbahn müssen die Kinder absteigen. Sie dürfen also nicht einfach von einem Gehweg auf den nächsten fahren.

Bei Interesse siehe hierzu:
§ 2 Abs. 5 StVO (Straßenverkehrsordnung), »Straßenbenutzung durch Fahrzeuge«

Langsamfahrer

Irrtum:
Es gibt keine Mindestgeschwindigkeit auf deutschen Straßen. Ich darf deshalb so langsam fahren, wie ich will.

Richtig ist:
Es gibt zwar keine generelle Mindestgeschwindigkeit. Ich darf trotzdem nicht den Verkehr durch unangemessen langsames Fahren behindern.

Autofahrer, die innerorts ohne ersichtlichen Grund beinahe mit Schrittgeschwindigkeit vor sich hin schleichen, sind ein Ärgernis für den Verkehr, der sich hinter ihnen staut. Manchmal fragt man sich, weshalb diese Fahrer ihren Wagen nicht gleich in der Garage stehen lassen und zu Fuß gehen. Viel später wären sie möglicherweise nicht am Ziel. Und Spaziergänge an der frischen Luft können bei niedrigem Blutdruck sicher nicht schaden. Nicht weniger verkehrsbehindernd sind die klassischen Sonntagsfahrer, die auf kilometerlangen Landstraßen ohne Überholmöglichkeiten riesige Schlangen produzieren, »weil man sich ja nicht immer so hetzen muss«. Und schließlich muss man auch auf Autobahnen häufig abbremsen, weil irgendein Schleicher meint, das von ihm für angemessen erachtete Tempo sei auch allen anderen Fahrern zuzumuten.

All diesen Langsamfahrern ist in der Regel eines gemein: Sie haben kein Unrechtsbewusstsein, weil sie davon ausgehen, dass es auf deutschen Straßen zwar Höchstgeschwindigkeiten gibt, aber keine Mindestgeschwindigkeiten. Mit dieser Annahme haben sie grundsätzlich sogar Recht. Wenn nicht ausnahmsweise durch das Verkehrszeichen Nr. 275

eine bestimmte Mindestgeschwindigkeit (hier von 30 km/h) vorgeschrieben ist, gibt es tatsächlich keine generelle Mindestgeschwindigkeit, an die sich jeder Fahrer halten muss. Das heißt aber nicht, dass jeder so langsam fahren darf, wie er will. Die Straßenverkehrsordnung verbietet es, ohne triftigen Grund so langsam zu fahren, dass man den Verkehrsfluss behindert. Wann aber liegt eine Verkehrsflussbehinderung vor? Diese Frage kann nicht allgemeingültig beantwortet werden. Man kann also beispielsweise nicht pauschal feststellen: »Wo 100 km/h erlaubt sind, muss man mindestens 80 km/h schnell fahren.« Es kommt vielmehr immer auf die Umstände des Einzelfalls an. Zwei Beispiele aus der Praxis zur Erläuterung:

Ein Autofahrer, der auf einer unübersichtlichen 3 km langen Strecke mit einer Geschwindigkeit von 40−50 km/h fuhr, obwohl 100 km/h erlaubt waren, und hinter dem sich schon nach einem Kilometer eine Schlange von sieben Fahrzeugen bildete, beging nach Auffassung des Amtsgerichts Gemünden eine Verkehrsordnungswidrigkeit[15].

Gleiches galt für einen Fahrer, der auf einer Autobahn die nächste Ausfahrt benutzen wollte. Da ihm die Schlange auf der rechten Spur zu langsam vorankam, wechselte er auf die mittlere der drei Fahrspuren und fuhr über eine Strecke von 500 m deutlich langsamer als (zuvor) alle anderen dortigen Fahrzeuge an der Kolonne vorbei, um sich bei nächster Gelegenheit weiter vorne einzufädeln. Dies durfte er nach einem Urteil des OLG Köln jedoch nicht. Der Fahrer hielt auf der mittleren Spur schließlich sogar an, um sich kurz vor Erreichen der Ausfahrt in den stockenden Verkehr auf der rechten Spur einzuordnen. Dies war natürlich erst recht nicht zulässig. Das Gericht wurde hier sehr deutlich: Der Fahrer hätte nicht anhalten dürfen, sondern geradeaus an der Ausfahrt vorbeifahren müssen. Der Umweg über die nächstmögliche Abfahrt war ihm nach Einschätzung des Gerichts durchaus zuzumuten[16].

Wer nun einwendet, es gebe nun einmal Fahrer, die sich unsicher fühlen, wenn sie zu schnell fahren, dem sei zugestimmt. Natürlich gehört es zu den Pflichten jedes Fahrers, auch auf schwächere und unsichere Verkehrsteilnehmer Rücksicht zu nehmen. Das Gebot zur Rücksichtnahme gilt allerdings für beide Seiten. Nicht nur zu schnelles, sondern auch zu langsames Fahren kann eine Gefährdung des Straßenverkehrs bedeuten. Wer also derart unsicher ist, dass er es sich (wie oben im ersten Beispiel) nicht einmal zutraut, schneller als 40 bis 50 km/h zu fahren, wenn 100 km/h zulässig sind, der sollte sich überlegen, ob es nicht besser wäre, das Auto ganz stehen zu lassen.

Bei Interesse siehe hierzu:
§ 3 Abs. 2 StVO (Straßenverkehrsordnung), »Geschwindigkeit«

Nebelscheinwerfer und Nebelschlussleuchte

Irrtum:
Nebelscheinwerfer darf man anmachen, wann man will, die Nebelschlussleuchte nur bei schlechter Sicht.

Richtig ist:
Nebelscheinwerfer darf man nur bei erheblich behinderter Sicht durch Nebel, Schneefall oder Regen benutzen, die Nebelschlussleuchte nur bei weniger als 50 m Sichtweite durch Nebel, nicht aber durch Schneefall oder Regen.

Der oben beschriebene Irrtum ist nur ein Beispiel unter vielen falschen Vorstellungen zum Thema »Wann darf ich eigentlich Nebelscheinwerfer und Nebelschlussleuchten einschalten?«. Wohl die meisten deutschen Autofahrer geraten bei dieser Frage reichlich ins Schwimmen und produzieren die unterschiedlichsten Antworten. Man weiß natürlich, dass schlechte Sicht herrschen muss, und vielleicht erinnert man sich auch noch vage daran, dass die Grenze von 50 Metern Sichtweite irgendeine Rolle spielt. Alles Weitere ist in der Regel Spekulation und jahrelanges »Durchwurschteln nach Gefühl« in der täglichen Fahrpraxis: Man macht die Lichter halt an, wenn man es selbst für sinnvoll hält, und bisher hat es einem auch noch kein Polizist verboten.

Man sollte jedoch nicht darauf vertrauen, dass das immer so bleibt. Denn wer Nebelscheinwerfer oder -schlussleuchte einschaltet, ohne es zu dürfen, begeht eine Ordnungswidrigkeit und kann kostenpflichtig verwarnt werden oder sogar ein Bußgeld auferlegt bekommen.

Wann also darf man die Lichter einschalten?

Besonders streng ist das Gesetz bei der Nebelschluss-leuchte. Sie darf man tatsächlich nur bei Nebel einschal-ten, also nicht etwa auch bei Regen oder Schneefall. Grund hierfür ist ihre sehr starke Blendwirkung. Außer-dem gilt die schon zitierte 50-Meter-Regelung: Als Folge des Nebels darf die Sichtweite nicht mehr als 50 Meter betragen. Das ist der Abstand, der auf der Autobahn in der Regel zwischen zwei Leitpfosten besteht. Übrigens darf man in solchen Situationen auch nicht schneller als 50 km/h fahren.

Für die Nebelscheinwerfer gilt eine andere Regelung. Anders als ihr Name vermuten lässt, darf man sie nicht nur bei Nebel benutzen. Sie dürfen vielmehr auch bei Regen oder Schneefall eingeschaltet werden. Allerdings muss die Sicht durch schlechte Wetterverhältnisse erheb-lich beeinträchtigt sein. Und dazu gehört mehr als nur ein bisschen Spritzwasser des vorausfahrenden Fahrzeuges.

Hat man zwei funktionierende Nebelscheinwerfer ein-geschaltet, ist es übrigens empfehlenswert, nur mit Stand-licht zu fahren. Denn bei gleichzeitiger Verwendung von Abblend- oder gar Fernlicht und Nebelscheinwerfern be-steht die Gefahr, dass man sich selbst blendet. Außerdem geht die Wirkung von Nebelscheinwerfern im Abblend-licht leicht unter. Die Straßenverkehrsordnung erlaubt daher ausdrücklich, dass man in solchen Fällen außer den Nebelscheinwerfern nur das Standlicht einschaltet.

Bei Interesse siehe hierzu:
§ 3 Abs. 1 Satz 3 StVO (Straßenverkehrsordnung),
»Geschwindigkeit«
§ 17 Abs. 3 StVO, »Beleuchtung«

Parklücken blockieren

Irrtum:
Fußgänger dürfen Parklücken blockieren.

Richtig ist:
Das Blockieren von Parklücken ist ordnungswidrig.

Diese Situation kennt wohl jeder: Man möchte mit dem Auto in eine Parklücke einfahren, muss aber feststellen, dass ein Fußgänger sie für das Auto eines Freundes oder Verwandten, der ganz bestimmt gleich kommt, freihält. Um es ganz deutlich zu sagen: Ein solches Verhalten ist nicht nur in hohem Maße unsozial, sondern stellt sogar eine Ordnungswidrigkeit dar. Es ist Fußgängern nicht erlaubt, Parklücken für Autos freizuhalten, die noch nicht selbst vor Ort und im Begriff sind, in die Parklücke einzufahren. Denn Parklücken sind nicht für Fußgänger gemacht, sondern für Autos. Und für die Autos gilt der alte Sinnspruch: »Wer zuerst kommt, mahlt zuerst.« Das erste Auto, das sich einer Parklücke nähert, die in Wildwest-Manier von einem Fußgänger besetzt gehalten wird, darf also in die Parklücke einfahren. Immer wieder kommt es in solchen Situationen zu Konflikten. Das Oberlandesgericht des Landes Sachsen-Anhalt hatte über folgenden Fall zu entscheiden[17]:

Eine Polizeianwärterin hatte nach dem Einkaufen keine Lust, einen Pappkarton mit Safttüten zu dem Auto ihres Begleiters zu tragen, das in einer hinteren Parkreihe stand. Sie stellte sich deshalb samt Karton in eine gerade frei werdende Parklücke und blockierte sie für ihren Begleiter. Eine Autofahrerin wollte in diese Parklücke

einfahren. Die angehende Polizistin jedoch wich nicht
von der Stelle, was die Autofahrerin nicht davon abhielt,
dennoch in die Parklücke zu fahren. Nach mehrfachem
kurzem Anhalten und Weiterfahren berührte sie die stur
an ihrem Platz verharrende Polizeianwärterin schließlich
am Knie. Der Karton mit den Safttüten ging dabei zum
Teil zu Bruch und seine Besitzerin verließ schließlich die
Parklücke, so dass die Autofahrerin einparken konnte.
Die angehende Ordnungshüterin zeigte die Autofahrerin
wegen Nötigung an. Letztinstanzlich wurde die Angeklagte freigesprochen. Das Gericht war der Auffassung,
die Nötigungshandlung sei nicht verwerflich, d. h. sozial-
ethisch nicht zu missbilligen gewesen. Denn immerhin
sei die Autofahrerin maßvoll in die Parklücke hineingefahren. Sie habe immer wieder angehalten und der
Blockiererin so die Möglichkeit gegeben, sich zu entfernen. Abgesehen davon habe der Autofahrerin ein Not-
wehrrecht zugestanden, da die Blockade rechtswidrig war.

An dieser Stelle soll klargestellt werden, dass es natürlich
ganz anders ausgesehen hätte, wenn die Autofahrerin
schnell in die Parklücke hineingefahren wäre und die Polizistin sogar verletzt hätte. In einem solchen Fall wäre eine
Verurteilung wegen Nötigung und Körperverletzung
durchaus in Betracht gekommen. Anders sieht es auch aus,
wenn ein Fußgänger ein Auto in die Parklücke einweist,
das tatsächlich als erstes dort angekommen ist. In diesem
Fall gilt wieder der oben zitierte Grundsatz, dass die Parklücke dem Autofahrer zusteht, der sie als Erster erreicht.

Bei Interesse siehe hierzu:
§ 12 Abs. 5 StVO (Straßenverkehrsordnung), »Halten und
Parken«

Parkplatzschild »Hier gilt die StVO!«

Irrtum:
*Wenn auf einem Schild steht: »Hier gilt die StVO!«,
dann stimmt das.*

Richtig ist:
Die StVO gilt nicht überall, wo Schilder dies behaupten.

Das Schild »Hier gilt die StVO!« kennt jeder Autofahrer. Man findet es auf öffentlichen und privaten Parkplätzen, in Parkhäusern und überall sonst, wo jemand meint, dass dort die Straßenverkehrsordnung (StVO) gelten solle.

Aber stimmen die Schilder auch? Kann man wirklich belangt werden, wenn man sich nicht an das Schild hält? Und darf man sich blind darauf verlassen, dass andere Fahrer die Regeln der StVO einhalten? In vielen Fällen keineswegs. Denn die Straßenverkehrsordnung gilt nur dort, wo öffentlicher Verkehr stattfindet. Das kann zwar auch auf Privatgrundstücken der Fall sein, aber nur dann, wenn sie für den allgemeinen Straßenverkehr offen stehen. Das gilt beispielsweise für Supermarktparkplätze. Denn hier darf jeder beliebige Kunde parken. Es gilt aber zum Beispiel nicht für abgesperrte Parkplätze von Firmen oder Vereinen. Hier parken nur die Angestellten beziehungsweise die Vereinsmitglieder. Unmittelbar gilt die Straßenverkehrsordnung dort deshalb nicht. Ein Firmeninhaber oder ein Vereinsvorstand können auch nicht einfach Schilder aufstellen und bestimmen, dass die StVO nun auf ihrem Grundstück gelten solle. Nur der Staat selbst kann den räumlichen Geltungsbereich seiner Gesetze festlegen. Und auf nichtöffentlichen Parkplätzen gilt die Straßenverkehrsordnung nun einmal nicht, ganz egal, wie viele Schilder das Gegenteil behaupten.

Jedem Grundstücksbesitzer steht es jedoch frei, sich eigene Regeln zur Benutzung seines Parkplatzes zu überlegen und sie jedem vorzuschreiben, der den Parkplatz benutzen will. Parkwillige haben dann nur die Wahl, diese Regeln entweder zu akzeptieren oder umzukehren und woanders zu parken. Welche Regeln der Parkplatzbetreiber wählt, ist dabei grundsätzlich ihm überlassen. Wenn er will, kann er auf seinem Parkplatz auch den aus England bekannten Linksverkehr einführen. Und natürlich hat er auch die Möglichkeit, Regeln festzulegen, die ganz oder teilweise den Bestimmungen der Straßenverkehrsordnung entsprechen. Dies kann durch das bekannte Schild »Hier gilt die StVO« geschehen. Aber wie gesagt: Die StVO gilt dann nicht *unmittelbar,* sondern nur *mittelbar.* Parkplatzbetreiber und Nutzer einigen sich also lediglich darauf, dass alle so tun sollen, als gelte die Straßenverkehrsordnung tatsächlich.

Diese Unterscheidung zwischen unmittelbarer und mittelbarer Anwendbarkeit der StVO ist keineswegs spitzfindig, sondern hat große praktische Bedeutung. Ein Verstoß gegen die Straßenverkehrsordnung kann durch Polizisten oder Politessen nämlich nur dann geahndet werden, wenn die StVO unmittelbar gilt. Auf öffentlichen Supermarktparkplätzen ist das der Fall. Wer dagegen einem Arbeitskollegen auf dem abgesperrten Firmenparkplatz die Vorfahrt nimmt, braucht nicht zu fürchten, dass er deswegen Punkte in Flensburg kassiert.

Denn er hat keine Ordnungswidrigkeit begangen. Übrigens muss er auch nicht unbedingt den gesamten Schaden ersetzen, den er am Auto des Kollegen angerichtet hat. Dieser durfte nämlich nicht blind darauf vertrauen, dass sich der Unfallverursacher an die Rechts-vor-links-Regel der StVO hält. Das Landesarbeitsgericht Bremen stellte in einem solchen Fall klar, dass ein vorfahrtsberechtigter Unfallbeteiligter die Hälfte seines Schadens selbst zahlen musste. Wegen der für einen Parkplatz typischen Verhältnisse (schmale Fahrspuren, unübersichtliche Kreuzungen, unklare Fahrbahnlinien) habe er von vornherein damit rechnen müssen, dass seine Vorfahrt vom Kollegen missachtet wird. Er hätte also abbremsen müssen und nicht auf sein Recht pochen dürfen. Man kann sich daher merken: Das Schild »Hier gilt die StVO« ist mit größter Vorsicht zu genießen. Sich auf seine Geltung zu verlassen, kann riskant sein.

Bei Interesse siehe hierzu:
§ 1 StVO (Straßenverkehrsordnung), »Grundregeln«
§ 8 StVO, »Vorfahrt«

Radfahrer auf dem Zebrastreifen

Irrtum:
Radfahrer haben auf dem Zebrastreifen Vorfahrt.

Richtig ist:
Radfahrer haben auf dem Zebrastreifen nur dann Vortritt, wenn sie ihr Rad schieben.

Dieser Irrtum kann zu besonders gefährlichen Situationen führen: Radfahrer betrachten sich häufig als eine Art »Beinahe-Fußgänger«. Bei Bedarf wechseln sie schon einmal auf den Bürgersteig und überqueren zusammen mit den Fußgängern einen Zebrastreifen. Natürlich steigen sie dabei nicht ab. Trotzdem gehen sie ganz selbstverständlich davon aus, dass die Autofahrer warten und sie die Straße überqueren lassen müssen.

Dies ist jedoch nicht richtig. Die Straßenverkehrsordnung ist in diesem Punkt eindeutig: An Fußgängerüberwegen müssen Fahrzeuge (mit Ausnahme von Schienenfahrzeugen) nur anhalten, wenn Fußgänger oder Roll- bzw. Krankenfahrstuhlfahrer die Fahrbahn überqueren möchten. Radfahrer sind also nur dann geschützt, wenn sie ihr Fahrrad schieben[18]!

Wenn es also zu einem Unfall zwischen einem mit mäßiger Geschwindigkeit fahrenden Auto und einem Fahrradfahrer kommt, der den Zebrastreifen verkehrswidrig befährt, kann der Radfahrer keinen vollen Ersatz seines Schadens verlangen[19].

Dies soll jetzt natürlich keinen Autofahrer dazu veranlassen, künftig »voll draufzuhalten«, wenn ein Radfahrer sich anschickt, einen Zebrastreifen fahrend zu überqueren. Auch gegenüber Verkehrsteilnehmern, die sich verkehrswidrig verhalten, ist man zur Rücksicht verpflichtet. Man darf sie auf keinen Fall gefährden. Und mit dem verkehrswidrigen Verhalten vieler Radfahrer muss man in der Praxis ganz einfach rechnen. Wer hier rechthaberisch auf seine Vorfahrt pocht und nicht anhält, riskiert nicht nur die Gesundheit des Radfahrers, sondern auch ein Bußgeld- oder gar Strafverfahren.

Bei Interesse siehe hierzu:
§ 1 StVO (Straßenverkehrsordnung), »Grundregeln«
§ 26 StVO, »Fußgängerüberwege«

TÜV und AU abgelaufen

Irrtum:
Den TÜV und die AU darf man bis zu zwei Monate lang straflos überziehen.

Richtig ist:
Auch ein einziger Tag abgelaufener TÜV oder AU kann bereits ein Verwarn- oder Bußgeld kosten.

Ein häufig gehörtes Missverständnis ist die Frist von zwei Monaten, die man die fällige Hauptuntersuchung (HU) und Abgasuntersuchung (AU) gefahrlos überziehen dürfe. Innerhalb dieser zwei Monate drohten dem Halter des Fahrzeugs keine Konsequenzen, wenn er mit abgelaufener Plakette erwischt wird.

Dies stimmt so nicht. Eine Ordnungswidrigkeit begeht bereits, wer den TÜV-Termin auch nur einen Tag überzieht. Grundsätzlich steht es nun im Ermessen des Polizeibeamten oder der Bußgeldbehörde, in welcher Höhe sie ein Verwarn- oder Bußgeld festsetzen. Dabei richten sie sich jedoch in aller Regel nach den Vorgaben des bundeseinheitlichen Tatbestandskatalogs. Der sieht für Verstöße bis zu zwei Monaten zwar tatsächlich noch keine Verwarn- bzw. Bußgelder vor. Erst ab zwei Monaten werden 15,– € für die unterlassene HU oder AU fällig. Verstöße von vier bis acht

Monaten (bei unterlassener HU) kosten 25,– €. Alles was darüber hinausgeht, schlägt mit 40,– € zu Buche. Außerdem drohen Punkte in der Flensburger Verkehrssünderkartei.

Aber wie gesagt: Diese Sätze gelten nur in der *Regel*. Wenn besondere Umstände vorliegen, dürfen der Polizeibeamte oder die Bußgeldbehörde ohne weiteres von den Regelsätzen abweichen. Dass ein Abweichen nach unten möglich ist, weiß jeder Polizeibeamte. Dass sie jedoch auch härtere Verwarngelder fordern dürfen als im Tatbestandskatalog vorgesehen, ist selbst Polizisten nicht immer bekannt. Ein praktisch besonders wichtiges Beispiel sind vorsätzliche Verkehrsordnungswidrigkeiten. Wer genau weiß, dass er sein Fahrzeug schon längst dem TÜV hätte vorführen müssen, aber trotzdem weiterfährt, ohne sich um einen Termin für die Hauptuntersuchung zu kümmern, also vorsätzlich den TÜV-Termin überzieht, für den gelten die eher moderaten Sätze des Tatbestandskataloges nicht. Denn dieser bezieht sich nur auf *fahrlässige* Verstöße.

Niemand sollte sich also zu sicher fühlen, wenn er vier Wochen nach Fälligkeit des TÜV-Termins kontrolliert wird und den Polizisten auf deren Vorhaltung großspurig erläutert, dass er genau über seine Rechte informiert sei und deshalb immer die zweimonatige Schonfrist ausnutze; solange die nicht abgelaufen sei, könne der Polizist ihm überhaupt nichts anhaben. Wenn der vermeintlich so informierte Bürger Pech hat, handelt er sich in einem solchen Fall eine Anzeige wegen einer vorsätzlichen Tat ein. Und die kann deutlich härter geahndet werden als im Tatbestandskatalog vorgesehen – auch schon einen Tag nach Ablauf der TÜV-Plakette.

Bei Interesse siehe hierzu:
TBNR 329113, 329119, 329610, 347100, 347600,
Bundeseinheitlicher Tatbestandskatalog für Straßenverkehrs-
ordnungswidrigkeiten

Unfall I: Immer die Polizei rufen?

Irrtum:
Nach einem Unfall muss man unbedingt die Polizei
rufen, um die Beweise zu sichern. Die Versicherungen
verlangen das.

Richtig ist:
Nicht für jeden Blechschaden muss man die Polizei
alarmieren.

Wie selbstverständlich rufen viele Menschen nach jedem
Unfall, sei er auch noch so klein, die Polizei herbei. Sie
glauben, es könne ansonsten Schwierigkeiten mit der
Versicherung geben. Denn nur die Polizei sei in der Lage,
die Beweise zu sichern, mit denen später die Schuld des
Unfallverursachers nachgewiesen werden kann.

Bei einem bloßen Blechschaden kann die Polizei jedoch in aller Regel nicht viel mehr tun, als die Persona-
lien der Unfallbeteiligten festzustellen, ihnen tröstende
Worte zukommen zu lassen und dem Unfallverursacher
eine kostenpflichtige Verwarnung zu erteilen. Darauf,
dass die Polizei darüber hinaus irgendwelche Beweise
sichert oder gar aufbewahrt, sollte man sich lieber nicht
verlassen. Dies erledigt man besser selbst. Wofür gibt es
schließlich Handykameras? Soweit ersichtlich verlangt

daher auch keine Versicherung, dass nach jedem Unfall unbedingt die Polizei herbeizurufen ist.

Insbesondere bei kleinen Blechschäden sollte man sich deshalb überlegen, ob man die Polizeibeamten wirklich beim Pizzaessen stören und zum Unfallort zitieren muss. Der unschuldige Geschädigte jedenfalls hat meist keinen wirklichen Vorteil davon. Und der Unfallverursacher hat sogar einen Nachteil. Denn er riskiert eine kostenpflichtige Verwarnung oder gar Punkte in Flensburg. Für ihn kann es also durchaus sinnvoll sein, sich großzügig zu zeigen und mit dem Unfallgegner zu einer gütlichen Einigung zu gelangen. Für beide Seiten kann es sich so lohnen, die Angelegenheit ohne die Polizei zu regeln. Und auch die »Freunde und Helfer« werden es in aller Regel zu schätzen wissen, wenn man ihnen unnötige Mehrarbeit erspart.

Unfall II: Niemals etwas zugeben?

Irrtum:
Wenn man einen Unfall verursacht hat, darf man am Unfallort auf gar keinen Fall einräumen, was geschehen ist, sondern muss lügen oder schweigen. Ansonsten verliert man den Versicherungsschutz.

Richtig ist:
Man sollte lediglich kein Schuldanerkenntnis abgeben.

Hartnäckig hält sich das Gerücht, man dürfe nach einem selbst verschuldeten Unfall auf gar keinen Fall zugeben, was passiert ist. Denn damit, so glauben viele, gebe man ein Schuldanerkenntnis ab und verliere den Versicherungsschutz.

Richtig ist zwar, dass man am Unfallort kein Schuldanerkenntnis abgeben sollte. Denn in den Allgemeinen Bedingungen für die Kraftfahrversicherung wird den Versicherten untersagt, die Schuld am Unfall ganz oder teilweise ohne vorherige Zustimmung des Versicherers einzugestehen. Man sollte also zum Beispiel keinesfalls ein Papier unterschreiben, auf dem es etwa heißt »Ich übernehme die volle Schuld am Verkehrsunfall«. Verstößt man gegen diese Obliegenheit aus dem Haftpflichtversicherungsvertrag, so kann man in der Tat seinen Versicherungsschutz verlieren.

Nicht alles, was viele für ein Schuldanerkenntnis halten, ist jedoch auch eines. Es ist zum Beispiel unproblematisch, einzuräumen, was tatsächlich geschehen ist. Wer also einem anderen die Vorfahrt genommen hat, der kann den Polizeibeamten gegenüber, die den Unfall aufnehmen, ohne weiteres angeben: »Ich bin bei Rot über die Ampel gefahren.« Er sollte dieses Verhalten jedoch nicht bewerten, indem er außerdem noch unterschreibt: »Und damit habe ich den Unfall schuldhaft verursacht.« Diese Unterscheidung mag erbsenzählerisch wirken. Zu Recht könnte man sich fragen: Wenn ich zugeben darf, dass ich die rote Ampel missachtet habe, weshalb darf ich dann nicht auch ausdrücklich meine Schuld am Unfall einräumen? Die Antwort ist simpel: Weil die Versicherung selbst prüfen will, ob der Verkehrsverstoß tatsächlich einer war und ob er vor allem schuldhaft zum Unfall geführt hat. Verkehrsrechtliche Laien können die Schuldfrage mit gesundem Menschenverstand zwar in vielen Fällen ebenfalls richtig beurteilen, aber eben nur in vielen und nicht in allen.

Wenn die Unfallbeteiligten den Schaden selbst protokollieren, ohne die Polizei zu rufen, dann ist es entgegen häufiger Befürchtungen auch völlig unschädlich, den so genannten Europäischen Unfallbericht auszufüllen und zu unterschreiben. Man bekommt ihn von jedem Versicherer oder im Internet. Jeder Autofahrer sollte zwei Exemplare dieses normierten Unfallberichts im Handschuhfach liegen haben. In ihm können die Unfallbeteiligten minutiös festhalten, wie der Unfall geschehen ist. Wertungen im Sinne eines Schuldeingeständnisses enthält der Europäische Unfallbericht nicht. Man riskiert also nicht den Verlust des Versicherungsschutzes, wenn man ihn unterschreibt.

Bei Interesse siehe hierzu:
§ 7 Abs. 2 Nr. 1 AKB (Allgemeine Bedingungen für die Kraftfahrversicherung), »Obliegenheiten im Versicherungsfall«

Unfall III: Straße blockiert lassen?

Irrtum:
Wenn man einen Unfall verursacht hat, sollte man die Unfallstelle völlig unverändert lassen, bis die Polizei eintrifft.

Richtig ist:
Jedenfalls bei bloßen Blechschäden sollte man die Unfallfahrzeuge auf die Seite fahren.

Immer wieder erlebt man es nach Unfällen, dass die Beteiligten ihre Autos exakt so stehen lassen, wie sie nach dem Unfall zum Stehen kamen. Offensichtlich ist der Glaube weit verbreitet, man dürfe oder sollte nichts verändern, bevor nicht die Polizei eingetroffen ist, um den Unfall aufzunehmen. Auf diese Weise entstehen im Extremfall kilometerlange, vollkommen überflüssige Staus.

Dass es vor allem bei leichten Blechschäden nicht immer nötig und oft sogar wenig sinnvoll ist, die Polizei herbeizurufen, wurde bereits oben ausgeführt *(→ Unfall I: Immer die Polizei rufen?).* Wenn es jedoch nicht einmal erforderlich ist, die Polizei zu informieren, dann kann es erst recht nicht erforderlich sein, sein Unfallauto bis zu deren Eintreffen quer auf der Fahrbahn stehen zu lassen. Wer Beweise sichern möchte, sollte Fotos von der Unfallstelle machen, aber nicht den gesamten Straßenverkehr aufhalten. Ansonsten werden ihn die am Unfallort eintreffenden Polizisten auffordern, zuerst einmal sein Auto auf die Seite zu fahren.

Anders sieht es jedoch aus, wenn bei dem Unfall Personen verletzt oder getötet wurden. In einem solchen Fall kann der nachfolgende Verkehr im Zweifel durchaus ein wenig warten. Denn immerhin geht es dann um die Beweissicherung im Zusammenhang mit Straftaten wie fahrlässige Körperverletzung oder fahrlässige Tötung.

Verkehrserziehung mit der Hupe

Irrtum:
Es ist zulässig, andere Verkehrsteilnehmer mit der Hupe darauf aufmerksam zu machen, dass sie gerade einen Verkehrsverstoß begehen.

Richtig ist:
Hupen darf nur, wer außerhalb geschlossener Ortschaften überholt oder wer sich oder andere gefährdet sieht.

Verkehrserziehung war und ist vor allem in Deutschland schon immer ein beliebter Breitensport. Hinz und Kunz fühlen sich hier zu Lande bemüßigt und berechtigt, wildfremden Menschen ungefragt Lektionen in Straßenverkehrsrecht zu erteilen. »So etwas kostet 30 €!«, rufen sie zum Beispiel Fahrradfahrern zu, die den Radweg auf der falschen Seite befahren. »Ein tolles Vorbild für die Kinder sind Sie!«, ist ein anderer Klassiker, mit dem Spaziergänger beim Überqueren einer roten Fußgängerampel selbst auf den verlassensten Landstraßen gerne angegangen werden.

Es sei einmal dahingestellt, ob nicht auch schlechte Vorbilder pädagogisch sinnvoll eingesetzt werden können: »Das was der Mann da macht, darfst du auf keinen Fall nachmachen. Das ist sehr gefährlich!« Hierüber mögen sich die Pädagogen streiten. Tatsache ist jedenfalls, dass Verkehrsverstöße anderer Personen niemanden etwas angehen. Jeder Mensch muss selbst entscheiden, ob er 30 € Geldbuße riskieren oder ein schlechtes Vorbild abgeben will. Über die Einhaltung gesetzlicher Vorschriften hat alleine der Staat zu wachen. Ein Grundrecht, anderen Menschen besserwisserische Lektionen in Verkehrserziehung aufzuzwingen, besteht daher nicht.

In besonderem Maße gilt dies für die verbreitete Unsitte, andere Verkehrsteilnehmer mittels Hupe oder Lichthupe wegen eines Verkehrsverstoßes zu ermahnen. Hupe und Lichthupe dürfen außerhalb geschlossener Ortschaften verwendet werden, um eine Überholabsicht anzukündigen. Im Übrigen darf sie nur benutzen, wer sich oder andere akut gefährdet sieht. Niemand hat also das Recht, Fußgänger, die gerade eine rote Ampel überquert haben, nun aber keinerlei Gefahr mehr darstellen, empört anzuhupen. Dagegen ist es sehr wohl zulässig, einen Fußgänger, der ganz offensichtlich nicht auf den Straßenverkehr achtet, zu warnen, bevor er einen Rotlichtverstoß begeht und sich und andere auf diese Weise in Gefahr bringt.

Zusammengefasst heißt das: Hobbypolizisten, die Hupe oder Lichthupe nicht dazu benutzen, um andere vor einer akut drohenden Gefahr zu warnen, sondern sie als Erziehungsmittel oder Instrument zum Druckablassen missbrauchen, verhalten sich nicht nur dreist und anmaßend, sondern begehen sogar selbst eine Ordnungswidrigkeit, die mit Verhängung einer Geldbuße geahndet werden kann.

Bei Interesse siehe hierzu:
§ 16 Abs. 1 StVO (Straßenverkehrsordnung), »Warnzeichen«

Vorfahrt von Straßenbahnen

Irrtum:
Straßenbahnen haben immer Vorfahrt.

Richtig ist:
Straßenbahnen haben keine »eingebaute Vorfahrt«.

Im Ausland gilt häufig: Straßenbahnen haben immer Vorfahrt vor anderen Verkehrsteilnehmern. Viele glauben, dass auch in Deutschland eine solche Regelung bestehe. Dies trifft jedoch nicht zu. Straßenbahnen haben hierzulande keine »eingebaute Vorfahrt«. Wie jedes Auto und jeder Fußgänger müssen sie sich an die Rechts-vor-links-Regel halten. Von dieser Regel gibt es nur zwei Ausnahmen. An Stellen, an denen das Schild »Vorfahrt gewähren« mit einem zweiten Schild kombiniert wird, das eine Straßenbahn zeigt, hat diese Vorfahrt. Die zweite Ausnahme gilt für Zebrastreifen: Straßenbahnen sind die einzigen Fahrzeuge, die hier nicht wartepflichtig sind.

Man kann sich also merken: Straßenbahnen haben viel seltener Vorfahrt, als manch einer denkt. Ausgerechnet an Zebrastreifen müssen Fußgänger sie jedoch vorbeifahren lassen. Nun mag jeder für sich entscheiden, wie er diese neuen Erkenntnisse für sich umsetzt. Eines ist aber sicher: In vielen Fällen ist es gesünder, gegenüber einem 30-Tonnen-Ungetüm nicht kompromisslos auf seinem Vorfahrtsrecht zu bestehen.

Bei Interesse siehe hierzu:
§ 26 Abs. 1 StVO (Straßenverkehrsordnung), »Fußgänger-
überwege«

Warnblinker an beim Falschparken?

Irrtum:
Wenn man nur kurz falsch parkt, sollte man dies mit dem Warnblinker anzeigen.

Richtig ist:
Wer beim Falschparken den Warnblinker setzt, riskiert ein noch höheres Verwarnungsgeld.

Der Autor dieses Buches gibt zu, dass auch er den Warnblinker setzt, wenn er einmal – natürlich nur ganz kurz und in äußersten Notfällen – falsch parkt und das Auto verlässt. Auf diese Weise soll an das Herz der Politesse appelliert werden. Man will signalisieren, dass man gleich wieder zurück ist und dass wirklich ein ganz dringender Notfall vorliegt.

Rein rechtlich betrachtet ist ein solches Vorgehen jedoch vollkommen unsinnig. Natürlich bleibt ein Parkverstoß ein Parkverstoß, egal ob man den Warnblinker setzt oder nicht. Das Einschalten der Warnblinkanlage stellt sogar ganz im Gegenteil noch eine zusätzliche Ordnungswidrigkeit dar. Denn wann das Warnblinklicht benutzt werden darf, ist eindeutig geregelt: Den Warnblinker darf man nur einschalten, wenn man mit dem Fahrzeug liegen bleibt, wenn man ein anderes Fahrzeug abschleppt oder selbst abgeschleppt wird oder wenn man andere vor einer Gefahr warnen will – zum Beispiel vor einem Stau oder vor sehr langsam fahrendem Verkehr auf einer Autobahn. Wenn keiner dieser Fälle vorliegt, darf der Warnblinker nicht gesetzt werden.

Wer also nicht gerade deshalb falsch parkt, weil sein

Auto wegen eines Motorschadens liegen geblieben ist, darf die Warnblinkanlage demnach nicht einschalten. So viel zur juristischen Theorie. Aber vielleicht hat manch eine Politesse ja doch ein Einsehen und wartet zumindest ein paar Minuten, bevor sie den warnblinkenden Falschparker aufschreibt. Dies hoffend wird daher wohl auch der Autor in Zukunft weiter so verfahren wie im ersten Absatz beschrieben.

Bei Interesse siehe hierzu:
§ 16 Abs. 1, 2 StVO (Straßenverkehrsordnung), »Warnzeichen«

Verbraucherrecht

Aufreißen von Verpackungen

Irrtum:
Das Aufreißen von Verpackungen verpflichtet zum Kauf.

Richtig ist:
Niemand muss einen Gegenstand kaufen, dessen Verpackung er aufgerissen hat.

Ein weiteres schönes Beispiel aus der unendlichen Liste falscher und irreführender Schilder in Geschäften ist die Behauptung:

»Das Öffnen der Verpackung verpflichtet zum Kauf«

Wenn es nur so einfach wäre, liebe Ladeninhaber! Natürlich ist es ärgerlich, wenn ein Kunde die Verpackung einer Ware aufreißt und sie dann nicht kaufen will. Aber es gilt der Grundsatz: Niemand kann gezwungen werden, etwas zu kaufen und mit nach Hause zu nehmen, was er nicht haben will. Daran können auch all die beliebten Schilder nichts ändern. Das Oberlandesgericht Düsseldorf hat deshalb im Jahre 2000 einen Berliner Einkaufsmarkt dazu verurteilt, ein solches Schild wieder abzuhängen. Der Kunde werde unangemessen benachteiligt, wenn er verpflichtet werde, die ausgepackte Ware zu kaufen[20].

Heißt das, jedermann darf ab sofort im nächsten Supermarkt sämtliche Verpackungen aufreißen, ohne Konsequenzen fürchten zu müssen?

Natürlich nicht! Wer etwas beschädigt, muss für den Schaden aufkommen. Darüber sollten sich auch Supermarktkunden keine Illusionen machen. Es stellt sich aber die entscheidende Frage: Wie hoch ist der zu ersetzende Schaden?

Häufig wird sich die Verpackung problemlos wieder schließen und die Ware weiterhin verkaufen lassen. In einem solchen Fall ist der Kunde nur verpflichtet, den Klebestreifen zu bezahlen, mit dem die Verpackung wieder verschlossen wird. Denn ein größerer Schaden ist nun einmal nicht entstanden. Es wäre vollkommen unangemessen, vom Kunden zu verlangen, dass er das komplette – möglicherweise sehr teure – Gerät bezahlt und mit nach Hause nimmt.

Sollte die Ware ohne intakte Verpackung nicht mehr zum vollen Preis verkauft werden können, müsste der Kunde außerdem noch die Differenz zum ursprünglich ausgezeichneten Preis bezahlen. Kaufen und mitnehmen muss er das Gerät jedoch ebenfalls nicht.

In krassen Ausnahmefällen – zum Beispiel, wenn Lebensmittel ausgepackt werden – ist die Ware vielleicht überhaupt nicht mehr verkäuflich. Dann müsste der Kunde in der Tat den vollen Warenwert ersetzen. Selbst in diesem Extremfall gibt es jedoch immer noch keinen Grund, den Käufer darüber hinaus auch noch zum Kauf und damit auch zur Abnahme der Ware zu zwingen.

Wenn Ihnen also demnächst beim Auspacken der Espressomaschine im Geschäft einfällt, dass Ihr Arzt

Ihnen weniger Kaffee zum Frühstück verordnet hat, dann packen Sie die Maschine einfach wieder ein. Wenn sie jetzt nur noch zu einem geringeren Preis verkauft werden kann, müssen Sie zwar für den notwendig gewordenen Preisnachlass aufkommen. Sie müssen das Gerät jedoch nicht mit nach Hause nehmen und sich so der Versuchung aussetzen, gegen den Rat Ihres Arztes zu verstoßen.

Bei Interesse siehe hierzu:
§ 307 Abs. 1 Satz 1 BGB (Bürgerliches Gesetzbuch),
»Inhaltskontrolle von Allgemeinen Geschäftsbedingungen«
§ 309 Nr. 5 BGB, »Klauselverbote ohne Wertungsmöglichkeit: Pauschalierung von Schadensersatzansprüchen«
§ 433 Abs. 2 BGB, »Vertragstypische Pflichten beim Kaufvertrag«

Aufschrauben defekter Geräte

Irrtum:
Wer ein defektes Gerät aufschraubt, kann es anschließend nicht mehr reklamieren.

Richtig ist:
Gewährleistungsansprüche bestehen auch bei aufgeschraubten Geräten.

Vor allem an Elektronikartikeln finden sich häufig kleine Siegel, die zerstört werden müssen, wenn man das Gerät aufschrauben will. Auf diese Weise kann der Verkäufer oder Hersteller im Falle einer Reklamation feststellen, ob der Kunde möglicherweise schon selbst einen Reparatur-versuch unternommen hat. Bringt man ein solches Gerät zurück ins Geschäft, bekommt man häufig zu hören, dass eine Reklamation leider nicht mehr möglich sei. Schließlich sei das Gerät schon einmal geöffnet worden. Dadurch habe der Käufer bedauerlicherweise alle Gewähr-leistungsansprüche verloren. Denn immerhin sei es ja möglich, dass der beanstandete Defekt erst durch den Reparaturversuch hervorgerufen wurde.

Möglich mag dies ja sein, aber möglich ist schließlich vieles. Innerhalb der ersten sechs Monate nach Übergabe der Kaufsache an den Kunden kann sich der Verkäufer mit derlei Spekulationen daher nicht vor seiner Gewähr-leistungspflicht drücken. Wenn er meint, der Käufer selbst habe den Defekt verursacht, dann muss er das hieb- und stichfest beweisen. Die bloße Tatsache, dass ein Gerät schon einmal aufgeschraubt wurde, dürfte in aller Regel kein Beweis dafür sein, dass es gerade dadurch kaputtging. Aus diesem Grund verliert natürlich niemand seine gesetzlichen Gewährleistungsansprüche, wenn er einen Computer oder einen sonstigen Artikel aufschraubt, um zunächst einmal selbst das Innenleben zu inspizieren.

Nach Ablauf der Sechsmonatsfrist muss umgekehrt der Käufer beweisen, dass der reklamierte Defekt nicht von ihm selbst hervorgerufen wurde, sondern schon von Anfang an bestand. Dies wird nun wiederum ihm schwer fallen, allerdings ganz unabhängig davon, ob er das Gerät irgendwann einmal aufgeschraubt hat oder nicht.

Zwei Jahre nach dem Kauf schließlich enden sämtliche Gewährleistungsansprüche des Käufers. Jetzt kann ihm allenfalls noch eine Herstellergarantie helfen, die über die gesetzliche Zweijahresfrist hinausgeht. Herstellergarantien sind jedoch eine rein freiwillige Angelegenheit. Wenn der Hersteller seinen Kunden Garantien einräumt, die ihnen von Gesetzes wegen nicht zustehen, dann kann er das Bestehen des Garantieanspruchs natürlich von allen erdenklichen Bedingungen abhängig machen, also auch davon, dass der gekaufte Artikel noch nicht aufgeschraubt wurde. In Garantiebestimmungen findet man diese Klausel daher tatsächlich häufiger. Hier – aber nur hier – ist sie für den Käufer in der Tat bindend. Er kann in einem solchen Fall nur noch auf die Kulanz des Herstellers hoffen.

Zusammenfassend heißt das: Gegenüber dem Verkäufer spielt es keine Rolle, ob man ein Gerät schon einmal aufgeschraubt hat oder nicht. Die Ansprüche gegen ihn sind in beiden Fällen die gleichen. Lediglich gegenüber dem Hersteller kann es einen Unterschied machen, ob die Kaufsache schon einmal geöffnet wurde oder nicht.

Bei Interesse siehe hierzu:
§ 437 BGB (Bürgerliches Gesetzbuch), »Rechte des Käufers bei Mängeln«
§ 439 BGB, »Nacherfüllung«
§ 440 BGB, »Besondere Bestimmungen für Rücktritt und Schadensersatz«
§ 441 BGB, »Minderung«
§ 476 BGB, »Beweislastumkehr«

Falsche Preisauszeichnung

Irrtum:
Ich habe ein Recht darauf, eine Ware zu dem Preis zu kaufen, mit dem sie ausgezeichnet ist.

Richtig ist:
Preisauszeichnungen sind keine verbindlichen Verkaufsangebote.

Diese Situation kennt wohl jeder: Man hat im Geschäft ein vermeintlich besonders günstiges Schnäppchen entdeckt, bringt es zur Kasse und muss plötzlich erfahren, dass der ausgezeichnete Preis falsch ist. In Wirklichkeit soll die Ware viel mehr kosten.

Viele Geschäfte reagieren in dieser Situation kulant. Wenn die Differenz zum eigentlich gewollten Preis nicht allzu hoch ist, verkaufen sie das Stück preiswerter, damit der Kunde zufrieden ist. Ganz so reibungslos läuft es jedoch nicht immer ab. Oft genug geraten Kunde und Verkäufer über den Preis in Streit. Denn viele Kunden glauben, sie hätten einen Rechtsanspruch darauf, eine Ware zu genau dem Preis zu kaufen, der auf dem Etikett steht. Dies ist jedoch ein Irrtum.

Ein Kauf kommt zustande, indem die eine Partei ein Kaufangebot abgibt und die andere Partei es annimmt. Ein Preisschild stellt im juristischen Sinne jedoch noch kein Angebot des Verkäufers an die Kunden dar, die Ware zum ausgezeichneten Preis zu verkaufen. Sie ist lediglich eine unverbindliche »invitatio ad offerendum«, d.h. eine Einladung des Ladeninhabers an die Kunden, die Ware zur Kasse zu tragen und dort ihrerseits ein

Kaufangebot abzugeben. Dieses Kaufangebot des Kunden kann der Verkäufer an der Kasse immer noch ablehnen. Wenn er merkt, dass der Preis, zu dem der Kunde kaufen möchte, zu niedrig ist, hat er also ohne weiteres die Möglichkeit, einen Verkauf zu dem niedrigeren Preis zu verweigern.

Die Preisschilder sind daher lediglich eine Art Orientierungshilfe für die Kunden. Rechtsverbindlich sind sie nicht – und das ist auch sinnvoll so. Man stelle sich einmal vor, ein Autohändler vergisst bei der Preisauszeichnung versehentlich eine Null. Niemand kann ernsthaft glauben, dass man dann einen Anspruch darauf hat, einen Neuwagen für 3 900,– € zu kaufen anstatt für die eigentlich vorgesehenen 39 000,– €. Und wenn dies für Autos gilt, gibt es keinen Grund, weshalb für Joghurt, Rasierapparate oder T-Shirts etwas anderes gelten sollte.

Bei Interesse siehe hierzu:
§ 145 BGB (Bürgerliches Gesetzbuch), »Bindung an den Antrag«

Gewährleistung und Garantie

Irrtum:
Gewährleistung und Garantie sind das Gleiche.

Richtig ist:
Gewährleistungsansprüche gelten kraft Gesetzes und nur für ursprüngliche Mängel. Garantien sind freiwillig und gelten auch für später entstandene Mängel.

»Das Gerät können wir nicht umtauschen. Wir müssen es zuerst zum Hersteller einschicken, denn es hat ja noch Garantie.«

»Für reduzierte Ware können wir leider keine Gewährleistung übernehmen.«

Grundfalsche Sätze wie diese hört und liest man immer wieder. Sie kommen zustande, wenn jemand nicht genau weiß, was unter den Begriffen Garantie und Gewährleistung eigentlich zu verstehen ist. Der Unterschied zwischen diesen beiden Rechtsinstituten ist wohl den wenigsten klar. Die meisten wissen nicht einmal, dass es überhaupt einen Unterschied gibt. Sie verwenden die Begriffe in etwa gleichbedeutend. Dabei haben Gewährleistung und Garantie nur eines gemeinsam: Sie regeln, dass der Verkäufer oder Hersteller einer Ware für deren Mängel geradestehen muss. Im Einzelnen gibt es jedoch große Unterschiede. Und genau diese führen immer wieder zu Missverständnissen, und zwar in der Regel zu Lasten der Verbraucher. Was also ist eine Garantie und was versteht man unter Gewährleistung?

Wer zum Beispiel einen kaputten Fernseher kauft, hat das Recht, ihn noch bis zu zwei Jahre nach dem Kauf ins Geschäft zurückzubringen und Reparatur oder wahlweise ein neues Gerät als Ersatz zu verlangen. Dieser Anspruch besteht jedoch nur, wenn der Mangel bereits beim Kauf vorhanden war, auch wenn man ihn möglicherweise noch nicht bemerken konnte. Innerhalb der ersten sechs Monate nach dem Kauf spricht eine so genannte »gesetzliche Vermutung« dafür, dass der Mangel bereits beim Kauf vorlag. Der Verkäufer muss also beweisen, dass der Fernseher ursprünglich völlig in Ordnung war. Dies wird in der Regel nur schwer gelingen. Nach Ablauf von sechs

Monaten kehrt sich die Beweislast um. Jetzt muss der Käufer beweisen, dass der Fehler schon zum Zeitpunkt des Kaufes bestand.

Die Ansprüche auf Nachlieferung bzw. Nachbesserung bestehen kraft Gesetzes, ohne dass der Händler sie gegenüber dem Verbraucher ausschließen könnte. Man bezeichnet diese Ansprüche daher als gesetzliche Gewährleistungsansprüche. Sie beziehen sich nur auf die *ursprüngliche* Fehlerfreiheit der Kaufsache und haben nichts mit einer freiwilligen Garantie des Verkäufers oder Herstellers zu tun.

Nun ist dem Verbraucher mit der Verkäuferhaftung allein nicht immer gedient. Wenn sich nach sechs Monaten die Beweislast umkehrt, wird er in der Regel große Schwierigkeiten haben, zu beweisen, dass die Kaufsache schon von Anfang an einen Fehler hatte. Manche Hersteller und auch manche Verkäufer übernehmen für ihre Waren daher eine freiwillige Garantie. Sie dehnen ihre Haftung auch auf solche Mängel aus, die nicht schon von Anfang an existierten, sondern die erst im Laufe der Zeit entstanden sind.

Der Unterschied zwischen Gewährleistung und Garantie ist also, dass die Gewährleistung *kraft Gesetzes* besteht und nur für *ursprünglich vorhandene Fehler* gilt, während die Garantie *freiwillig* übernommen wird und auch für erst *später entstehende Fehler* gilt. Außerdem sind aus Sicht des Verbrauchers die Anspruchsgegner in der Regel verschieden. Gewährleistungsansprüche gelten gegenüber dem Verkäufer, Garantien dagegen meistens gegenüber dem Hersteller.

Dass die Begriffe Garantie und Gewährleistung in der allgemeinen Vorstellung häufig verschwimmen, kann für uninformierte Verbraucher zu erheblichen Nachteilen führen. Das gilt zum Beispiel, wenn Verkäufer versuchen, ihre eigenen Gewährleistungsverpflichtungen hinter der Garantie des Herstellers zu verstecken, frei nach dem Motto: Der Kunde merkt den Unterschied schon nicht. Wenn der Verkäufer auf Grund seiner Gewährleistung selbst haftet, muss der Käufer nicht dulden, dass die Sache erst einmal zum Hersteller eingeschickt wird. Aus diesem Grund ist der erste der beiden eingangs zitierten Sätze falsch.

Der zweite Satz ist wiederum falsch, weil die gesetzlichen Gewährleistungsansprüche gegenüber einem Verbraucher nicht ausgeschlossen werden können. Sie gelten, egal ob die Ware reduziert ist oder nicht. Der Verkäufer hätte lediglich die Möglichkeit, bei reduzierter Ware eine freiwillig gewährte *Garantie* zu beschränken, die er auf nicht reduzierte Ware gibt. Hinsichtlich der gesetzlichen *Gewährleistungsansprüche* hat er diese Möglichkeit nicht.

Weitere Beispiele dafür, wozu ein falsches Verständnis des Gewährleistungsbegriffs führt, sind auch vielen der folgenden Kapitel zu entnehmen.

Bei Interesse siehe hierzu:
§ 437 BGB (Bürgerliches Gesetzbuch), »Rechte des Käufers bei Mängeln«
§ 439 BGB, »Nacherfüllung«
§ 440 BGB, »Besondere Bestimmungen für Rücktritt und Schadensersatz«
§ 441 BGB, »Minderung«

Gutscheine I: Einlöseberechtigung

Irrtum:
Wenn auf einem Geschenkgutschein ein bestimmter Empfänger genannt ist, kann nur dieser den Gutschein einlösen.

Richtig ist:
Geschenkgutscheine können auch von anderen Personen als dem Beschenkten eingelöst werden.

Geschenkgutscheine für einen Kinobesuch oder einen Einkauf in der Parfümerie sind bei einfallslosen Schenkern eine beliebte Alternative zu einem Umschlag mit Bargeld (»Du weißt doch selbst am besten, was du magst. Versprich mir aber, dass du dir auch etwas Schönes davon kaufst, ja?«) oder gar zu den berühmt-berüchtigten S.O.S.-Präsenten (**S**ocken, **O**berhemden, **S**chlips). Häufig finden sich auf den Gutscheinen Leerzeilen, in denen der Name des Beschenkten eingetragen werden kann − »Für die liebe Biggi« oder »Herrn Dr. Bönninghaus zum 50. Wiegenfeste«.

Was aber, wenn Herr Dr. Bönninghaus oder die liebe Biggi gar keine Lust auf einen Kino- oder Parfümeriebesuch haben? Viele glauben, dass ihnen in einer solchen Situation gar keine andere Wahl bleibt, als den Gutschein dennoch selbst einzulösen. Wie selbstverständlich gehen sie davon aus, dass sie den persönlich ausgestellten Gutschein nicht an andere weitergeben können.

Doch dies ist ein Irrtum. Wenn in einem Geschenkgutschein Schenker und Beschenkter namentlich genannt sind, dann soll damit nur die persönliche Beziehung der beiden zueinander dokumentiert werden. Es soll nicht bestimmt werden, dass nur der Beschenkte die Leistung in Anspruch nehmen darf[24].

Eine solche Beschränkung ergäbe auch gar keinen Sinn. Gutscheine sollen dem Beschenkten schließlich gerade die Freiheit einräumen, selbst über die Verwendung des Geschenks zu entscheiden. Er soll gerade nicht gezwungen sein, ein bestimmtes Geschäft aufzusuchen, um dort irgendetwas zu kaufen, was ihm nicht gefällt. Dem Aussteller des Geschenkgutscheins dürfte es im Übrigen in aller Regel auch gleichgültig sein, wer ihn einlöst. Aus diesen Gründen sind Geschenkgutscheine als Papiere zu betrachten, die von jedermann eingelöst werden können, egal wer auf ihnen als »Berechtigter« vermerkt ist.

Bei Interesse siehe hierzu:
§ 307 Abs. 1 BGB (Bürgerliches Gesetzbuch), »Inhalts-kontrolle von Allgemeinen Geschäftsbedingungen«
§ 807 BGB, »Inhaberkarten und -marken«

Gutscheine II: Gültigkeitsfristen

Irrtum:
Abgelaufene Gutscheine können nicht mehr eingelöst werden.

Richtig ist:
Zu kurze Gültigkeitsfristen von Gutscheinen lassen sich nicht ohne weiteres vereinbaren.

Der Anspruch auf Einlösung eines entgeltlichen Kino- oder Einkaufsgutscheins verjährt innerhalb dreier Jahre gerechnet ab dem Ende des Ausstellungsjahres. Oft ist auf dem Gutschein aber ein deutlich früheres Ablaufdatum vermerkt, nach welchem eine Einlösung nach dem Willen des Ausstellers nicht mehr möglich sein soll.

Zwar kann die Gültigkeit entgeltlich erworbener Gutscheine tatsächlich befristet werden. Das gilt vor allem dann, wenn die Befristung individuell zwischen dem Aussteller und dem Empfänger des Gutscheins ausgehandelt wurde. Ein solcher Fall ist jedoch natürlich die Ausnahme. Denn in der Regel wird die Befristung zwischen den Beteiligten nicht verhandelt, sondern vom Gutscheinaussteller einseitig vorgegeben, indem er auf dem Gutschein zum Beispiel vermerkt: »Gültig bis 30. 06. 2007.«

Wenn der Aussteller die Gültigkeitsdauer des Gutscheins auf diese Weise einseitig vorschreibt, muss er gewisse Grenzen beachten. Er kann den Gutschein nicht zu jedem beliebigen Datum ablaufen lassen. Es gibt zeitliche Mindestlaufzeiten, die nicht unterschritten werden dürfen. Genau dies passiert in der Praxis jedoch häufig.

Das Landgericht München I zum Beispiel erklärte eine Gutscheinlaufzeit von 10 Monaten für zu kurz[21]. Sie stelle eine unangemessene Benachteiligung des Kunden dar. Das Oberlandesgericht Hamburg war sogar der Meinung, eine Befristung von weniger als zwei Jahren bei einem Kinogutschein sei zu kurz bemessen[22].

Wer also noch »abgelaufene« Gutscheine besitzt, sollte sie nicht wegwerfen. Wenn die Ablauffrist weniger als zwei Jahre beträgt, sind die Chancen, den Gutschein doch noch einlösen zu können, recht hoch.

Und wie sieht es aus, wenn der Besitzer des Gutscheins

ihn gar nicht einlösen will? Nicht jeder freut sich, wenn er einen Bungee-Sprung zum Geburtstag geschenkt bekommt. Eine Barauszahlung des Gutscheinbetrages ist nach einer Entscheidung des Amtsgerichts Northeim in solchen Fällen jedoch nicht möglich. Sie kommt höchstens in Betracht, wenn der Aussteller des Gutscheins innerhalb der Gültigkeitsdauer nicht mehr in der Lage ist, die geschuldete Leistung zu erbringen[23]. Wenn also zum Beispiel ein Kino seine Pforten für immer schließt, muss es am letzten Tag alle noch nicht abgelaufenen Gutscheine zurücknehmen und den dafür gezahlten Preis an den Besitzer des Gutscheins zurückerstatten.

Bei Interesse siehe hierzu:
§ 307 Abs. 1 BGB (Bürgerliches Gesetzbuch), »Inhalts-
kontrolle«

Gutscheine III:
Gutschrift statt Gewährleistung?

Irrtum:
Wer eine mangelhafte Ware reklamiert, muss eine Gutschrift als Ersatz akzeptieren.

Richtig ist:
Bei einer berechtigten Reklamation muss niemand eine Gutschrift als Ersatz annehmen.

Immer wieder kommt es vor, dass Verkäufer versuchen, ihre Kunden im Falle einer Reklamation mit Gutschriften als Ersatz für die mangelhafte Kaufsache abzuspeisen. Sie nehmen die Ware zwar zurück. Der Käufer soll jedoch nicht seine gesetzlichen Gewährleistungsansprüche ausüben, sondern lediglich eine Gutschrift erhalten, mit der er sich irgendwann im Sortiment des Verkäufers eine andere Ware aussuchen kann.

Wer wirklich einen Grund zur Beschwerde hat, d.h., wer eine tatsächlich mangelhafte Ware gekauft hat, sollte sich keinesfalls mit einer bloßen Gutschrift zufrieden geben. Er sollte stattdessen auf die Erfüllung seiner gesetzlichen Gewährleistungsansprüche bestehen. Innerhalb der gesetzlichen Gewährleistungsfrist von zwei Jahren muss der Verkäufer einer von Anfang an fehlerhaften Sache die Ware reparieren oder ersetzen. Wenn zwei Reparaturversuche fehlschlagen, kann der Käufer vom Kaufvertrag zurücktreten. Das heißt, er gibt die Ware zurück und erhält sein Geld wieder. Alternativ kann er sich dazu entscheiden, die Kaufsache zu behalten und den Preis angemessen zu mindern. Der Verkäufer muss ihm dann einen Teil des Kaufpreises zurückerstatten.

Eine bloße Gutschrift reicht in Fällen berechtigter Reklamationen also niemals aus. Wer sie dennoch akzeptiert, verzichtet damit gleichzeitig endgültig auf seine gesetzlichen Gewährleistungsansprüche auf Neulieferung bzw. Nachbesserung.

Bei Interesse siehe hierzu:
§ 437 BGB (Bürgerliches Gesetzbuch), »Rechte des Käufers bei Mängeln«
§ 439 BGB, »Nacherfüllung«
§ 440 BGB, »Besondere Bestimmungen für Rücktritt und Schadensersatz«
§ 441 BGB, »Minderung«

Kredite für Kinder

Irrtum:
Die Eltern müssen die überzogenen Girokonten und offenen Handyrechnungen ihrer Kinder ausgleichen.

Richtig ist:
Eltern müssen nicht für die Schulden ihrer Kinder aufkommen.

Das Problem der Verschuldung von Kindern und Jugendlichen ist bekannt. Vor allem hohe Handyrechnungen und Dispo-Kredite auf den Girokonten Jugendlicher führen dazu, dass immer mehr Minderjährige in die Schuldenfalle tappen. Wenn die gesetzlichen Vertreter, d. h. in der Regel die Eltern, den Handy- bzw. Kontoführungsverträgen ihrer Kinder zugestimmt hatten, können die Banken, Telefongesellschaften oder sonstigen Gläubiger von den Kindern Zahlung verlangen. Etwas anderes gilt nur, wenn zum Beispiel im Kontoführungsvertrag ausdrücklich vorgesehen war, dass es nur auf Guthabenbasis geführt wird, d. h., dass es nicht überzogen werden darf. Lässt es die Bank in einem solchen Fall trotzdem zu, dass das Konto überzogen wird, kann sie von dem minderjährigen Kontoinhaber kein Geld verlangen. Genauso verhält es sich im Fall von Handyverträgen. Wenn die Eltern nur damit einverstanden waren, dass ihr minderjähriger Nachwuchs eine Prepaid-Karte bekommt, hat die Telefongesellschaft kein Recht, dem Jugendlichen die Kosten nicht im Voraus bezahlter Gespräche nachträglich in Rechnung zu stellen.

Wie sieht es aber aus, wenn die Eltern tatsächlich ausdrücklich ihre Zustimmung dazu erklärt haben, dass ihre Kinder Schulden machen? In einem solchen Fall fühlen sie sich häufig für die Schulden ihrer Kinder rechtlich mitverantwortlich und übernehmen diese. Das ist zwar hochanständig, eine automatische Verpflichtung der Eltern, für die Schulden ihrer Kinder aufzukommen, besteht jedoch nie. Die elterliche Genehmigung der Handy- bzw. Kontoführungsverträge ihrer minderjährigen Kinder kann hieran nichts ändern. Nur wenn die Eltern außerdem noch eine Bürgschaftserklärung gegenüber der Bank oder Telefongesellschaft abgegeben haben, müssen sie zahlen. Sie müssen also ausdrücklich und schriftlich erklärt haben: »Ja, wir werden für die Schulden unserer Kinder aufkommen.« Wenn die Eltern keine solche Bürgschaft abgegeben, sondern nur ihre Zustimmung dazu erklärt haben, dass ihre Kinder Schulden machen dürfen, dann sind die Kinder allein für ihre Schulden verantwortlich. Wenn der Nachwuchs nicht in der Lage ist, die offenen Rechnungen und überzogenen Girokonten auszugleichen, können die Gläubiger nicht die Eltern, sondern nur die Kinder auf Zahlung verklagen. Den gerichtlichen Zahlungstitel können die Gläubiger anschließend zu den Akten nehmen und noch bis zu 30 Jahre später wieder aus der Schublade ziehen, um aus ihm die Zwangsvollstreckung gegen die dann erwachsenen Kinder zu betreiben – natürlich einschließlich der bis dahin aufgelaufenen Zinsen.

Wer seinen Kindern diese Perspektive ersparen möchte, wird ihre Schulden natürlich übernehmen, auch wenn er hierzu rechtlich nicht verpflichtet ist. Die Eltern befinden sich in einem solchen Fall allerdings in einer recht guten Verhandlungsposition. Die Gläubiger wissen genau, dass sie ihr Geld von den Kindern möglicherweise nie, jedenfalls aber erst sehr viel später erhalten werden. Wenn die Eltern in einer solchen Situation anbieten, freiwillig für die Schulden aufzukommen, ist der Gläubiger möglicherweise bereit, die Schuldsumme zu reduzieren. Denn ihm wird der Spatz in der Hand häufig lieber sein als die Taube auf dem Dach.

Bei Interesse siehe hierzu:
§ 107 BGB (Bürgerliches Gesetzbuch), »Einwilligung des gesetzlichen Vertreters«

Kühlschrankkauf im Kleingedruckten

Irrtum:
Was in allgemeinen Geschäftsbedingungen steht, ist auf jeden Fall bindend.

Richtig ist:
Viele Klauseln in allgemeinen Geschäftsbedingungen sind unwirksam. Man muss sie nicht befolgen.

Manch einer wird nicht müde, jeden, dem er ein beliebiges Dokument zur Unterschrift hinhält, augenzwinkernd zu beruhigen: »Keine Angst! Im Kleingedruckten steht nicht drin, dass Sie einen Kühlschrank kaufen müssen!«

So wenig phantasievoll der reichlich abgedroschene Kühlschrankhinweis ist, so sinnlos ist er auch. Denn Klauseln in allgemeinen Geschäftsbedingungen (dem

Kleingedruckten), die den Verbraucher überrumpeln, weil sie so ungewöhnlich und überraschend sind, dass kein Mensch mit ihnen rechnen muss, sind unwirksam. Dies gälte mit Sicherheit für Kühlschrankkaufklauseln zum Beispiel in Fitnessstudio-, Handy- oder Zeitschriftenabonnementverträgen. Sie wären daher null und nichtig und niemand müsste sich an sie halten.

Was in allgemeinen Geschäftsbedingungen (AGBs) wirksam vereinbart werden kann und was nicht, ist auch ansonsten vor allem zu Gunsten von Verbrauchern gesetzlich streng geregelt. Weil in der Praxis normalerweise kein Mensch eine Lupe zur Hand nimmt, um die oft in winzigen Lettern gehaltene Vertragsrückseite zu entziffern, hat der Gesetzgeber hohe Hürden für die Verwender der AGBs aufgestellt. Nicht nur überraschende Bestimmungen wie die Kühlschrankklausel sind unwirksam. Auch mehrdeutige Bestimmungen oder solche, die den Verpflichteten »entgegen den Geboten von Treu und Glauben unangemessen benachteiligen«, sind nicht bindend. Das Gesetz nennt einige Beispiele, wann dies der Fall ist. Einseitige Rücktrittsrechte oder Preiserhöhungsklauseln zum Beispiel können in den meisten Fällen nicht so ohne weiteres im Kleingedruckten vereinbart werden.

Die meisten Verbraucher machen sich überhaupt keine Vorstellung davon, wie häufig es in der Praxis vorkommt, dass allgemeine Geschäftsbedingungen von den Gerichten für unwirksam erklärt werden. Sie gehen ganz einfach davon aus, dass die Bank, die Versicherung oder die Telefongesellschaft nur hundertprozentig wasserdichte und geprüfte Vertragsklauseln in ihre AGBs aufnehmen werden. Schließlich verfügen solche Unternehmen ja über große Rechtsabteilungen, die genau wissen, was sie tun.

Zunächst einmal sei dahingestellt, ob Rechtsabteilungen wirklich immer wissen, was sie tun. Wie überall im Leben gibt es hier Licht und Schatten. Wie fähig oder unfähig der individuelle Jurist war, der die AGBs für ein bestimmtes Unternehmen oder einen Dachverband entworfen hat, ist jedoch häufig noch nicht einmal von entscheidender Bedeutung. Denn eines muss man sich klar vor Augen halten: Jeder Verwender von AGBs ist grundsätzlich bemüht, die rechtlichen Möglichkeiten, die ihm das Gesetz bietet, bis zum Äußersten auszuschöpfen. Viele AGB-Klauseln bewegen sich daher in einer rechtlichen Grauzone und laufen ständig Gefahr, von der Rechtsprechung für nichtig erklärt zu werden. Den Verwendern der AGBs ist dies durchaus bewusst. Sie vertrauen jedoch darauf, dass jedermann sich der Autorität und »offiziellen Wirkung« ihres Vertragswerks beugen wird. Und allzu häufig haben sie mit dieser Strategie auch Erfolg.

Wer Zweifel hat, ob eine allgemeine Geschäftsbedingung, mit der er konfrontiert wird, wirklich wirksam ist, für den kann es sich also lohnen, den Vertrag zunächst einmal anwaltlich überprüfen zu lassen.

Bei Interesse siehe hierzu:
§ 305 c BGB (Bürgerliches Gesetzbuch), »Überraschende und mehrdeutige Klauseln«
§ 307 BGB, »Inhaltskontrolle«
§ 308 BGB, »Klauselverbote mit Wertungsmöglichkeit«
§ 309 BGB, »Klauselverbote ohne Wertungsmöglichkeit«

Recht auf Leitungswasser?

Irrtum:
Im Restaurant hat man Anspruch darauf, günstiges Leitungswasser serviert zu bekommen.

Richtig ist:
Der Restaurantbesitzer muss nichts verkaufen, was er nicht verkaufen will.

In vielen Ländern wird zu den Mahlzeiten ausschließlich oder zumindest ergänzend Leitungswasser getrunken. Manch deutscher Tourist kommt aus dem Frankreichurlaub zurück und ist so begeistert von dieser exotischen Sitte, dass er nun auch im Gasthof zur Post und beim Chinesen um die Ecke darauf besteht, einen Krug Leitungswasser zum Rahmschnitzel bzw. zum Chop Suey serviert zu bekommen.

Nun gibt es jedoch in deutschen Gastronomiebetrieben – und dazu kann man mittlerweile wohl auch die seit Jahrzehnten bei uns etablierten Chinarestaurants zählen – zwei eherne Getränkeregeln: »Draußen gibt´s nur Kännchen« heißt die eine und »Leitungswasser servieren wir nicht, Sie können Mineralwasser haben« heißt die andere.

Die Regel mit dem Kännchen ist bereits so alt, dass sich jeder an sie gewöhnt hat und sich kaum noch jemand darüber aufregt. Sie muss schon seit jeher bestehen, denn sogar in Namibia, dem früheren Deutsch-Südwestafrika, soll man diesen Satz in Straßencafés noch heute zu hören bekommen und sich sogleich ganz zu Hause fühlen.

Völlig anders sieht es jedoch mit der zweiten Regel aus. Wer sich solch eine hübsche Sitte wie die mit dem Leitungswasser aus dem Urlaub mitgebracht hat und sein neu gewonnenes mediterranes Lebensgefühl nun unbedingt auch in deutschen Gaststätten ausleben möchte, der findet es natürlich furchtbar spießig und einfach »typisch deutsch«, wenn man ihm diesen feinen Genuss verweigert und stattdessen nur schnödes Mineralwasser aus der Vulkaneifel servieren möchte.

Dumm ist der Leitungswasserboykott vieler deutscher Gastronomen natürlich nicht. Für einen Liter ordinären Wassers aus dem Hahn kann man schließlich guten Gewissens keine 7,50 € verlangen. Bei einer Flasche Mineralwasser sieht das – jedenfalls in einigen Lokalen – schon anders aus. Vermutlich regen sich auch deshalb so viele Gäste darüber auf, dass ihnen ihr Wunsch nicht erfüllt wird.

Ihnen sei jedoch gesagt: Ein Restaurantbetreiber kann frei darüber entscheiden, welche Getränke er verkauft und welche nicht. Der Gast hat natürlich keinen Anspruch darauf, Leitungswasser serviert zu bekommen, auch wenn er den »Mineralwasserzwang« als üble Abzocke gieriger Wirte und Ausdruck teutonischer Unkultur verurteilt. Wer kein Mineralwasser, sondern partout Leitungswasser trinken möchte, dem wird daher nichts anderes übrig bleiben, als das Lokal zu wechseln.

Rechtsweg ausgeschlossen?

Irrtum:
Wenn es in einem Preisausschreiben heißt: »Der Rechtsweg ist ausgeschlossen«, kann der Gewinn nicht eingeklagt werden.

Richtig ist:
Der Rechtsweg kann nicht einseitig ausgeschlossen werden.

Ein fast nicht mehr zu überbietendes Beispiel dreister Volksverdummung ist der Satz »Der Rechtsweg ist ausgeschlossen«, den man in jedem Preisausschreiben findet. Der Autor dieses Buches gibt zu, dass er selbst lange gerätselt hat, was die Veranstalter der Preisausschreiben mit diesem Satz eigentlich aussagen wollen. Ich konnte mir einfach nicht vorstellen, dass sie allen Ernstes glauben, man könne das deutsche Recht einfach mal so durch einen schlichten Satz auf einem Gewinnspielcoupon ausschließen. Genau so scheint es jedoch tatsächlich zu sein. Und weil alle Preisausschreibenveranstalter bei dem Spielchen mitmachen und diesen Spruch schon seit Jahrzehnten voneinander abschreiben, hat sich die deutsche Öffentlichkeit so an das juristische Phantom des angeblich ausgeschlossenen Rechtsweges gewöhnt, dass kaum noch jemand seine Rechtswirksamkeit hinterfragt.

Dies könnte sich jedoch lohnen, denn natürlich ist der einseitige Ausschluss des Rechtsweges durch einen Gewinnspielveranstalter nicht möglich[25]. Wer also zum Beispiel eine Gewinnbenachrichtigung erhält (»Sie haben bereits garantiert 25 000,– € gewonnen!«) und dann auf

Auszahlung des Gewinn,es klagt, braucht sich vom Veranstalter des Preisausschreibens nicht entgegenhalten zu lassen, dass der Rechtsweg in den Spielbedingungen ausgeschlossen ist. Eine Klausel in allgemeinen Teilnahmebedingungen, die gegenüber den Spielern einseitig den Rechtsweg ausschließt, ist demnach zwar eine lustige und pfiffige Idee. Sie ist jedoch ungefähr genauso wirksam wie ein Vermerk auf Ihrer Steuererklärung, mit dem Sie, lieber Leser, gegenüber dem Finanzamt die Geltung des deutschen Steuerrechts ausschließen – mit der Folge, dass Sie keine Steuern mehr zahlen müssen. Sie können ja mal ausprobieren, ob Sie damit durchkommen.

Bei Interesse siehe hierzu:
§ 661 a BGB (Bürgerliches Gesetzbuch), »Gewinnzusagen«

Taxischlange

Irrtum:
Man muss immer das erste Taxi in der Warteschlange nehmen.

Richtig ist:
Jeder Fahrgast hat das Recht, sich sein Taxi nach Belieben auszuwählen.

Wer schon einmal versucht hat, nicht in das erste Fahrzeug einer Schlange wartender Taxis einzusteigen, sondern in eines der hinteren, dürfte auf Schwierigkeiten gestoßen sein. Zwischen den Fahrern besteht eine stillschweigende Übereinkunft, dass immer der erste in der

Schlange den nächsten Fahrgast aufnehmen darf. Fair ist diese Regelung natürlich, denn schließlich warten die vorderen Taxis schon am längsten auf Kundschaft. Und Taxifahrer wissen ein Lied davon zu singen, dass die Standzeiten vor allem an besonders lukrativen Standorten wie Flughäfen im Extremfall mehrere Stunden betragen können. Da kann es schon ärgerlich sein, wenn einem der gerade erst hinzugekommene Kollege eine Fahrt vor der Nase wegschnappt.

Dem Fahrgast, der keine Lust hat, bis zum Anfang der Schlange zu laufen, werden daher die weiter hinten wartenden Fahrer mitteilen, dass sie ihn nicht fahren dürfen. Er müsse sich schon zu dem Wagen ganz vorne in der Schlange bemühen. Doch haben die Fahrer tatsächlich Recht mit dieser Behauptung? Natürlich nicht! Ihr Fahrgastverteilungssystem mag aus Sicht der Fahrer ja sinnvoll und fair sein. Es ist trotzdem eine rein interne Regelung, an die die Fahrgäste in keiner Weise gebunden sind. Das Leben ist eben nicht immer fair!

Wenn ein Passagier daher nicht in das vordere Fahrzeug einsteigen will, weil es ihm beispielsweise zu altersschwach und schmuddelig aussieht, er ein Nichtrauchertaxi wünscht oder ihm ganz einfach die Fahrzeugmarke nicht zusagt (»Ich fahre nur Mercedes!«), ist es sein gutes Recht, sich jedes beliebige Taxi in der Schlange auszusuchen. Eine Begründung für diesen Wunsch muss er nicht liefern. Es reicht der Satz: »Ich möchte aber lieber mit Ihnen fahren!« Der so auserkorene Taxifahrer ist dann verpflichtet, den Fahrgast mitzunehmen. Er darf die Beförderung nicht mit dem Hinweis verweigern, dass man ja das Taxi ganz vorne in der Schlange nehmen könne.

Letztlich liegt diese Wahlfreiheit auch im Interesse eines freien Wettbewerbs. Schließlich steht es jedem Taxiunternehmer frei, sich ein neues, sauberes Nichtrauchertaxi einer beliebten Automarke zuzulegen, wenn sein altes Gefährt bei den Kunden nicht mehr ankommt. So funktioniert eben die Marktwirtschaft. Auch aus diesem Grund sollten die Fahrgäste entschlossen und selbstbewusst von ihrem Recht der freien Taxiwahl Gebrauch machen.

Bei Interesse siehe hierzu:
Art. 2 Abs. 1 GG (Grundgesetz), »Persönliche Freiheitsrechte«

Umtausch I: Originalverpackung erforderlich?

Irrtum:
Mangelhafte Ware kann ich nur reklamieren, wenn ich die Originalverpackung noch habe.

Richtig ist:
Auch ohne Originalverpackung hat man einen Anspruch auf Reparatur oder Ersatz mangelhafter Ware.

Verkäufer lassen sich mitunter ausgesprochen amüsante Begründungen dafür einfallen, weshalb sie angeblich nicht verpflichtet seien, eine mangelhafte Ware zurückzunehmen. Mal behaupten sie, der Käufer müsse ihnen einen Kassenbon vorweisen, mal heißt es, reduzierte Ware könne überhaupt niemals zurückgenommen werden. Im *Lexikon der Rechtsirrtümer* – dem Vorgängerband zu diesem Buch – wurden diese und andere beliebte Verkäuferausflüchte bereits richtig gestellt.

Nicht weniger weit verbreitet und nicht weniger falsch ist die Behauptung, der Käufer könne eine Ware – zum Beispiel einen defekten Computer – nur dann reklamieren, wenn er die Originalverpackung noch habe. Es ist ganz erstaunlich, wie viele Menschen tatsächlich hieran glauben und allen Ernstes die Originalkartons ihrer diversen Fernseher, Bügeleisen und Videorekorder aufbewahren – rein vorsorglich, für den Fall der Fälle. Ihnen allen kann eine beruhigende Mitteilung gemacht werden: Sie können Ihren Speicher und Ihr Bügelzimmer getrost von all den gehorteten alten Pappkartons entrümpeln. Denn die gesetzlichen Gewährleistungsansprüche bei mangelhaften Kaufsachen greifen, egal ob man die Originalverpackung noch hat oder nicht.

Ein Käufer hat stets das Recht, eine defekte Ware reparieren oder gegen ein intaktes Produkt eintauschen zu lassen. Diese Rechte hat der Käufer natürlich auch dann, wenn er die Originalverpackung längst weggeworfen hat. Wenn er einen defekten Computer stattdessen in Plastiktüten verpackt zurück ins Geschäft bringt, ist das sein gutes Recht. Der Verkäufer mag sich darüber ärgern, weil er nun selbst einen Karton besorgen und das Gerät zum Hersteller schicken muss. Aber das ist nicht das Problem des Käufers.

Zusammenfassend sollte man sich also merken: Mangelhafte Ware kann man reklamieren, egal, welche Ausflüchte sich der Verkäufer einfallen lässt. Ob die defekte Ware original verpackt ist oder nicht, spielt überhaupt keine Rolle. Die Betonung liegt hier allerdings auf dem Wort *defekt*. Wenn der gekaufte Computer völlig in Ordnung ist und dem Käufer nach ein paar Tagen ganz einfach nicht mehr gefällt, dann hat er überhaupt kein Recht, ihn umzutauschen. Wenn der Verkäufer in solchen Fällen freiwillig einen Umtausch anbietet, dann kann er ihn selbstverständlich von so vielen Bedingungen abhängig machen, wie er will. Er kann also zum Beispiel auch verlangen, dass der Käufer die Originalverpackung vorlegt. Da spätestens zwei Wochen nach dem Kauf ohnehin kaum noch ein Verkäufer Geräte aus Kulanz umtauscht, kann man also spätestens dann die alten Pappkartons wegwerfen.

Bei Interesse siehe hierzu:
§ 437 BGB (Bürgerliches Gesetzbuch), »Rechte des Käufers bei Mängeln«
§ 439 BGB, »Nacherfüllung«
§ 440 BGB, »Besondere Bestimmungen für Rücktritt und Schadensersatz«
§ 441 BGB, »Minderung«

Umtausch II:
Keine Reklamation von CDs, DVDs, Computerspielen und benutzten Waren?

Irrtum:
CDs, DVDs, Computerspiele und generell benutzte Waren können nicht reklamiert werden, wenn der Verkäufer ein entsprechendes Schild aufhängt.

Richtig ist:
Sämtliche defekte Waren können reklamiert werden.

Dieser Rechtsirrtum funktioniert nach dem gleichen Muster wie die Ausrede mit der angeblich notwendigen Originalverpackung. Es gibt Waren, die ein Verkäufer auch nach einem Umtausch noch mehr oder weniger problemlos an einen anderen Kunden weiterverkaufen kann. Dies gilt zum Beispiel für Kleidungsstücke wie Pullover oder Jeans-Hosen. Anders sieht es etwa bei CDs, DVDs, Computerspielen oder Unterwäsche aus. Einmal benutzt sind solche Waren nicht mehr verkäuflich. Kein Verkäufer nimmt sie daher gerne zurück. Aus diesem Grund finden sich in vielen Geschäften Schilder, die bestimmte Produktgruppen oder generell alle benutzten Waren vom Umtausch ausschließen.

Aber natürlich gelten auch diese Schilder nur für den freiwilligen Umtausch auf Kulanzbasis. Wer eine berechtigte Reklamation vortragen kann, hat selbstverständlich die Möglichkeit, auch CDs, DVDs oder Computerspiele ins Geschäft zurückzubringen und Nachbesserung oder Umtausch gegen fehlerfreie Neuware zu verlangen. Und auch, dass eine Ware bereits benutzt wurde, ist natürlich kein Grund, sie von der gesetzlichen Verkäuferhaftung für mangelhafte Kaufsachen auszuschließen. Ohne eine Ware zu benutzen, kann man in vielen Fällen schließlich überhaupt nicht feststellen, dass sie defekt ist.

Bei Interesse siehe hierzu:
§ 437 BGB (Bürgerliches Gesetzbuch), »Rechte des Käufers bei Mängeln«
§ 439 BGB, »Nacherfüllung«
§ 440 BGB, »Besondere Bestimmungen für Rücktritt und Schadensersatz«
§ 441 BGB, »Minderung«

Umtausch III:
Wochenfrist bei Reklamationen?

Irrtum:
Waren können nur innerhalb einer Woche nach dem Kauf umgetauscht bzw. reklamiert werden.

Richtig ist:
Defekte Waren können auch noch zwei Jahre nach dem Kauf reklamiert werden.

Auch der Irrtum von der vermeintlichen Wochenfrist bei der Reklamation defekter Waren führt in Deutschland immer wieder zu Verwirrung. Viele Verbraucher glauben, sie hätten nach dem Kauf einer Ware nur eine Woche Zeit, diese ins Geschäft zurückzubringen und zu reklamieren, falls mit ihr irgendetwas nicht in Ordnung ist. Das Gesetz geht jedoch von erheblich längeren Gewährleistungsfristen aus. Verbrauchsgüter kann der Käufer noch bis zu zwei Jahre nach dem Tag reklamieren, an dem er die Kaufsache entgegengenommen hat. Innerhalb der ersten sechs Monate dieser Frist wird zu Gunsten des Verbrauchers sogar gesetzlich vermutet, dass der Mangel bereits von Anfang an bestand. Für den Verbraucher spricht also eine so genannte Beweislastumkehr. Der Verkäufer muss ihm beweisen, dass die Kaufsache fehlerfrei war, als sie dem Käufer übergeben wurde.

Das Märchen von der Wochenfrist beruht auf dem gleichen Missverständnis wie die in den vorangegangenen Kapiteln behandelten Rechtsirrtümer. Aus Kulanz nehmen viele Verkäufer Waren auch dann zurück, wenn diese nicht fehlerhaft sind. Selbstverständlich haben sie dann das Recht, diesen freiwilligen Service nach Belieben zeitlich zu begrenzen. In der Praxis wählen viele Verkäufer eine Frist von einer oder zwei Wochen. Bringt der Käufer die Ware innerhalb dieses Zeitraums in einem noch verkäuflichen Zustand zurück und kann auch noch seinen Kassenbon vorlegen, dann wird er häufig mit einem Umtauschwunsch auch dann Glück haben, wenn die Ware völlig in Ordnung ist und der Verkäufer sie deshalb eigentlich nicht zurücknehmen müsste.

Bei Interesse siehe hierzu:
§ 438 Abs. 1 Nr. 3 BGB (Bürgerliches Gesetzbuch), »Verjährung der Mängelansprüche«
§ 476 BGB, »Beweislastumkehr«

Verschleißteile

Irrtum:
Für Verschleißteile gibt es keine Haftung.

Richtig ist:
Auch für Verschleißteile gelten grundsätzlich die gesetzlichen Gewährleistungsvorschriften.

»Tut uns leid, das ist ein Verschleißteil. Dafür übernehmen wir keine Haftung!« Sprüche wie diesen bekommen Verbraucher häufig zu hören, wenn sie eine defekte Ware zurück ins Geschäft bringen und reklamieren wollen. Selbst in den AGBs (dem »Kleingedruckten«) vieler Unternehmen findet man mitunter geradezu rührende

Formulierungen wie die folgende: »Für Verschleißteile ist leider jegliche Gewährleistung ausgeschlossen.« Aber so einfach ist das nicht.

Richtig ist zwar: Normale Verschleißerscheinungen stellen keinen Mangel einer Kaufsache dar. Irgendwann geht schließlich jede Sache einmal kaputt. Das heißt jedoch nicht, dass die Haftung für Verschleiß- oder Verbrauchsteile völlig ausgeschlossen werden kann. Denn nicht jeder Verschleiß ist »normaler« Verschleiß. Anderenfalls könnten Elektrohändler ohne Angst vor Gewährleistungsansprüchen Glühbirnen verkaufen, die alle schon eine Minute nach dem ersten Einschalten durchbrennen. Jedem muss einleuchten, dass das nicht rechtens sein kann.

Wenn der Käufer ein Verbraucher und der Verkäufer ein Unternehmen ist, gilt daher auch bei Verschleiß- und Verbrauchsteilen immer die Grundregel des Gewährleistungsrechts: Der Verkäufer haftet zwei Jahre lang dafür, dass die Kaufsache bei der Übergabe an den Käufer mangelfrei war. Die anfängliche Mangelfreiheit muss der Verkäufer beweisen, wenn sich der Fehler in den ersten sechs Monaten nach der Übergabe zeigt. Wenn zum Beispiel der Bremszug eines neuen Fahrrades bereits nach vier Wochen aufgrund von Materialermüdung reißt, wird man wohl von einem Sachmangel sprechen können. Denn Bremszüge halten in der Regel auch bei täglicher Nutzung deutlich länger als vier Wochen. Der Verkäufer muss daher nachweisen, dass der Mangel keine Folge schlechter Materialverarbeitung war, sondern der Fahrer die Bremse zum Beispiel falsch bedient hat. Diesen Beweis wird der Verkäufer jedoch in der Regel kaum führen können. Nach sechs Monaten wendet sich dann das Blatt. Nun muss umgekehrt der Käufer beweisen, dass der Mangel schon im Zeitpunkt der Übergabe angelegt war. Dies wird wiederum ihm nur schwer gelingen.

Käufer, die beim Händler ihren Neuwagen reklamieren, weil bereits bei der ersten Fahrt Zahnriemen, Zündkerzen und Scheibenwischerblätter den Geist aufgeben, brauchen sich also nicht zu sorgen. Es spielt überhaupt keine Rolle, ob diese Teile Verschleißteile sind oder nicht. Auch neue Zahnriemen, Zündkerzen und Scheibenwischerblätter müssen in Ordnung sein, wenn sie verkauft werden. Wenn sie schon nach unverhältnismäßig kurzer Zeit kaputtgehen, können sie nur fehlerhaft gewesen sein, wenn der Verkäufer keinen Handhabungsfehler des Käufers nachweisen kann.

Wenn die neuen Scheibenwischerblätter dagegen erst nach ein bis zwei Jahren intensiver Nutzung ausgetauscht werden müssen, liegt wohl kein Mangel, sondern eine typische Verschleißerscheinung vor. Gewährleistungsansprüche kommen dann nicht in Betracht. Nicht anders sieht es natürlich bei *gebrauchten* Kaufsachen aus. Wer beim Autohändler keinen Neuwagen, sondern zum Beispiel einen gebrauchten Audi V8 mit einem Kilometerstand von ca. 110 000 ersteht, kann sich laut eines Gerichtsurteils nicht auf einen Sachmangel berufen, wenn der Zahnriemen reißt[26]. Der Käufer musste einfach damit rechnen, dass derart alte Verschleißteile irgendwann einmal ausgetauscht werden müssen.

Zusammenfassend kann man sich also merken:

Verschleißteile, die natürliche Abnutzungsspuren entwickeln, sind deshalb nicht mangelhaft, können also auch nicht reklamiert werden. Schäden an Verschleißteilen, die über das normale Maß hinausgehen, stellen dagegen einen Mangel dar. Sie lösen die üblichen gesetzlichen Gewährleistungsansprüche aus, die Sie im Kapitel »Aufschrauben defekter Geräte« nachlesen können.

Bei Interesse siehe hierzu:
§ 437 BGB (Bürgerliches Gesetzbuch), »Rechte des Käufers bei Mängeln«
§ 439 BGB, »Nacherfüllung«
§ 440 BGB, »Besondere Bestimmungen für Rücktritt und Schadensersatz«
§ 441 BGB, »Minderung«
§ 475 Abs. 1 BGB, »Abweichende Vereinbarungen«
§ 476 BGB, »Beweislastumkehr«

Zurückbuchen von Überweisungen

Irrtum:
Überweisungen kann man innerhalb von sechs Wochen zurückbuchen.

Richtig ist:
Eine Überweisung kann nicht mehr einseitig rückgängig gemacht werden, wenn das Geld bereits bei der Empfängerbank angelangt ist und dort zur Gutschrift bereitsteht.

Mitarbeiter von Banken und Sparkassen erleben es immer wieder, dass Kunden vor ihrem Schalter erscheinen und darum bitten, das Kreditinstitut möge doch eine Überweisung zurückbuchen. Innerhalb von sechs

Wochen nach Erteilung des Überweisungsauftrages sei dies problemlos möglich, so glauben viele.

Doch das ist ein Irrtum. Wer bei seiner Bank eine Überweisung in Auftrag gibt, schließt mit der Bank einen so genannten Überweisungsvertrag. Diesen kann der Kunde zwar kündigen. Die Kündigung muss dem Kreditinstitut des Überweisungsempfängers jedoch mitgeteilt werden, bevor das Geld dort angekommen ist und zur Gutschrift auf das Konto des Empfängers bereitsteht. Dabei ist es noch nicht einmal nötig, dass die Gutschrift selbst auch schon stattgefunden hat. Schon bevor das Geld auf dem Konto des Empfängers angelangt ist, ist es für eine »Rückbuchung« also bereits zu spät. Der Überweisende kommt ohne Zustimmung des Überweisungsempfängers nicht mehr an sein Geld heran.

Die Legende von der Sechswochenfrist, innerhalb derer man angeblich jede Überweisung zurückbuchen lassen kann, beruht übrigens auf einem Missverständnis. Sie gilt nach den allgemeinen Geschäftsbedingungen der meisten Banken für Einwendungen gegen Lastschriften. Wer einem anderen eine Einzugsermächtigung erteilt hat, überlegt es sich nach der Abbuchung manchmal anders und möchte das Geld zurückerhalten. Wenn er der Abbuchung jedoch nicht innerhalb von sechs Wochen nach Erhalt des Rechnungsabschlusses widerspricht, gilt die Abbuchung als genehmigt.

Zusammenfassend kann man sich also merken: Wer selbst von seinem Konto Geld überweist, hat nur wenig Zeit, diesen Schritt wieder rückgängig zu machen. Anders sieht es aus, wenn der Zahlungsempfänger das Geld per Einzugsermächtigung abgebucht hat. Dann hat der Inhaber des belasteten Kontos ab Erhalt des Rechnungsabschlusses noch sechs Wochen Zeit, um die Buchung rückgängig zu machen.

Bei Interesse siehe hierzu:
§ 676 a Abs. 4 BGB (Bürgerliches Gesetzbuch), »Vertrags-typische Pflichten, Kündigung«

Anmerkungen

1 BGHZ (Amtliche Sammlung der Entscheidungen des Bundesgerichtshofs in Zivilsachen) 101, 186–193

2 LG (Landgericht) Ravensburg, NJW (Neue Juristische Wochenschrift) 1987, 3142

3 BAG (Bundesarbeitsgericht), Az. 5 AZR 171/76

4 BVerfG (Bundesverfassungsgericht), Az. 1 BvR 649/04

5 LG Lübeck, Az. 14 S 221/00

6 LG Berlin, Az. 64 S 213/94

7 AG (Amtsgericht) Hamburg, Az. 43 bC 1717/91

8 Zitiert nach: Historische Gesellschaft der Deutschen Bank e. V. (Hg.): Bank und Geschichte, Historische Rundschau, Nr. 5, S. 1, 2004

9 OLG (Oberlandesgericht) Karlsruhe, Az. 2 Ss 166/99

10 Die Definition in § 5 Abs. 3 BetrVG (Betriebsverfassungsgesetz) gilt nicht ohne weiteres für andere Gesetze.

11 BAG, Az. 7 ABR 33/94

12 BVerfGE (Amtliche Sammlung der Entscheidungen des Bundesverfassungsgerichts) 90, 1, 45

13 BVerfGE 45, 187–271

14 Quelle: Online Bürger-Service der Stadt Köln

15 AG Gemünden, DAR (Deutsches Autorecht) 1997, 251

16 OLG Köln, VerkMitt (Verkehrsrechtliche Mitteilungen) 1974, Nr. 31

17 OLG Sachsen-Anhalt, DAR 1998, 28–29

18 OLG Hamm, VersR (Versicherungsrecht) 1993, 1290

19 AG Köln, VersR 1984, 1179

20 OLG Düsseldorf, Az. 6 U 45/00

21 LG München I, Az. 7 O 2109/95

22 OLG Hamburg, Az. 10 U 11/00

23 AG Northeim, Az. 3 C 460/88

24 AG Northeim, Az. 3 C 460/88

25 OLG Hamburg, Az. 9 U 63/03; ebenso: LG München I, Az. 6 O 22041/02

26 AG Offenbach, Az. 380 C 286/02

Gesetzestexte

Nicht alle Paragraphen und Artikel sind vollständig zitiert. Es wurden zum Teil lediglich diejenigen Absätze aufgenommen, die für das Verständnis der im Buch behandelten Probleme besonders wichtig sind. Soweit landesrechtliche Vorschriften greifen, konnten an dieser Stelle nur die gesetzlichen Bestimmungen im Land Nordrhein-West-falen dargestellt werden. In der Regel existieren in den übrigen Bundesländern jedoch identische Gesetze.

AKB (Allgemeine Bedingungen für die Kraftfahrversicherung)

§ 7
Obliegenheiten im Versicherungsfall
(2) Nr. 1) Bei Haftpflichtschäden ist der Versicherungsnehmer nicht berechtigt, ohne vorherige Zustimmung des Versicherers einen Anspruch ganz oder zum Teil anzuerkennen oder zu befriedigen. Das gilt nicht, falls der Versicherungsnehmer nach den Umständen die Anerkennung oder die Befriedigung nicht ohne offenbare Unbilligkeit verweigern konnte.

AO (Abgabenordnung)

§ 149
Abgabe der Steuererklärungen
(1) Die Steuergesetze bestimmen, wer zur Abgabe einer Steuer-

erklärung verpflichtet ist. Zur Abgabe einer Steuererklärung ist auch verpflichtet, wer hierzu von der Finanzbehörde aufgefordert wird. Die Aufforderung kann durch öffentliche Bekanntmachung erfolgen. Die Verpflichtung zur Abgabe einer Steuererklärung bleibt auch dann bestehen, wenn die Finanzbehörde die Besteuerungsgrundlagen geschätzt hat (§ 162).

(2) Soweit die Steuergesetze nichts anderes bestimmen, sind Steuererklärungen, die sich auf ein Kalenderjahr oder einen gesetzlich bestimmten Zeitpunkt beziehen, spätestens fünf Monate danach abzugeben. Bei Steuerpflichtigen, die den Gewinn aus Land- und Forstwirtschaft nach einem vom Kalenderjahr abweichenden Wirtschaftsjahr ermitteln, endet die Frist nicht vor Ablauf des dritten Monats, der auf den Schluss des in dem Kalenderjahr begonnenen Wirtschaftsjahrs folgt.

BestG NW (Bestattungsgesetz Nordrhein-Westfalen)

§ 9
Leichenschau, Todesbescheinigung und Unterrichtung der Behörden

(5) Finden die Ärztinnen und Ärzte an den Verstorbenen Anhaltspunkte für einen Tod durch Selbsttötung, Unfall oder Einwirkung Dritter (nicht natürlichen Tod) oder deuten sonstige Umstände darauf hin, so brechen sie die Leichenschau ab, unterrichten unverzüglich die Polizeibehörde und sorgen dafür, dass bis zum Eintreffen der Polizei Veränderungen weder an Toten noch an deren Umgebung vorgenommen werden.

(6) Kann die Identität Toter nicht festgestellt werden, ist nach Beendigung der Leichenschau durch diejenigen, die diese veranlasst haben, oder hilfsweise durch die Ärztin oder den Arzt unverzüglich die Polizeibehörde zu unterrichten.

BetrVG (Betriebsverfassungsgesetz)

§ 5
Arbeitnehmer

(3) Dieses Gesetz findet, soweit in ihm nicht ausdrücklich etwas anderes bestimmt ist, keine Anwendung auf leitende Angestellte. Leitender Angestellter ist, wer nach Arbeitsvertrag und Stellung im Unternehmen oder im Betrieb

1. zur selbständigen Einstellung und Entlassung von im Betrieb oder in der Betriebsabteilung beschäftigten Arbeitnehmern berechtigt ist oder

2. Generalvollmacht oder Prokura hat und die Prokura auch im Verhältnis zum Arbeitgeber nicht unbedeutend ist oder

3. regelmäßig sonstige Aufgaben wahrnimmt, die für den Bestand und die Entwicklung des Unternehmens oder eines Betriebs von Bedeutung sind und deren Erfüllung besondere Erfahrungen und Kenntnisse voraussetzt, wenn er dabei entweder die Entscheidungen im Wesentlichen frei von Weisungen trifft oder sie maßgeblich beeinflusst; dies kann auch bei Vorgaben insbesondere aufgrund von Rechtsvorschriften, Plänen oder Richtlinien sowie bei Zusammenarbeit mit anderen leitenden Angestellten gegeben sein.

(4) Leitender Angestellter nach Absatz 3 Nr. 3 ist im Zweifel, wer

1. aus Anlass der letzten Wahl des Betriebsrats, des Sprecherausschusses oder von Aufsichtsratsmitgliedern der Arbeitnehmer oder durch rechtskräftige gerichtliche Entscheidung den leitenden Angestellten zugeordnet worden ist oder

2. einer Leitungsebene angehört, auf der in dem Unternehmen überwiegend leitende Angestellte vertreten sind, oder

3. ein regelmäßiges Jahresarbeitsentgelt erhält, das für leitende Angestellte in dem Unternehmen üblich ist, oder,

4. falls auch bei der Anwendung der Nummer 3 noch Zweifel bleiben, ein regelmäßiges Jahresarbeitsentgelt erhält, das das Dreifache der Bezugsgröße nach § 18 des Vierten Buches Sozialgesetzbuch überschreitet.

§ 102
Mitbestimmung bei Kündigungen

(1) Der Betriebsrat ist vor jeder Kündigung zu hören. Der Arbeitgeber hat ihm die Gründe für die Kündigung mitzuteilen. Eine ohne Anhörung des Betriebsrats ausgesprochene Kündigung ist unwirksam.

(2) Hat der Betriebsrat gegen eine ordentliche Kündigung Bedenken, so hat er diese unter Angabe der Gründe dem Arbeitgeber spätestens innerhalb einer Woche schriftlich mitzuteilen. Äußert er sich innerhalb dieser Frist nicht, gilt seine Zustimmung zur Kündigung als erteilt. Hat der Betriebsrat gegen eine außerordentliche Kündigung Bedenken, so hat er diese unter Angabe der Gründe dem Arbeitgeber unverzüglich, spätestens jedoch innerhalb von drei Tagen, schriftlich mitzuteilen. Der Betriebsrat soll, soweit dies erforderlich erscheint, vor seiner Stellungnahme den betroffenen Arbeitnehmer hören. § 99 Abs. 1 Satz 3 gilt entsprechend.

(3) Der Betriebsrat kann innerhalb der Frist des Absatzes 2 Satz 1 der ordentlichen Kündigung widersprechen, wenn

1. der Arbeitgeber bei der Auswahl des zu kündigenden Arbeitnehmers soziale Gesichtspunkte nicht oder nicht ausreichend berücksichtigt hat,

2. die Kündigung gegen eine Richtlinie nach § 95 verstößt,

3. der zu kündigende Arbeitnehmer an einem anderen Arbeitsplatz im selben Betrieb oder in einem anderen Betrieb des Unternehmens weiterbeschäftigt werden kann,

4. die Weiterbeschäftigung des Arbeitnehmers nach zumutbaren Umschulungs- oder Fortbildungsmaßnahmen möglich ist oder

5. eine Weiterbeschäftigung des Arbeitnehmers unter ge-

änderten Vertragsbedingungen möglich ist und der Arbeitnehmer sein Einverständnis hiermit erklärt hat.

(4) Kündigt der Arbeitgeber, obwohl der Betriebsrat nach Absatz 3 der Kündigung widersprochen hat, so hat er dem Arbeitnehmer mit der Kündigung eine Abschrift der Stellungnahme des Betriebsrats zuzuleiten.

(5) Hat der Betriebsrat einer ordentlichen Kündigung frist- und ordnungsgemäß widersprochen, und hat der Arbeitnehmer nach dem Kündigungsschutzgesetz Klage auf Feststellung erhoben, dass das Arbeitsverhältnis durch die Kündigung nicht aufgelöst ist, so muss der Arbeitgeber auf Verlangen des Arbeitnehmers diesen nach Ablauf der Kündigungsfrist bis zum rechtskräftigen Abschluss des Rechtsstreits bei unveränderten Arbeitsbedingungen weiterbeschäftigen. Auf Antrag des Arbeitgebers kann das Gericht ihn durch einstweilige Verfügung von der Verpflichtung zur Weiterbeschäftigung nach Satz 1 entbinden, wenn

1. die Klage des Arbeitnehmers keine hinreichende Aussicht auf Erfolg bietet oder mutwillig erscheint oder

2. die Weiterbeschäftigung des Arbeitnehmers zu einer unzumutbaren wirtschaftlichen Belastung des Arbeitgebers führen würde oder

3. der Widerspruch des Betriebsrats offensichtlich unbegründet war.

§ 103
Außerordentliche Kündigung und Versetzung in besonderen Fällen

(1) Die außerordentliche Kündigung von Mitgliedern des Betriebsrats, der Jugend- und Auszubildendenvertretung, der Bordvertretung und des Seebetriebsrats, des Wahlvorstands sowie von Wahlbewerbern bedarf der Zustimmung des Betriebsrats.

(2) Verweigert der Betriebsrat seine Zustimmung, so kann das Arbeitsgericht sie auf Antrag des Arbeitgebers ersetzen, wenn

die außerordentliche Kündigung unter Berücksichtigung aller Umstände gerechtfertigt ist. In dem Verfahren vor dem Arbeitsgericht ist der betroffene Arbeitnehmer Beteiligter.

(3) Die Versetzung der in Absatz 1 genannten Personen, die zu einem Verlust des Amtes oder der Wählbarkeit führen würde, bedarf der Zustimmung des Betriebsrats; dies gilt nicht, wenn der betroffene Arbeitnehmer mit der Versetzung einverstanden ist. Absatz 2 gilt entsprechend mit der Maßgabe, dass das Arbeitsgericht die Zustimmung zu der Versetzung ersetzen kann, wenn diese auch unter Berücksichtigung der betriebsverfassungsrechtlichen Stellung des betroffenen Arbeitnehmers aus dringenden betrieblichen Gründen notwendig ist.

BGB (Bürgerliches Gesetzbuch)

§ 107
Einwilligung des gesetzlichen Vertreters
Der Minderjährige bedarf zu einer Willenserklärung, durch die er nicht lediglich einen rechtlichen Vorteil erlangt, der Einwilligung seines gesetzlichen Vertreters.

§ 132
Ersatz des Zugehens durch Zustellung
(1) Eine Willenserklärung gilt auch dann als zugegangen, wenn sie durch Vermittlung eines Gerichtsvollziehers zugestellt worden ist. Die Zustellung erfolgt nach den Vorschriften der Zivilprozessordnung.

§ 145
Bindung an den Antrag
Wer einem anderen die Schließung eines Vertrags anträgt, ist an den Antrag gebunden, es sei denn, dass er die Gebundenheit ausgeschlossen hat.

§ 162
Verhinderung oder Herbeiführung des Bedingungseintritts
(1) Wird der Eintritt der Bedingung von der Partei, zu deren Nachteil er gereichen würde, wider Treu und Glauben verhindert, so gilt die Bedingung als eingetreten.
(2) Wird der Eintritt der Bedingung von der Partei, zu deren Vorteil er gereicht, wider Treu und Glauben herbeigeführt, so gilt der Eintritt als nicht erfolgt.

§ 193
Sonn- und Feiertag; Sonnabend
Ist an einem bestimmten Tage oder innerhalb einer Frist eine Willenserklärung abzugeben oder eine Leistung zu bewirken und fällt der bestimmte Tag oder der letzte Tag der Frist auf einen Sonntag, einen am Erklärungs- oder Leistungsort staat-· lich anerkannten allgemeinen Feiertag oder einen Sonnabend, so tritt an die Stelle eines solchen Tages der nächste Werktag.

§ 227
Notwehr
(1) Eine durch Notwehr gebotene Handlung ist nicht widerrechtlich.
(2) Notwehr ist diejenige Verteidigung, welche erforderlich ist, um einen gegenwärtigen rechtswidrigen Angriff von sich oder einem anderen abzuwenden.

§ 242
Leistung nach Treu und Glauben
Der Schuldner ist verpflichtet, die Leistung so zu bewirken, wie Treu und Glauben mit Rücksicht auf die Verkehrssitte es erfordern.

§ 305 c
Überraschende und mehrdeutige Klauseln
(1) Bestimmungen in Allgemeinen Geschäftsbedingungen, die

nach den Umständen, insbesondere nach dem äußeren Erscheinungsbild des Vertrags, so ungewöhnlich sind, dass der Vertragspartner des Verwenders mit ihnen nicht zu rechnen braucht, werden nicht Vertragsbestandteil.

(2) Zweifel bei der Auslegung Allgemeiner Geschäftsbedingungen gehen zu Lasten des Verwenders.

§ 307
Inhaltskontrolle

(1) Bestimmungen in Allgemeinen Geschäftsbedingungen sind unwirksam, wenn sie den Vertragspartner des Verwenders entgegen den Geboten von Treu und Glauben unangemessen benachteiligen. Eine unangemessene Benachteiligung kann sich auch daraus ergeben, dass die Bestimmung nicht klar und verständlich ist.

(2) Eine unangemessene Benachteiligung ist im Zweifel anzunehmen, wenn eine Bestimmung

1. mit wesentlichen Grundgedanken der gesetzlichen Regelung, von der abgewichen wird, nicht zu vereinbaren ist oder

2. wesentliche Rechte oder Pflichten, die sich aus der Natur des Vertrags ergeben, so einschränkt, dass die Erreichung des Vertragszwecks gefährdet ist.

§ 308
Klauselverbote mit Wertungsmöglichkeit

In Allgemeinen Geschäftsbedingungen ist insbesondere unwirksam

1. (Annahme- und Leistungsfrist)
eine Bestimmung, durch die sich der Verwender unangemessen lange oder nicht hinreichend bestimmte Fristen für die Annahme oder Ablehnung eines Angebots oder die Erbringung einer Leistung vorbehält; ausgenommen hiervon ist der Vorbehalt, erst nach Ablauf der Widerrufs- oder Rückgabefrist nach § 355 Abs. 1 und 2 und § 356 zu leisten;

2. (Nachfrist)

eine Bestimmung, durch die sich der Verwender für die von ihm zu bewirkende Leistung abweichend von Rechtsvorschriften eine unangemessen lange oder nicht hinreichend bestimmte Nachfrist vorbehält;

3. (Rücktrittsvorbehalt)

die Vereinbarung eines Rechts des Verwenders, sich ohne sachlich gerechtfertigten und im Vertrag angegebenen Grund von seiner Leistungspflicht zu lösen; dies gilt nicht für Dauerschuldverhältnisse;

4. (Änderungsvorbehalt)

die Vereinbarung eines Rechts des Verwenders, die versprochene Leistung zu ändern oder von ihr abzuweichen, wenn nicht die Vereinbarung der Änderung oder Abweichung unter Berücksichtigung der Interessen des Verwenders für den anderen Vertragsteil zumutbar ist;

5. (Fingierte Erklärungen)

eine Bestimmung, wonach eine Erklärung des Vertragspartners des Verwenders bei Vornahme oder Unterlassung einer bestimmten Handlung als von ihm abgegeben oder nicht abgegeben gilt, es sei denn, dass

    a) dem Vertragspartner eine angemessene Frist zur Abgabe einer ausdrücklichen Erklärung eingeräumt ist und

    b) der Verwender sich verpflichtet, den Vertragspartner bei Beginn der Frist auf die vorgesehene Bedeutung seines Verhaltens besonders hinzuweisen;

dies gilt nicht für Verträge, in die Teil B der Verdingungsordnung für Bauleistungen insgesamt einbezogen ist;

6. (Fiktion des Zugangs)

eine Bestimmung, die vorsieht, dass eine Erklärung des Verwenders von besonderer Bedeutung dem anderen Vertragsteil als zugegangen gilt;

7. (Abwicklung von Verträgen)

eine Bestimmung, nach der der Verwender für den Fall, dass

eine Vertragspartei vom Vertrag zurücktritt oder den Vertrag kündigt,

a) eine unangemessen hohe Vergütung für die Nutzung oder den Gebrauch einer Sache oder eines Rechts oder für erbrachte Leistungen oder

b) einen unangemessen hohen Ersatz von Aufwendungen verlangen kann;

8. (Nichtverfügbarkeit der Leistung)

die nach Nummer 3 zulässige Vereinbarung eines Vorbehalts des Verwenders, sich von der Verpflichtung zur Erfüllung des Vertrags bei Nichtverfügbarkeit der Leistung zu lösen, wenn sich der Verwender nicht verpflichtet,

a) den Vertragspartner unverzüglich über die Nichtverfügbarkeit zu informieren und

b) Gegenleistungen des Vertragspartners unverzüglich zu erstatten.

§ 309
Klauselverbote ohne Wertungsmöglichkeit

Auch soweit eine Abweichung von den gesetzlichen Vorschriften zulässig ist, ist in Allgemeinen Geschäftsbedingungen unwirksam

1. (Kurzfristige Preiserhöhungen)

eine Bestimmung, welche die Erhöhung des Entgelts für Waren oder Leistungen vorsieht, die innerhalb von vier Monaten nach Vertragsschluss geliefert oder erbracht werden sollen; dies gilt nicht bei Waren oder Leistungen, die im Rahmen von Dauerschuldverhältnissen geliefert oder erbracht werden;

2. (Leistungsverweigerungsrechte)

eine Bestimmung, durch die

a) das Leistungsverweigerungsrecht, das dem Vertragspartner des Verwenders nach § 320 zusteht, ausgeschlossen oder eingeschränkt wird oder

b) ein dem Vertragspartner des Verwenders zustehendes

Zurückbehaltungsrecht, soweit es auf demselben Vertragsverhältnis beruht, ausgeschlossen oder eingeschränkt, insbesondere von der Anerkennung von Mängeln durch den Verwender abhängig gemacht wird;

3. (Aufrechnungsverbot)

eine Bestimmung, durch die dem Vertragspartner des Verwenders die Befugnis genommen wird, mit einer unbestrittenen oder rechtskräftig festgestellten Forderung aufzurechnen;

4. (Mahnung, Fristsetzung)

eine Bestimmung, durch die der Verwender von der gesetzlichen Obliegenheit freigestellt wird, den anderen Vertragsteil zu mahnen oder ihm eine Frist für die Leistung oder Nacherfüllung zu setzen;

5. (Pauschalierung von Schadensersatzansprüchen)

die Vereinbarung eines pauschalierten Anspruchs des Verwenders auf Schadensersatz oder Ersatz einer Wertminderung, wenn

a) die Pauschale den in den geregelten Fällen nach dem gewöhnlichen Lauf der Dinge zu erwartenden Schaden oder die gewöhnlich eintretende Wertminderung übersteigt oder

b) dem anderen Vertragsteil nicht ausdrücklich der Nachweis gestattet wird, ein Schaden oder eine Wertminderung sei überhaupt nicht entstanden oder wesentlich niedriger als die Pauschale;

6. (Vertragsstrafe)

eine Bestimmung, durch die dem Verwender für den Fall der Nichtabnahme oder verspäteten Abnahme der Leistung, des Zahlungsverzugs oder für den Fall, dass der andere Vertragsteil sich vom Vertrag löst, Zahlung einer Vertragsstrafe versprochen wird;

7. (Haftungsausschluss bei Verletzung von Leben, Körper, Gesundheit und bei grobem Verschulden)

a) (Verletzung von Leben, Körper, Gesundheit)

ein Ausschluss oder eine Begrenzung der Haftung für Schäden aus der Verletzung des Lebens, des Körpers oder der Gesundheit, die auf einer fahrlässigen Pflichtverletzung des Verwenders oder einer vorsätzlichen oder fahrlässigen Pflichtverletzung eines gesetzlichen Vertreters oder Erfüllungsgehilfen des Verwenders beruhen;

b) (Grobes Verschulden)

ein Ausschluss oder eine Begrenzung der Haftung für sonstige Schäden, die auf einer grob fahrlässigen Pflichtverletzung des Verwenders oder auf einer vorsätzlichen oder grob fahrlässigen Pflichtverletzung eines gesetzlichen Vertreters oder Erfüllungsgehilfen des Verwenders beruhen;

die Buchstaben a und b gelten nicht für Haftungsbeschränkungen in den nach Maßgabe des Personenbeförderungsgesetzes genehmigten Beförderungsbedingungen und Tarifvorschriften der Straßenbahnen, Obusse und Kraftfahrzeuge im Linienverkehr, soweit sie nicht zum Nachteil des Fahrgasts von der Verordnung über die Allgemeinen Beförderungsbedingungen für den Straßenbahn- und Obusverkehr sowie den Linienverkehr mit Kraftfahrzeugen vom 27. Februar 1970 abweichen; Buchstabe b gilt nicht für Haftungsbeschränkungen für staatlich genehmigte Lotterie- oder Ausspielverträge;

8. (Sonstige Haftungsausschlüsse bei Pflichtverletzung)

a) (Ausschluss des Rechts, sich vom Vertrag zu lösen)

eine Bestimmung, die bei einer vom Verwender zu vertretenden, nicht in einem Mangel der Kaufsache oder des Werkes bestehenden Pflichtverletzung das Recht des anderen Vertragsteils, sich vom Vertrag zu lösen, ausschließt oder einschränkt; dies gilt nicht für die in der Nummer 7 bezeichneten Beförderungsbedingungen und Tarifvorschriften unter den dort genannten Voraussetzungen;

b) (Mängel)

eine Bestimmung, durch die bei Verträgen über Liefe-
rungen neu hergestellter Sachen und über Werkleistungen

aa) (Ausschluss und Verweisung auf Dritte)
die Ansprüche gegen den Verwender wegen eines
Mangels insgesamt oder bezüglich einzelner Teile
ausgeschlossen, auf die Einräumung von Ansprüchen
gegen Dritte beschränkt oder von der vorherigen gerichtlichen Inanspruchnahme Dritter abhängig gemacht werden;

bb) (Beschränkung auf Nacherfüllung)
die Ansprüche gegen den Verwender insgesamt oder
bezüglich einzelner Teile auf ein Recht auf Nacherfüllung beschränkt werden, sofern dem anderen Vertragsteil nicht ausdrücklich das Recht vorbehalten
wird, bei Fehlschlagen der Nacherfüllung zu mindern
oder, wenn nicht eine Bauleistung Gegenstand der
Mängelhaftung ist, nach seiner Wahl vom Vertrag
zurückzutreten;

cc) (Aufwendungen bei Nacherfüllung)
die Verpflichtung des Verwenders ausgeschlossen
oder beschränkt wird, die zum Zwecke der Nacherfüllung erforderlichen Aufwendungen, insbesondere
Transport-, Wege-, Arbeits- und Materialkosten, zu
tragen;

dd) (Vorenthalten der Nacherfüllung)
der Verwender die Nacherfüllung von der vorherigen
Zahlung des vollständigen Entgelts oder eines unter
Berücksichtigung des Mangels unverhältnismäßig
hohen Teils des Entgelts abhängig macht;

ee) (Ausschlussfrist für Mängelanzeige)
der Verwender dem anderen Vertragsteil für die Anzeige nicht offensichtlicher Mängel eine Ausschlussfrist setzt, die kürzer ist als die nach dem Doppel-
buchstaben ff zulässige Frist;

ff) (Erleichterung der Verjährung)
die Verjährung von Ansprüchen gegen den Verwender wegen eines Mangels in den Fällen des § 438 Abs. 1 Nr. 2 und des § 634a Abs. 1 Nr. 2 erleichtert oder in den sonstigen Fällen eine weniger als ein Jahr betragende Verjährungsfrist ab dem gesetzlichen Verjährungsbeginn erreicht wird; dies gilt nicht für Verträge, in die Teil B der Verdingungsordnung für Bauleistungen insgesamt einbezogen ist;

9. (Laufzeit bei Dauerschuldverhältnissen)
bei einem Vertragsverhältnis, das die regelmäßige Lieferung von Waren oder die regelmäßige Erbringung von Dienst- oder Werkleistungen durch den Verwender zum Gegenstand hat,

a) eine den anderen Vertragsteil länger als zwei Jahre bindende Laufzeit des Vertrags,

b) eine den anderen Vertragsteil bindende stillschweigende Verlängerung des Vertragsverhältnisses um jeweils mehr als ein Jahr oder

c) zu Lasten des anderen Vertragsteils eine längere Kündigungsfrist als drei Monate vor Ablauf der zunächst vorgesehenen oder stillschweigend verlängerten Vertragsdauer;

dies gilt nicht für Verträge über die Lieferung als zusammengehörig verkaufter Sachen, für Versicherungsverträge sowie für Verträge zwischen den Inhabern urheberrechtlicher Rechte und Ansprüche und Verwertungsgesellschaften im Sinne des Gesetzes über die Wahrnehmung von Urheberrechten und verwandten Schutzrechten;

10. (Wechsel des Vertragspartners)
eine Bestimmung, wonach bei Kauf-, Dienst- oder Werkverträgen ein Dritter anstelle des Verwenders in die sich aus dem Vertrag ergebenden Rechte und Pflichten eintritt oder eintreten kann, es sei denn, in der Bestimmung wird

a) der Dritte namentlich bezeichnet oder

b) dem anderen Vertragsteil das Recht eingeräumt, sich vom Vertrag zu lösen;

11. (Haftung des Abschlussvertreters)

eine Bestimmung, durch die der Verwender einem Vertreter, der den Vertrag für den anderen Vertragsteil abschließt,

a) ohne hierauf gerichtete ausdrückliche und gesonderte Erklärung eine eigene Haftung oder Einstandspflicht oder

b) im Falle vollmachtsloser Vertretung eine über § 179 hinausgehende Haftung auferlegt;

12. (Beweislast)

eine Bestimmung, durch die der Verwender die Beweislast zum Nachteil des anderen Vertragsteils ändert, insbesondere indem er

a) diesem die Beweislast für Umstände auferlegt, die im Verantwortungsbereich des Verwenders liegen, oder

b) den anderen Vertragsteil bestimmte Tatsachen bestätigen lässt;

Buchstabe b gilt nicht für Empfangsbekenntnisse, die gesondert unterschrieben oder mit einer gesonderten qualifizierten elektronischen Signatur versehen sind;

13. (Form von Anzeigen und Erklärungen)

eine Bestimmung, durch die Anzeigen oder Erklärungen, die dem Verwender oder einem Dritten gegenüber abzugeben sind, an eine strengere Form als die Schriftform oder an besondere Zugangserfordernisse gebunden werden.

§ 433
Vertragstypische Pflichten beim Kaufvertrag

(1) Durch den Kaufvertrag wird der Verkäufer einer Sache verpflichtet, dem Käufer die Sache zu übergeben und das Eigentum an der Sache zu verschaffen. Der Verkäufer hat dem Käufer die Sache frei von Sach- und Rechtsmängeln zu verschaffen.

(2) Der Käufer ist verpflichtet, dem Verkäufer den vereinbarten Kaufpreis zu zahlen und die gekaufte Sache abzunehmen.

§ 437
Rechte des Käufers bei Mängeln

Ist die Sache mangelhaft, kann der Käufer, wenn die Voraussetzungen der folgenden Vorschriften vorliegen und soweit nicht ein anderes bestimmt ist,

1. nach § 439 Nacherfüllung verlangen,
2. nach den §§ 440, 323 und 326 Abs. 5 von dem Vertrag zurücktreten oder nach § 441 den Kaufpreis mindern und
3. nach den §§ 440, 280, 281, 283 und 311a Schadensersatz oder nach § 284 Ersatz vergeblicher Aufwendungen verlangen.

§ 438
Verjährung der Mängelansprüche

(1) Die in § 437 Nr. 1 und 3 bezeichneten Ansprüche verjähren

1. in 30 Jahren, wenn der Mangel

    a) in einem dinglichen Recht eines Dritten, auf Grund dessen Herausgabe der Kaufsache verlangt werden kann, oder

    b) in einem sonstigen Recht, das im Grundbuch eingetragen ist,

    besteht,

2. in fünf Jahren

    a) bei einem Bauwerk und

    b) bei einer Sache, die entsprechend ihrer üblichen Verwendungsweise für ein Bauwerk verwendet worden ist und dessen Mangelhaftigkeit verursacht hat, und

3. im Übrigen in zwei Jahren.

(2) Die Verjährung beginnt bei Grundstücken mit der Übergabe, im Übrigen mit der Ablieferung der Sache.

(3) Abweichend von Absatz 1 Nr. 2 und 3 und Absatz 2 verjähren die Ansprüche in der regelmäßigen Verjährungsfrist, wenn der Verkäufer den Mangel arglistig verschwiegen hat. Im Falle des Absatzes 1 Nr. 2 tritt die Verjährung jedoch nicht vor Ablauf der dort bestimmten Frist ein.

§ 439
Nacherfüllung

(1) Der Käufer kann als Nacherfüllung nach seiner Wahl die Beseitigung des Mangels oder die Lieferung einer mangelfreien Sache verlangen.

(2) Der Verkäufer hat die zum Zwecke der Nacherfüllung erforderlichen Aufwendungen, insbesondere Transport-, Wege-, Arbeits- und Materialkosten zu tragen.

(3) Der Verkäufer kann die vom Käufer gewählte Art der Nacherfüllung unbeschadet des § 275 Abs. 2 und 3 verweigern, wenn sie nur mit unverhältnismäßigen Kosten möglich ist. Dabei sind insbesondere der Wert der Sache in mangelfreiem Zustand, die Bedeutung des Mangels und die Frage zu berücksichtigen, ob auf die andere Art der Nacherfüllung ohne erhebliche Nachteile für den Käufer zurückgegriffen werden könnte. Der Anspruch des Käufers beschränkt sich in diesem Fall auf die andere Art der Nacherfüllung; das Recht des Verkäufers, auch diese unter den Voraussetzungen des Satzes 1 zu verweigern, bleibt unberührt.

(4) Liefert der Verkäufer zum Zwecke der Nacherfüllung eine mangelfreie Sache, so kann er vom Käufer Rückgewähr der mangelhaften Sache nach Maßgabe der §§ 346 bis 348 verlangen.

§ 440
Besondere Bestimmungen für Rücktritt und Schadensersatz

Außer in den Fällen des § 281 Abs. 2 und des § 323 Abs. 2 bedarf es der Fristsetzung auch dann nicht, wenn der Verkäufer beide Arten der Nacherfüllung gemäß § 439 Abs. 3 verweigert oder wenn die dem Käufer zustehende Art der Nacherfüllung fehlgeschlagen oder ihm unzumutbar ist. Eine Nachbesserung gilt nach dem erfolglosen zweiten Versuch als fehlgeschlagen, wenn sich nicht insbesondere aus der Art der Sache oder des Mangels oder den sonstigen Umständen etwas anderes ergibt.

§ 441
Minderung

(1) Statt zurückzutreten, kann der Käufer den Kaufpreis durch Erklärung gegenüber dem Verkäufer mindern. Der Ausschlussgrund des § 323 Abs. 5 Satz 2 findet keine Anwendung.

(2) Sind auf der Seite des Käufers oder auf der Seite des Verkäufers mehrere beteiligt, so kann die Minderung nur von allen oder gegen alle erklärt werden.

(3) Bei der Minderung ist der Kaufpreis in dem Verhältnis herabzusetzen, in welchem zur Zeit des Vertragsschlusses der Wert der Sache in mangelfreiem Zustand zu dem wirklichen Wert gestanden haben würde. Die Minderung ist, soweit erforderlich, durch Schätzung zu ermitteln.

(4) Hat der Käufer mehr als den geminderten Kaufpreis gezahlt, so ist der Mehrbetrag vom Verkäufer zu erstatten. § 346 Abs. 1 und § 347 Abs. 1 finden entsprechende Anwendung.

§ 444
Haftungsausschluss

Auf eine Vereinbarung, durch welche die Rechte des Käufers wegen eines Mangels ausgeschlossen oder beschränkt werden, kann sich der Verkäufer nicht berufen, soweit er den Mangel arglistig verschwiegen oder eine Garantie für die Beschaffenheit der Sache übernommen hat.

§ 475
Abweichende Vereinbarungen

(1) Auf eine vor Mitteilung eines Mangels an den Unternehmer getroffene Vereinbarung, die zum Nachteil des Verbrauchers von den §§ 433 bis 435, 437, 439 bis 443 sowie von den Vorschriften dieses Untertitels abweicht, kann der Unternehmer sich nicht berufen. Die in Satz 1 bezeichneten Vorschriften finden auch Anwendung, wenn sie durch anderweitige Gestaltungen umgangen werden.

§ 476
Beweislastumkehr
Zeigt sich innerhalb von sechs Monaten seit Gefahrübergang ein Sachmangel, so wird vermutet, dass die Sache bereits bei Gefahrübergang mangelhaft war, es sei denn, diese Vermutung ist mit der Art der Sache oder des Mangels unvereinbar.

§ 553
Gestattung der Gebrauchsüberlassung an Dritte
(1) Entsteht für den Mieter nach Abschluss des Mietvertrags ein berechtigtes Interesse, einen Teil des Wohnraums einem Dritten zum Gebrauch zu überlassen, so kann er von dem Vermieter die Erlaubnis hierzu verlangen. Dies gilt nicht, wenn in der Person des Dritten ein wichtiger Grund vorliegt, der Wohnraum übermäßig belegt würde oder dem Vermieter die Überlassung aus sonstigen Gründen nicht zugemutet werden kann.
(2) Ist dem Vermieter die Überlassung nur bei einer angemessenen Erhöhung der Miete zuzumuten, so kann er die Erlaubnis davon abhängig machen, dass der Mieter sich mit einer solchen Erhöhung einverstanden erklärt.
(3) Eine zum Nachteil des Mieters abweichende Vereinbarung ist unwirksam.

§ 554
Duldung von Erhaltungs- und Modernisierungsmaßnahmen
(1) Der Mieter hat Maßnahmen zu dulden, die zur Erhaltung der Mietsache erforderlich sind.
(2) Maßnahmen zur Verbesserung der Mietsache, zur Einsparung von Energie oder Wasser oder zur Schaffung neuen Wohnraums hat der Mieter zu dulden. Dies gilt nicht, wenn die Maßnahme für ihn, seine Familie oder einen anderen Angehörigen seines Haushalts eine Härte bedeuten würde, die auch unter Würdigung der berechtigten Interessen des Vermieters und anderer Mieter in dem Gebäude nicht zu rechtfertigen ist. Dabei sind insbesondere die vorzunehmenden Arbeiten, die

baulichen Folgen, vorausgegangene Aufwendungen des Mieters und die zu erwartende Mieterhöhung zu berücksichtigen. Die zu erwartende Mieterhöhung ist nicht als Härte anzusehen, wenn die Mietsache lediglich in einen Zustand versetzt wird, wie er allgemein üblich ist.

(3) Bei Maßnahmen nach Absatz 2 Satz 1 hat der Vermieter dem Mieter spätestens drei Monate vor Beginn der Maßnahme deren Art sowie voraussichtlichen Umfang und Beginn, voraussichtliche Dauer und die zu erwartende Mieterhöhung in Textform mitzuteilen. Der Mieter ist berechtigt, bis zum Ablauf des Monats, der auf den Zugang der Mitteilung folgt, außerordentlich zum Ablauf des nächsten Monats zu kündigen. Diese Vorschriften gelten nicht bei Maßnahmen, die nur mit einer unerheblichen Einwirkung auf die vermieteten Räume verbunden sind und nur zu einer unerheblichen Mieterhöhung führen.

(4) Aufwendungen, die der Mieter infolge einer Maßnahme nach Absatz 1 oder 2 Satz 1 machen musste, hat der Vermieter in angemessenem Umfang zu ersetzen. Auf Verlangen hat er Vorschuss zu leisten.

(5) Eine zum Nachteil des Mieters von den Absätzen 2 bis 4 abweichende Vereinbarung ist unwirksam.

§ 661a
Gewinnzusagen

Ein Unternehmer, der Gewinnzusagen oder vergleichbare Mitteilungen an Verbraucher sendet und durch die Gestaltung dieser Zusendungen den Eindruck erweckt, dass der Verbraucher einen Preis gewonnen hat, hat dem Verbraucher diesen Preis zu leisten.

§ 670
Ersatz von Aufwendungen

Macht der Beauftragte zum Zwecke der Ausführung des Auftrags Aufwendungen, die er den Umständen nach für erforderlich halten darf, so ist der Auftraggeber zum Ersatz verpflichtet.

§ 676a
Vertragstypische Pflichten, Kündigung

(4) Der Überweisende kann den Überweisungsvertrag vor Beginn der Ausführungsfrist jederzeit, danach nur kündigen, wenn die Kündigung dem Kreditinstitut des Begünstigten bis zu dem Zeitpunkt mitgeteilt wird, in dem der Überweisungsbetrag diesem Kreditinstitut endgültig zur Gutschrift auf dem Konto des Begünstigten zur Verfügung gestellt wird. Im Rahmen von Zahlungsverkehrssystemen kann eine Überweisung abweichend von Satz 1 bereits von dem in den Regeln des Systems bestimmten Zeitpunkt an nicht mehr gekündigt werden. Das überweisende Kreditinstitut hat die unverzügliche Information des Kreditinstituts des Begünstigten über eine Kündigung zu veranlassen.

§ 762
Spiel, Wette

(1) Durch Spiel oder durch Wette wird eine Verbindlichkeit nicht begründet. Das auf Grund des Spieles oder der Wette Geleistete kann nicht deshalb zurückgefordert werden, weil eine Verbindlichkeit nicht bestanden hat.

(2) Diese Vorschriften gelten auch für eine Vereinbarung, durch die der verlierende Teil zum Zwecke der Erfüllung einer Spiel- oder einer Wettschuld dem gewinnenden Teil gegenüber eine Verbindlichkeit eingeht, insbesondere für ein Schuldanerkenntnis.

§ 807
Inhaberkarten und -marken

Werden Karten, Marken oder ähnliche Urkunden, in denen ein Gläubiger nicht bezeichnet ist, von dem Aussteller unter Umständen ausgegeben, aus welchen sich ergibt, dass er dem Inhaber zu einer Leistung verpflichtet sein will, so finden die Vorschriften des § 793 Abs. 1 und der §§ 794, 796, 797 entsprechende Anwendung.

§ 824
Kreditgefährdung

(1) Wer der Wahrheit zuwider eine Tatsache behauptet oder verbreitet, die geeignet ist, den Kredit eines anderen zu gefährden oder sonstige Nachteile für dessen Erwerb oder Fortkommen herbeizuführen, hat dem anderen den daraus entstehenden Schaden auch dann zu ersetzen, wenn er die Unwahrheit zwar nicht kennt, aber kennen muss.

(2) Durch eine Mitteilung, deren Unwahrheit dem Mitteilenden unbekannt ist, wird dieser nicht zum Schadensersatz verpflichtet, wenn er oder der Empfänger der Mitteilung an ihr ein berechtigtes Interesse hat.

§ 854
Erwerb des Besitzes

(1) Der Besitz einer Sache wird durch die Erlangung der tatsächlichen Gewalt über die Sache erworben.

(2) Die Einigung des bisherigen Besitzers und des Erwerbers genügt zum Erwerb, wenn der Erwerber in der Lage ist, die Gewalt über die Sache auszuüben.

§ 858
Verbotene Eigenmacht

(1) Wer dem Besitzer ohne dessen Willen den Besitz entzieht oder ihn im Besitz stört, handelt, sofern nicht das Gesetz die Entziehung oder die Störung gestattet, widerrechtlich (verbotene Eigenmacht).

§ 859
Selbsthilfe des Besitzers

(1) Der Besitzer darf sich verbotener Eigenmacht mit Gewalt erwehren.

(2) Wird eine bewegliche Sache dem Besitzer mittels verbotener Eigenmacht weggenommen, so darf er sie dem auf frischer Tat betroffenen oder verfolgten Täter mit Gewalt wieder abnehmen.

§ 959
Aufgabe des Eigentums
Eine bewegliche Sache wird herrenlos, wenn der Eigentümer in der Absicht, auf das Eigentum zu verzichten, den Besitz der Sache aufgibt.

§ 971
Finderlohn
(1) Der Finder kann von dem Empfangsberechtigten einen Finderlohn verlangen. Der Finderlohn beträgt von dem Werte der Sache bis zu 500 Euro fünf vom Hundert, von dem Mehrwert drei vom Hundert, bei Tieren drei vom Hundert. Hat die Sache nur für den Empfangsberechtigten einen Wert, so ist der Finderlohn nach billigem Ermessen zu bestimmen.

(2) Der Anspruch ist ausgeschlossen, wenn der Finder die Anzeigepflicht verletzt oder den Fund auf Nachfrage verheimlicht.

§ 973
Eigentumserwerb des Finders
(1) Mit dem Ablauf von sechs Monaten nach der Anzeige des Fundes bei der zuständigen Behörde erwirbt der Finder das Eigentum an der Sache, es sei denn, dass vorher ein Empfangsberechtigter dem Finder bekannt geworden ist oder sein Recht bei der zuständigen Behörde angemeldet hat. Mit dem Erwerb des Eigentums erlöschen die sonstigen Rechte an der Sache.

(2) Ist die Sache nicht mehr als zehn Euro wert, so beginnt die sechsmonatige Frist mit dem Fund. Der Finder erwirbt das Eigentum nicht, wenn er den Fund auf Nachfrage verheimlicht. Die Anmeldung eines Rechts bei der zuständigen Behörde steht dem Erwerb des Eigentums nicht entgegen.

§ 978
Fund in öffentlicher Behörde oder Verkehrsanstalt
(1) Wer eine Sache in den Geschäftsräumen oder den Beförderungsmitteln einer öffentlichen Behörde oder einer dem öffent-

lichen Verkehr dienenden Verkehrsanstalt findet und an sich nimmt, hat die Sache unverzüglich an die Behörde oder die Verkehrsanstalt oder an einen ihrer Angestellten abzuliefern. Die Vorschriften der §§ 965 bis 967 und 969 bis 977 finden keine Anwendung.

(2) Ist die Sache nicht weniger als 50 Euro wert, so kann der Finder von dem Empfangsberechtigten einen Finderlohn verlangen. Der Finderlohn besteht in der Hälfte des Betrags, der sich bei Anwendung des § 971 Abs. 1 Satz 2, 3 ergeben würde. Der Anspruch ist ausgeschlossen, wenn der Finder Bediensteter der Behörde oder der Verkehrsanstalt ist oder der Finder die Ablieferungspflicht verletzt. Die für die Ansprüche des Besitzers gegen den Eigentümer wegen Verwendungen geltende Vorschrift des § 1001 findet auf den Finderlohnanspruch entsprechende Anwendung. Besteht ein Anspruch auf Finderlohn, so hat die Behörde oder die Verkehrsanstalt dem Finder die Herausgabe der Sache an einen Empfangsberechtigten anzuzeigen.

§ 1353
Eheliche Lebensgemeinschaft

(1) Die Ehe wird auf Lebenszeit geschlossen. Die Ehegatten sind einander zur ehelichen Lebensgemeinschaft verpflichtet; sie tragen füreinander Verantwortung.

(2) Ein Ehegatte ist nicht verpflichtet, dem Verlangen des anderen Ehegatten nach Herstellung der Gemeinschaft Folge zu leisten, wenn sich das Verlangen als Missbrauch seines Rechts darstellt oder wenn die Ehe gescheitert ist.

§ 1922
Gesamtrechtsnachfolge

(1) Mit dem Tode einer Person (Erbfall) geht deren Vermögen (Erbschaft) als Ganzes auf eine oder mehrere andere Personen (Erben) über.

(2) Auf den Anteil eines Miterben (Erbteil) finden die sich auf die Erbschaft beziehenden Vorschriften Anwendung.

§ 2247
Eigenhändiges Testament

(1) Der Erblasser kann ein Testament durch eine eigenhändig geschriebene und unterschriebene Erklärung errichten.

(2) Der Erblasser soll in der Erklärung angeben, zu welcher Zeit (Tag, Monat und Jahr) und an welchem Orte er sie niedergeschrieben hat.

(3) Die Unterschrift soll den Vornamen und den Familiennamen des Erblassers enthalten. Unterschreibt der Erblasser in anderer Weise und reicht diese Unterzeichnung zur Feststellung der Urheberschaft des Erblassers und der Ernstlichkeit seiner Erklärung aus, so steht eine solche Unterzeichnung der Gültigkeit des Testaments nicht entgegen.

(4) Wer minderjährig ist oder Geschriebenes nicht zu lesen vermag, kann ein Testament nicht nach obigen Vorschriften errichten.

(5) Enthält ein nach Absatz 1 errichtetes Testament keine Angabe über die Zeit der Errichtung und ergeben sich hieraus Zweifel über seine Gültigkeit, so ist das Testament nur dann als gültig anzusehen, wenn sich die notwendigen Feststellungen über die Zeit der Errichtung anderweit treffen lassen. Dasselbe gilt entsprechend für ein Testament, das keine Angabe über den Ort der Errichtung enthält.

BRAO (Bundesrechtsanwaltsordnung)

§ 43b
Werbung

Werbung ist dem Rechtsanwalt nur erlaubt, soweit sie über die berufliche Tätigkeit in Form und Inhalt sachlich unterrichtet und nicht auf die Erteilung eines Auftrags im Einzelfall gerichtet ist.

BtMG (Betäubungsmittelgesetz)

§ 29
Straftaten

(1) Mit Freiheitsstrafe bis zu fünf Jahren oder mit Geldstrafe wird bestraft, wer

1. Betäubungsmittel unerlaubt anbaut, herstellt, mit ihnen Handel treibt, sie, ohne Handel zu treiben, einführt, ausführt, veräußert, abgibt, sonst in den Verkehr bringt, erwirbt oder sich in sonstiger Weise verschafft,

2. eine ausgenommene Zubereitung (§ 2 Abs. 1 Nr. 3) ohne Erlaubnis nach § 3 Abs. 1 Nr. 2 herstellt,

3. Betäubungsmittel besitzt, ohne zugleich im Besitz einer schriftlichen Erlaubnis für den Erwerb zu sein,

4. (weggefallen)

5. entgegen § 11 Abs. 1 Satz 2 Betäubungsmittel durchführt,

6. entgegen § 13 Abs. 1 Betäubungsmittel
   a) verschreibt,
   b) verabreicht oder zum unmittelbaren Verbrauch überlässt,

7. entgegen § 13 Abs. 2 Betäubungsmittel in einer Apotheke oder tierärztlichen Hausapotheke abgibt,

8. entgegen § 14 Abs. 5 für Betäubungsmittel wirbt,

9. unrichtige oder unvollständige Angaben macht, um für sich oder einen anderen oder für ein Tier die Verschreibung eines Betäubungsmittels zu erlangen,

10. einem anderen eine Gelegenheit zum unbefugten Erwerb oder zur unbefugten Abgabe von Betäubungsmitteln verschafft oder gewährt, eine solche Gelegenheit öffentlich oder eigennützig mitteilt oder einen anderen zum unbefugten Verbrauch von Betäubungsmitteln verleitet,

11. ohne Erlaubnis nach § 10a einem anderen eine Gelegenheit zum unbefugten Verbrauch von Betäubungsmitteln verschafft oder gewährt, oder wer eine außerhalb einer Ein-

richtung nach § 10a bestehende Gelegenheit zu einem solchen Verbrauch eigennützig oder öffentlich mitteilt,

12. öffentlich, in einer Versammlung oder durch Verbreiten von Schriften (§ 11 Abs. 3 des Strafgesetzbuches) dazu auffordert, Betäubungsmittel zu verbrauchen, die nicht zulässigerweise verschrieben worden sind,

13. Geldmittel oder andere Vermögensgegenstände einem anderen für eine rechtswidrige Tat nach Nummern 1, 5, 6, 7, 10, 11 oder 12 bereitstellt,

14. einer Rechtsverordnung nach § 11 Abs. 2 Satz 2 Nr. 1 oder § 13 Abs. 3 Satz 2 Nr. 1 oder 5 zuwiderhandelt, soweit sie für einen bestimmten Tatbestand auf diese Strafvorschrift verweist. Die Abgabe von sterilen Einmalspritzen an Betäubungsmittelabhängige und die öffentliche Information darüber sind kein Verschaffen und kein öffentliches Mitteilen einer Gelegenheit zum Verbrauch nach Satz 1 Nr. 11.

Bundeseinheitlicher Tatbestandskatalog für Straßenverkehrsordnungswidrigkeiten

TBNR	Tatbestandstext	€
329113	Sie unterließen es, das Fahrzeug, für das nach Nr. 2.1 der Anlage VIII *) keine Sicherheitsprüfung vorgeschrieben ist, zur fälligen Hauptuntersuchung vorzuführen. Der Termin **) war um mehr als 2 bis zu 4 Monate überschritten. § 29 Abs. 1, § 69a StVZO; § 24 StVG; 186.2.1 BKat	15,–
329119	Sie unterließen es, das Fahrzeug, für das nach Nr. 2.1 der Anlage VIII *) keine Sicherheitsprüfung vorgeschrieben ist, zur fälligen Hauptuntersuchung vorzuführen.	25,–

Der Termin **) war um mehr als 4 bis zu
8 Monate überschritten.
§ 29 Abs. 1, § 69 a StVZO;
§ 24 StVG; 186.2.2 BKat

329610   Sie unterließen es, das Fahrzeug, für das nach   40,–
Nr. 2.1 der Anlage VIII *) keine Sicherheits-
prüfung vorgeschrieben ist, zur fälligen
Hauptuntersuchung vorzuführen.
Der Termin **) war um mehr als 8 Monate
überschritten.
§ 29 Abs. 1, § 69 a StVZO;
§ 24 StVG; 186.2.3 BKat

347100   Sie unterließen es, das Fahrzeug zur vorge-   15,–
schriebenen Abgasuntersuchung vorzuführen.
Der Termin *) war um mehr als 2 Monate
überschritten.
§ 47 a Abs. 1, 7, § 69 a StVZO;
§ 24 StVG; 218.1 BKat

347600   Sie unterließen es, das Fahrzeug zur vorge-   40,–
schriebenen Abgasuntersuchung vorzuführen.
Der Termin *) war um mehr als 8 Monate
überschritten.
§ 47 a Abs. 1, 7, § 69 a StVZO;
§ 24 StVG; 218.2 BKat

EStG (Einkommensteuergesetz)

§ 10

Sonderausgaben

(4) Vorsorgeaufwendungen im Sinne des Absatzes 1 Nr. 3
können je Kalenderjahr bis 2 400 Euro abgezogen werden. Der
Höchstbetrag beträgt 1 500 Euro bei Steuerpflichtigen, die ganz
oder teilweise ohne eigene Aufwendungen einen Anspruch auf
vollständige oder teilweise Erstattung oder Übernahme von

Krankheitskosten haben oder für deren Krankenversicherung Leistungen im Sinne des § 3 Nr. 62 oder § 3 Nr. 14 erbracht werden. Bei zusammen veranlagten Ehegatten bestimmt sich der gemeinsame Höchstbetrag aus der Summe der jedem Ehegatten unter den Voraussetzungen der Sätze 1 und 2 zustehenden Höchstbeträge.

§ 18
Selbständige Arbeit

(1) Einkünfte aus selbständiger Arbeit sind

1. Einkünfte aus freiberuflicher Tätigkeit. Zu der freiberuflichen Tätigkeit gehören die selbständig ausgeübte wissenschaftliche, künstlerische, schriftstellerische, unterrichtende oder erzieherische Tätigkeit, die selbständige Berufstätigkeit der Ärzte, Zahnärzte, Tierärzte, Rechtsanwälte, Notare, Patentanwälte, Vermessungsingenieure, Ingenieure, Architekten, Handelschemiker, Wirtschaftsprüfer, Steuerberater, beratenden Volks- und Betriebswirte, vereidigten Buchprüfer, Steuerbevollmächtigten, Heilpraktiker, Dentisten, Krankengymnasten, Journalisten, Bildberichterstatter, Dolmetscher, Übersetzer, Lotsen und ähnlicher Berufe. Ein Angehöriger eines freien Berufs im Sinne der Sätze 1 und 2 ist auch dann freiberuflich tätig, wenn er sich der Mithilfe fachlich vorgebildeter Arbeitskräfte bedient; Voraussetzung ist, dass er auf Grund eigener Fachkenntnisse leitend und eigenverantwortlich tätig wird. Eine Vertretung im Fall vorübergehender Verhinderung steht der Annahme einer leitenden und eigenverantwortlichen Tätigkeit nicht entgegen;

2. Einkünfte der Einnehmer einer staatlichen Lotterie, wenn sie nicht Einkünfte aus Gewerbebetrieb sind;

3. Einkünfte aus sonstiger selbständiger Arbeit, z.B. Vergütungen für die Vollstreckung von Testamenten, für Vermögensverwaltung und für die Tätigkeit als Aufsichtsratsmitglied;

4. Einkünfte, die ein Beteiligter an einer vermögensver-
waltenden Gesellschaft oder Gemeinschaft, deren Zweck
im Erwerb, Halten und in der Veräußerung von Anteilen an
Kapitalgesellschaften besteht, als Vergütung für Leistungen
zur Förderung des Gesellschafts- oder Gemeinschafts-
zwecks erzielt, wenn der Anspruch auf die Vergütung unter
der Voraussetzung eingeräumt worden ist, dass die Gesell-
schafter oder Gemeinschafter ihr eingezahltes Kapital vollständig zurückerhalten haben; § 15 Abs. 3 ist nicht anzuwenden.

§ 23
Private Veräußerungsgeschäfte
(1) Private Veräußerungsgeschäfte (§ 22 Nr. 2) sind

1. Veräußerungsgeschäfte bei Grundstücken und Rechten,
die den Vorschriften des bürgerlichen Rechts über Grund-
stücke unterliegen (z. B. Erbbaurecht, Mineralgewinnungs-
recht), bei denen der Zeitraum zwischen Anschaffung
und Veräußerung nicht mehr als zehn Jahre beträgt. Gebäude und Außenanlagen sind einzubeziehen, soweit sie
innerhalb dieses Zeitraums errichtet, ausgebaut oder er-
weitert werden; dies gilt entsprechend für Gebäudeteile,
die selbständige unbewegliche Wirtschaftsgüter sind, sowie für Eigentumswohnungen und im Teileigentum
stehende Räume. Ausgenommen sind Wirtschaftsgüter,
die im Zeitraum zwischen Anschaffung oder Fertigstellung
und Veräußerung ausschließlich zu eigenen Wohnzwecken
oder im Jahr der Veräußerung und in den beiden vorangegangenen Jahren zu eigenen Wohnzwecken genutzt
wurden;

2. Veräußerungsgeschäfte bei anderen Wirtschaftsgütern,
insbesondere bei Wertpapieren, bei denen der Zeitraum
zwischen Anschaffung und Veräußerung nicht mehr als ein
Jahr beträgt.

§ 32a
Einkommensteuertarif

(1) Die tarifliche Einkommensteuer bemisst sich nach dem zu versteuernden Einkommen. Sie beträgt vorbehaltlich der §§ 32b, 34, 34b und 34c jeweils in Euro für zu versteuernde Einkommen

1. bis 7664 Euro (Grundfreibetrag): 0;
2. von 7665 Euro bis 12739 Euro: $(793,10 \times y + 1600) \times y$;
3. von 12740 Euro bis 52151 Euro: $(265,78 \times z + 2405) \times z + 1016$;
4. von 52152 Euro an: $0,45 \times x - 8845$.

FAO (Fachanwaltsordnung)

§ 1
Zugelassene Fachanwaltsbezeichnungen

Fachanwaltsbezeichnungen können gemäß § 43c Abs. 1 Satz 2 Bundesrechtsanwaltsordnung für das Verwaltungsrecht, das Steuerrecht, das Arbeitsrecht und das Sozialrecht verliehen werden. Weitere Fachanwaltsbezeichnungen können für das Familienrecht, das Strafrecht, das Insolvenzrecht, das Versicherungsrecht, das Medizinrecht, das Miet- und Wohnungseigentumsrecht, das Verkehrsrecht, das Bau- und Architektenrecht, das Erbrecht sowie das Transport- und Speditionsrecht verliehen werden.

GewO (Gewerbeordnung)

§ 55
Reisegewerbekarte

(1) Ein Reisegewerbe betreibt, wer gewerbsmäßig ohne vorhergehende Bestellung außerhalb seiner gewerblichen Niederlassung (§ 42 Abs. 2) oder ohne eine solche zu haben

1. selbständig oder unselbständig in eigener Person Waren feilbietet oder

Bestellungen aufsucht (vertreibt) oder ankauft, Leistungen anbietet oder

Bestellungen auf Leistungen aufsucht oder

2. selbständig unterhaltende Tätigkeiten als Schausteller oder

nach Schaustellerart ausübt.

(2) Wer ein Reisegewerbe betreiben will, bedarf der Erlaubnis (Reisegewerbekarte).

§ 56
Im Reisegewerbe verbotene Tätigkeiten

(1) Im Reisegewerbe sind verboten

1. der Vertrieb von

h) Wertpapieren, Lotterielosen, Bezugs- und Anteilscheinen auf Wertpapiere und Lotterielose; zugelassen ist der Verkauf von Lotterielosen im Rahmen genehmigter Lotterien zu gemeinnützigen Zwecken auf öffentlichen Wegen, Straßen oder Plätzen oder anderen öffentlichen Orten,

GG (Grundgesetz)

Artikel 2
Persönliche Freiheitsrechte

(1) Jeder hat das Recht auf die freie Entfaltung seiner Persönlichkeit, soweit er nicht die Rechte anderer verletzt und nicht gegen die verfassungsmäßige Ordnung oder das Sittengesetz verstößt.

(2) Jeder hat das Recht auf Leben und körperliche Unversehrtheit. Die Freiheit der Person ist unverletzlich. In diese Rechte darf nur auf Grund eines Gesetzes eingegriffen werden.

Artikel 5
Meinungsfreiheit
(1) Jeder hat das Recht, seine Meinung in Wort, Schrift und Bild frei zu äußern und zu verbreiten und sich aus allgemein zugänglichen Quellen ungehindert zu unterrichten. Die Pressefreiheit und die Freiheit der Berichterstattung durch Rundfunk und Film werden gewährleistet. Eine Zensur findet nicht statt.
(2) Diese Rechte finden ihre Schranken in den Vorschriften der allgemeinen Gesetze, den gesetzlichen Bestimmungen zum Schutze der Jugend und in dem Recht der persönlichen Ehre.

Artikel 12
Berufsfreiheit
(1) Alle Deutschen haben das Recht, Beruf, Arbeitsplatz und Ausbildungsstätte frei zu wählen. Die Berufsausübung kann durch Gesetz oder auf Grund eines Gesetzes geregelt werden.
(2) Niemand darf zu einer bestimmten Arbeit gezwungen werden, außer im Rahmen einer herkömmlichen allgemeinen, für alle gleichen öffentlichen Dienstleistungspflicht.
(3) Zwangsarbeit ist nur bei einer gerichtlich angeordneten Freiheitsentziehung zulässig.

Artikel 13
Unverletzlichkeit der Wohnung
(1) Die Wohnung ist unverletzlich.
(2) Durchsuchungen dürfen nur durch den Richter, bei Gefahr im Verzuge auch durch die in den Gesetzen vorgesehenen anderen Organe angeordnet und nur in der dort vorgeschriebenen Form durchgeführt werden.
(7) Eingriffe und Beschränkungen dürfen im Übrigen nur zur Abwehr einer gemeinen Gefahr oder einer Lebensgefahr für einzelne Personen, auf Grund eines Gesetzes auch zur Verhütung dringender Gefahren für die öffentliche Sicherheit und Ordnung, insbesondere zur Behebung der Raumnot, zur Be-

kämpfung von Seuchengefahr oder zum Schutze gefährdeter Jugendlicher vorgenommen werden.

Artikel 63
Wahl des Bundeskanzlers
(1) Der Bundeskanzler wird auf Vorschlag des Bundespräsidenten vom Bundestage ohne Aussprache gewählt.

Artikel 97
Unabhängigkeit der Richter
(1) Die Richter sind unabhängig und nur dem Gesetze unterworfen.

IfSG (Infektionsschutzgesetz)

§ 6
Meldepflichtige Krankheiten
(1) Namentlich ist zu melden:
    1. der Krankheitsverdacht, die Erkrankung sowie der Tod an
      a) Botulismus
      b) Cholera
      c) Diphtherie
      d) humaner spongiformer Enzephalopathie, außer familiär-hereditärer Formen
      e) akuter Virushepatitis
      f) enteropathischem hämolytisch-urämischem Syndrom (HUS)
      g) virusbedingtem hämorrhagischen Fieber
      h) Masern
      i) Meningokokken-Meningitis oder -Sepsis
      j) Milzbrand
      k) Poliomyelitis (als Verdacht gilt jede akute schlaffe Lähmung, außer wenn traumatisch bedingt)

l) Pest

m) Tollwut

n) Typhus abdominalis/Paratyphus sowie die Erkrankung und der Tod an einer behandlungsbedürftigen Tuberkulose, auch wenn ein bakteriologischer Nachweis nicht vorliegt,

2. der Verdacht auf und die Erkrankung an einer mikrobiell bedingten Lebensmittelvergiftung oder an einer akuten infektiösen Gastroenteritis, wenn

a) eine Person betroffen ist, die eine Tätigkeit im Sinne des § 42 Abs. 1 ausübt,

b) zwei oder mehr gleichartige Erkrankungen auftreten, bei denen ein epidemischer Zusammenhang wahrscheinlich ist oder vermutet wird,

3. der Verdacht einer über das übliche Ausmaß einer Impfreaktion hinausgehenden gesundheitlichen Schädigung,

4. die Verletzung eines Menschen durch ein tollwutkrankes, -verdächtiges oder -ansteckungsverdächtiges Tier sowie die Berührung eines solchen Tieres oder Tierkörpers,

5. soweit nicht nach den Nummern 1 bis 4 meldepflichtig, das Auftreten

a) einer bedrohlichen Krankheit oder

b) von zwei oder mehr gleichartigen Erkrankungen, bei denen ein epidemischer Zusammenhang wahrscheinlich ist oder vermutet wird,

wenn dies auf eine schwerwiegende Gefahr für die Allgemeinheit hinweist und Krankheitserreger als Ursache in Betracht kommen, die nicht in § 7 genannt sind.

Die Meldung nach Satz 1 hat gemäß § 8 Abs. 1 Nr. 1, 3 bis 8, § 9 Abs. 1, 2, 3 Satz 1 oder 3 oder Abs. 4 zu erfolgen.

(2) Dem Gesundheitsamt ist über die Meldung nach Absatz 1 Nr. 1 hinaus mitzuteilen, wenn Personen, die an einer behandlungsbedürftigen Lungentuberkulose leiden, eine Behandlung verweigern oder abbrechen. Die Meldung nach Satz 1 hat

gemäß § 8 Abs. 1 Nr. 1, § 9 Abs. 1 und 3 Satz 1 oder 3 zu erfolgen.

(3) Dem Gesundheitsamt ist unverzüglich das gehäufte Auftreten nosokomialer Infektionen, bei denen ein epidemischer Zusammenhang wahrscheinlich ist oder vermutet wird, als Ausbruch nichtnamentlich zu melden. Die Meldung nach Satz 1 hat gemäß § 8 Abs. 1 Nr. 1, 3 und 5, § 10 Abs. 1 Satz 3, Abs. 3 und 4 Satz 3 zu erfolgen.

KSchG (Kündigungsschutzgesetz)

§ 1 a
Abfindungsanspruch bei betriebsbedingter Kündigung

(1) Kündigt der Arbeitgeber wegen dringender betrieblicher Erfordernisse nach § 1 Abs. 2 Satz 1 und erhebt der Arbeitnehmer bis zum Ablauf der Frist des § 4 Satz 1 keine Klage auf Feststellung, dass das Arbeitsverhältnis durch die Kündigung nicht aufgelöst ist, hat der Arbeitnehmer mit dem Ablauf der Kündigungsfrist Anspruch auf eine Abfindung. Der Anspruch setzt den Hinweis des Arbeitgebers in der Kündigungserklärung voraus, dass die Kündigung auf dringende betriebliche Erfordernisse gestützt ist und der Arbeitnehmer bei Verstreichenlassen der Klagefrist die Abfindung beanspruchen kann.

(2) Die Höhe der Abfindung beträgt 0,5 Monatsverdienste für jedes Jahr des Bestehens des Arbeitsverhältnisses. § 10 Abs. 3 gilt entsprechend. Bei der Ermittlung der Dauer des Arbeitsverhältnisses ist ein Zeitraum von mehr als sechs Monaten auf ein volles Jahr aufzurunden.

§ 9
Auflösung des Arbeitsverhältnisses durch Urteil des Gerichts, Abfindung des Arbeitnehmers

(1) Stellt das Gericht fest, dass das Arbeitsverhältnis durch die

Kündigung nicht aufgelöst ist, ist jedoch dem Arbeitnehmer die Fortsetzung des Arbeitsverhältnisses nicht zuzumuten, so hat das Gericht auf Antrag des Arbeitnehmers das Arbeitsverhältnis aufzulösen und den Arbeitgeber zur Zahlung einer angemessenen Abfindung zu verurteilen. Die gleiche Entscheidung hat das Gericht auf Antrag des Arbeitgebers zu treffen, wenn Gründe vorliegen, die eine den Betriebszwecken dienliche weitere Zusammenarbeit zwischen Arbeitgeber und Arbeitnehmer nicht erwarten lassen. Arbeitnehmer und Arbeitgeber können den Antrag auf Auflösung des Arbeitsverhältnisses bis zum Schluss der letzten mündlichen Verhandlung in der Berufungsinstanz stellen.

§ 14
Angestellte in leitender Stellung
(2) Auf Geschäftsführer, Betriebsleiter und ähnliche leitende Angestellte, soweit diese zur selbständigen Einstellung oder Entlassung von Arbeitnehmern berechtigt sind, finden die Vorschriften dieses Abschnitts mit Ausnahme des § 3 Anwendung. § 9 Abs. 1 Satz 2 findet mit der Maßgabe Anwendung, dass der Antrag des Arbeitgebers auf Auflösung des Arbeitsverhältnisses keiner Begründung bedarf.

§ 15
Unzulässigkeit der Kündigung
(1) Die Kündigung eines Mitglieds eines Betriebsrats, einer Jugend- und Auszubildendenvertretung, einer Bordvertretung oder eines Seebetriebsrats ist unzulässig, es sei denn, dass Tatsachen vorliegen, die den Arbeitgeber zur Kündigung aus wichtigem Grund ohne Einhaltung einer Kündigungsfrist berechtigen, und dass die nach § 103 des Betriebsverfassungsgesetzes erforderliche Zustimmung vorliegt oder durch gerichtliche Entscheidung ersetzt ist. Nach Beendigung der Amtszeit ist die Kündigung eines Mitglieds eines Betriebsrats, einer Jugend- und Auszubildendenvertretung oder eines Seebetriebs-

rats innerhalb eines Jahres, die Kündigung eines Mitglieds einer Bordvertretung innerhalb von sechs Monaten, jeweils vom Zeitpunkt der Beendigung der Amtszeit an gerechnet, unzulässig, es sei denn, dass Tatsachen vorliegen, die den Arbeitgeber zur Kündigung aus wichtigem Grund ohne Einhaltung einer Kündigungsfrist berechtigen; dies gilt nicht, wenn die Beendigung der Mitgliedschaft auf einer gerichtlichen Entscheidung beruht. (2) Die Kündigung eines Mitglieds einer Personalvertretung, einer Jugend- und Auszubildendenvertretung oder einer Jugendvertretung ist unzulässig, es sei denn, dass Tatsachen vorliegen, die den Arbeitgeber zur Kündigung aus wichtigem Grund ohne Einhaltung einer Kündigungsfrist berechtigen, und dass die nach dem Personalvertretungsrecht erforderliche Zustimmung vorliegt oder durch gerichtliche Entscheidung ersetzt ist. Nach Beendigung der Amtszeit der in Satz 1 genannten Personen ist ihre Kündigung innerhalb eines Jahres, vom Zeitpunkt der Beendigung der Amtszeit an gerechnet, unzulässig, es sei denn, dass Tatsachen vorliegen, die den Arbeitgeber zur Kündigung aus wichtigem Grund ohne Einhaltung einer Kündigungsfrist berechtigen; dies gilt nicht, wenn die Beendigung der Mitgliedschaft auf einer gerichtlichen Entscheidung beruht. (3) Die Kündigung eines Mitglieds eines Wahlvorstands ist vom Zeitpunkt seiner Bestellung an, die Kündigung eines Wahlbewerbers vom Zeitpunkt der Aufstellung des Wahlvorschlags an, jeweils bis zur Bekanntgabe des Wahlergebnisses unzulässig, es sei denn, dass Tatsachen vorliegen, die den Arbeitgeber zur Kündigung aus wichtigem Grund ohne Einhaltung einer Kündigungsfrist berechtigen, und dass die nach § 103 des Betriebsverfassungsgesetzes oder nach dem Personalvertretungsrecht erforderliche Zustimmung vorliegt oder durch eine gerichtliche Entscheidung ersetzt ist. Innerhalb von sechs Monaten nach Bekanntgabe des Wahlergebnisses ist die Kündigung unzulässig, es sei denn, dass Tatsachen vorliegen, die den Arbeitgeber zur Kündigung aus wichtigem Grund ohne Einhaltung einer Kündigungsfrist berechtigen; dies gilt nicht für Mitglieder des Wahlvorstands, wenn dieser durch gerichtliche Entscheidung durch einen anderen Wahlvorstand ersetzt worden ist.

(3a) Die Kündigung eines Arbeitnehmers, der zu einer Betriebs-, Wahl- oder Bordversammlung nach § 17 Abs. 3, § 17a Nr. 3 Satz 2, § 115 Abs. 2 Nr. 8 Satz 1 des Betriebsverfassungsgesetzes einlädt oder die Bestellung eines Wahlvorstands nach § 16 Abs. 2 Satz 1, § 17 Abs. 4, § 17a Nr. 4, § 63 Abs. 3, § 115 Abs. 2 Nr. 8 Satz 2 oder § 116 Abs. 2 Nr. 7 Satz 5 des Betriebsverfassungsgesetzes beantragt, ist vom Zeitpunkt der Einladung oder Antragstellung an bis zur Bekanntgabe des Wahlergebnisses unzulässig, es sei denn, dass Tatsachen vorliegen, die den Arbeitgeber zur Kündigung aus wichtigem Grund ohne Einhaltung einer Kündigungsfrist berechtigen; der Kündigungsschutz gilt für die ersten drei in der Einladung oder Antragstellung aufgeführten Arbeitnehmer. Wird ein Betriebsrat, eine Jugend- und Auszubildendenvertretung, eine Bordvertretung oder ein Seebetriebsrat nicht gewählt, besteht der Kündigungsschutz nach Satz 1 vom Zeitpunkt der Einladung oder Antragstellung an drei Monate.

(4) Wird der Betrieb stillgelegt, so ist die Kündigung der in den Absätzen 1 bis 3 genannten Personen frühestens zum Zeitpunkt der Stilllegung zulässig, es sei denn, dass ihre Kündigung zu einem früheren Zeitpunkt durch zwingende betriebliche Erfordernisse bedingt ist.

(5) Wird eine der in den Absätzen 1 bis 3 genannten Personen in einer Betriebsabteilung beschäftigt, die stillgelegt wird, so ist sie in eine andere Betriebsabteilung zu übernehmen. Ist dies aus betrieblichen Gründen nicht möglich, so findet auf ihre Kündigung die Vorschrift des Absatzes 4 über die Kündigung bei Stilllegung des Betriebs sinngemäß Anwendung.

MarkenG (Markengesetz)

§ 5
Geschäftliche Bezeichnungen
(1) Als geschäftliche Bezeichnungen werden Unternehmenskennzeichen und Werktitel geschützt.

(3) Werktitel sind die Namen oder besonderen Bezeichnungen von Druckschriften, Filmwerken, Tonwerken, Bühnenwerken oder sonstigen vergleichbaren Werken.

§ 49
Verfall
(2) Die Eintragung einer Marke wird ferner auf Antrag wegen Verfalls gelöscht,

1. wenn die Marke infolge des Verhaltens oder der Untätigkeit ihres Inhabers im geschäftlichen Verkehr zur gebräuchlichen Bezeichnung der Waren oder Dienstleistungen, für die sie eingetragen ist, geworden ist;

2. wenn die Marke infolge ihrer Benutzung durch den Inhaber oder mit seiner Zustimmung für die Waren oder Dienstleistungen, für die sie eingetragen ist, geeignet ist, das Publikum insbesondere über die Art, die Beschaffenheit oder die geographische Herkunft dieser Waren oder Dienstleistungen zu täuschen.

MBO-Ä (Musterberufsordnung für die deutschen Ärztinnen und Ärzte)

§ 27
Erlaubte Information und berufswidrige Werbung
(1) Zweck der nachstehenden Vorschriften der Berufordnung ist die Gewährleistung des Patientenschutzes durch sachgerechte und angemessene Information und die Vermeidung einer dem Selbstverständnis der Ärztin oder des

Arztes zuwiderlaufenden Kommerzialisierung des Arztberufs.

(2) Auf dieser Grundlage sind Ärztinnen und Ärzte sachliche berufsbezogene Informationen gestattet.

(3) Berufswidrige Werbung ist Ärztinnen und Ärzten untersagt. Berufswidrig ist insbesondere eine anpreisende, irreführende oder vergleichende Werbung. Ärztinnen und Ärzte dürfen eine solche Werbung durch andere weder veranlassen noch dulden.

Werbeverbote aufgrund anderer gesetzlicher Bestimmungen bleiben unberührt.

(4) Ärztinnen und Ärzte können

1. nach der Weiterbildungsordnung erworbene Bezeichnungen,

2. nach sonstigen öffentlich-rechtlichen Vorschriften erworbene Qualifikationen,

3. Tätigkeitsschwerpunkte

und

4. organisatorische Hinweise

ankündigen.

Die nach Nr. 1 erworbenen Bezeichnungen dürfen nur in der nach der Weiterbildungsordnung zulässigen Form geführt werden. Ein Hinweis auf die verleihende Ärztekammer ist zulässig.

Andere Qualifikationen und Tätigkeitsschwerpunkte dürfen nur angekündigt werden, wenn diese Angaben nicht mit solchen nach geregeltem Weiterbildungsrecht erworbenen Qualifikationen verwechselt werden können.

(5) Die Angaben nach Absatz 4 Nr. 1 bis 3 sind nur zulässig, wenn die Ärztin oder der Arzt die umfassten Tätigkeiten nicht nur gelegentlich ausübt.

Ärztinnen und Ärzte haben der Ärztekammer auf deren Verlangen die zur Prüfung der Voraussetzungen der Ankündigung erforderlichen Unterlagen vorzulegen. Die Ärztekammer ist befugt, ergänzende Auskünfte zu verlangen.

OWiG (Gesetz über Ordnungswidrigkeiten)

§ 118
Belästigung der Allgemeinheit

(1) Ordnungswidrig handelt, wer eine grob ungehörige Handlung vornimmt, die geeignet ist, die Allgemeinheit zu belästigen oder zu gefährden und die öffentliche Ordnung zu beeinträchtigen.

(2) Die Ordnungswidrigkeit kann mit einer Geldbuße geahndet werden, wenn die Handlung nicht nach anderen Vorschriften geahndet werden kann.

SGB III (Sozialgesetzbuch III)

§ 118
Anspruchsvoraussetzungen bei Arbeitslosigkeit

(1) Anspruch auf Arbeitslosengeld bei Arbeitslosigkeit haben Arbeitnehmer, die

    1. arbeitslos sind,

    2. sich bei der Agentur für Arbeit arbeitslos gemeldet und

    3. die Anwartschaftszeit erfüllt haben.

(2) Der Arbeitnehmer kann bis zur Entscheidung über den Anspruch bestimmen, dass dieser nicht oder zu einem späteren Zeitpunkt entstehen soll.

§ 123
Anwartschaftszeit

Die Anwartschaftszeit hat erfüllt, wer in der Rahmenfrist mindestens zwölf Monate in einem Versicherungspflichtverhältnis gestanden hat. Zeiten, die vor dem Tag liegen, an dem der Anspruch auf Arbeitslosengeld wegen des Eintritts einer Sperrzeit erloschen ist, dienen nicht zur Erfüllung der Anwartschaftszeit.

§ 124
Rahmenfrist

(1) Die Rahmenfrist beträgt zwei Jahre und beginnt mit dem Tag vor der Erfüllung aller sonstigen Voraussetzungen für den Anspruch auf Arbeitslosengeld.

(2) Die Rahmenfrist reicht nicht in eine vorangegangene Rahmenfrist hinein, in der der Arbeitslose eine Anwartschaftszeit erfüllt hatte.

(3) In die Rahmenfrist werden Zeiten nicht eingerechnet, in denen der Arbeitslose von einem Rehabilitationsträger Übergangsgeld wegen einer berufsfördernden Maßnahme bezogen hat. In diesem Falle endet die Rahmenfrist spätestens nach fünf Jahren seit ihrem Beginn.

SoldG (Soldatengesetz)

§ 11
Gehorsam

(1) Der Soldat muss seinen Vorgesetzten gehorchen. Er hat ihre Befehle nach besten Kräften vollständig, gewissenhaft und unverzüglich auszuführen. Ungehorsam liegt nicht vor, wenn ein Befehl nicht befolgt wird, der die Menschenwürde verletzt oder der nicht zu dienstlichen Zwecken erteilt worden ist; die irrige Annahme, es handele sich um einen solchen Befehl, befreit den Soldaten nur dann von der Verantwortung, wenn er den Irrtum nicht vermeiden konnte und ihm nach den ihm bekannten Umständen nicht zuzumuten war, sich mit Rechtsbehelfen gegen den Befehl zu wehren.

(2) Ein Befehl darf nicht befolgt werden, wenn dadurch eine Straftat begangen würde. Befolgt der Untergebene den Befehl trotzdem, so trifft ihn eine Schuld nur, wenn er erkennt oder wenn es nach den ihm bekannten Umständen offensichtlich ist, dass dadurch eine Straftat begangen wird.

StGB (Strafgesetzbuch)

§ 20
Schuldunfähigkeit wegen seelischer Störungen

Ohne Schuld handelt, wer bei Begehung der Tat wegen einer krankhaften seelischen Störung, wegen einer tief greifenden Bewusstseinsstörung oder wegen Schwachsinns oder einer schweren anderen seelischen Abartigkeit unfähig ist, das Unrecht der Tat einzusehen oder nach dieser Einsicht zu handeln.

§ 38
Dauer der Freiheitsstrafe

(1) Die Freiheitsstrafe ist zeitig, wenn das Gesetz nicht lebenslange Freiheitsstrafe androht.

(2) Das Höchstmaß der zeitigen Freiheitsstrafe ist fünfzehn Jahre, ihr Mindestmaß ein Monat.

§ 57
Aussetzung des Strafrestes bei zeitiger Freiheitsstrafe

(1) Das Gericht setzt die Vollstreckung des Restes einer zeitigen Freiheitsstrafe zur Bewährung aus, wenn

    1. zwei Drittel der verhängten Strafe, mindestens jedoch zwei Monate, verbüßt sind,

    2. dies unter Berücksichtigung des Sicherheitsinteresses der Allgemeinheit verantwortet werden kann und

    3. der Verurteilte einwilligt.

Bei der Entscheidung sind namentlich die Persönlichkeit des Verurteilten, sein Vorleben, die Umstände seiner Tat, das Gewicht des bei einem Rückfall bedrohten Rechtsguts, das Verhalten des Verurteilten im Vollzug, seine Lebensverhältnisse und die Wirkungen zu berücksichtigen, die von der Aussetzung für ihn zu erwarten sind.

(2) Schon nach Verbüßung der Hälfte einer zeitigen Freiheitsstrafe, mindestens jedoch von sechs Monaten, kann das Gericht die Vollstreckung des Restes zur Bewährung aussetzen, wenn

1. der Verurteilte erstmals eine Freiheitsstrafe verbüßt und diese zwei Jahre nicht übersteigt oder

2. die Gesamtwürdigung von Tat, Persönlichkeit des Verurteilten und seiner Entwicklung während des Strafvollzugs ergibt, dass besondere Umstände vorliegen,

und die übrigen Voraussetzungen des Absatzes 1 erfüllt sind.

§ 57a
Aussetzung des Strafrestes bei lebenslanger Freiheitsstrafe

(1) Das Gericht setzt die Vollstreckung des Restes einer lebenslangen Freiheitsstrafe zur Bewährung aus, wenn

1. fünfzehn Jahre der Strafe verbüßt sind,

2. nicht die besondere Schwere der Schuld des Verurteilten die weitere Vollstreckung gebietet und

3. die Voraussetzungen des § 57 Abs. 1 Satz 1 Nr. 2 und 3 vorliegen.

§ 57 Abs. 1 Satz 2 und Abs. 5 gilt entsprechend.

(2) Als verbüßte Strafe im Sinne des Absatzes 1 Satz 1 Nr. 1 gilt jede Freiheitsentziehung, die der Verurteilte aus Anlass der Tat erlitten hat.

§ 63
Unterbringung in einem psychiatrischen Krankenhaus

Hat jemand eine rechtswidrige Tat im Zustand der Schuldunfähigkeit (§ 20) oder der verminderten Schuldfähigkeit (§ 21) begangen, so ordnet das Gericht die Unterbringung in einem psychiatrischen Krankenhaus an, wenn die Gesamtwürdigung des Täters und seiner Tat ergibt, dass von ihm infolge seines Zustandes erhebliche rechtswidrige Taten zu erwarten sind und er deshalb für die Allgemeinheit gefährlich ist.

§ 66
Unterbringung in der Sicherungsverwahrung

(1) Wird jemand wegen einer vorsätzlichen Straftat zu Freiheitsstrafe von mindestens zwei Jahren verurteilt, so ordnet

das Gericht neben der Strafe die Sicherungsverwahrung an, wenn

1. der Täter wegen vorsätzlicher Straftaten, die er vor der neuen Tat begangen hat, schon zweimal jeweils zu einer Freiheitsstrafe von mindestens einem Jahr verurteilt worden ist,

2. er wegen einer oder mehrerer dieser Taten vor der neuen Tat für die Zeit von mindestens zwei Jahren Freiheitsstrafe verbüßt oder sich im Vollzug einer freiheitsentziehenden Maßregel der Besserung und Sicherung befunden hat und

3. die Gesamtwürdigung des Täters und seiner Taten ergibt, dass er infolge eines Hanges zu erheblichen Straftaten, namentlich zu solchen, durch welche die Opfer seelisch oder körperlich schwer geschädigt werden oder schwerer wirtschaftlicher Schaden angerichtet wird, für die Allgemeinheit gefährlich ist.

(2) Hat jemand drei vorsätzliche Straftaten begangen, durch die er jeweils Freiheitsstrafe von mindestens einem Jahr verwirkt hat, und wird er wegen einer oder mehrerer dieser Taten zu Freiheitsstrafe von mindestens drei Jahren verurteilt, so kann das Gericht unter der in Absatz 1 Nr. 3 bezeichneten Voraussetzung neben der Strafe die Sicherungsverwahrung auch ohne frühere Verurteilung oder Freiheitsentziehung (Absatz 1 Nr. 1 und 2) anordnen.

(3) Wird jemand wegen eines Verbrechens oder wegen einer Straftat nach den §§ 174 bis 174c, 176, 179 Abs. 1 bis 4, §§ 180, 182, 224, 225 Abs. 1 oder 2 oder nach § 323a, soweit die im Rausch begangene Tat ein Verbrechen oder eine der vorgenannten rechtswidrigen Taten ist, zu Freiheitsstrafe von mindestens zwei Jahren verurteilt, so kann das Gericht neben der Strafe die Sicherungsverwahrung anordnen, wenn der Täter wegen einer oder mehrerer solcher Straftaten, die er vor der neuen Tat begangen hat, schon einmal zu Freiheitsstrafe von mindestens drei Jahren verurteilt worden ist und die in Absatz 1 Nr. 2 und 3 genannten Voraussetzungen erfüllt sind. Hat jemand zwei

Straftaten der in Satz 1 bezeichneten Art begangen, durch die er jeweils Freiheitsstrafe von mindestens zwei Jahren verwirkt hat und wird er wegen einer oder mehrerer dieser Taten zu Freiheitsstrafe von mindestens drei Jahren verurteilt, so kann das Gericht unter den in Absatz 1 Nr. 3 bezeichneten Voraussetzungen neben der Strafe die Sicherungsverwahrung auch ohne frühere Verurteilung oder Freiheitsentziehung (Absatz 1 Nr. 1 und 2) anordnen. Die Absätze 1 und 2 bleiben unberührt. (4) Im Sinne des Absatzes 1 Nr. 1 gilt eine Verurteilung zu Gesamtstrafe als eine einzige Verurteilung. Ist Untersuchungshaft oder eine andere Freiheitsentziehung auf Freiheitsstrafe angerechnet, so gilt sie als verbüßte Strafe im Sinne des Absatzes 1 Nr. 2. Eine frühere Tat bleibt außer Betracht, wenn zwischen ihr und der folgenden Tat mehr als fünf Jahre verstrichen sind. In die Frist wird die Zeit nicht eingerechnet, in welcher der Täter auf behördliche Anordnung in einer Anstalt verwahrt worden ist. Eine Tat, die außerhalb des räumlichen Geltungsbereichs dieses Gesetzes abgeurteilt worden ist, steht einer innerhalb dieses Bereichs abgeurteilten Tat gleich, wenn sie nach deutschem Strafrecht eine vorsätzliche Tat, in den Fällen des Absatzes 3 eine der Straftaten der in Absatz 3 Satz 1 bezeichneten Art wäre.

§ 86 a
Verwenden von Kennzeichen verfassungswidriger Organisationen

(1) Mit Freiheitsstrafe bis zu drei Jahren oder mit Geldstrafe wird bestraft, wer

    1. im Inland Kennzeichen einer der in § 86 Abs. 1 Nr. 1, 2 und 4 bezeichneten Parteien oder Vereinigungen verbreitet oder öffentlich, in einer Versammlung oder in von ihm verbreiteten Schriften (§ 11 Abs. 3) verwendet oder

    2. Gegenstände, die derartige Kennzeichen darstellen oder enthalten, zur Verbreitung oder Verwendung im Inland oder Ausland in der in Nummer 1 bezeichneten Art und Weise herstellt, vorrätig hält, einführt oder ausführt.

(2) Kennzeichen im Sinne des Absatzes 1 sind namentlich Fahnen, Abzeichen, Uniformstücke, Parolen und Grußformen. Den in Satz 1 genannten Kennzeichen stehen solche gleich, die ihnen zum Verwechseln ähnlich sind.

§ 90 a
Verunglimpfung des Staates und seiner Symbole

(1) Wer öffentlich, in einer Versammlung oder durch Verbreiten von Schriften (§ 11 Abs. 3)

    1. die Bundesrepublik Deutschland oder eines ihrer Länder oder ihre verfassungsmäßige Ordnung beschimpft oder böswillig verächtlich macht oder

    2. die Farben, die Flagge, das Wappen oder die Hymne der Bundesrepublik Deutschland oder eines ihrer Länder verunglimpft,

wird mit Freiheitsstrafe bis zu drei Jahren oder mit Geldstrafe bestraft.

(2) Ebenso wird bestraft, wer eine öffentlich gezeigte Flagge der Bundesrepublik Deutschland oder eines ihrer Länder oder ein von einer Behörde öffentlich angebrachtes Hoheitszeichen der Bundesrepublik Deutschland oder eines ihrer Länder entfernt, zerstört, beschädigt, unbrauchbar oder unkenntlich macht oder beschimpfenden Unfug daran verübt. Der Versuch ist strafbar.

(3) Die Strafe ist Freiheitsstrafe bis zu fünf Jahren oder Geldstrafe, wenn der Täter sich durch die Tat absichtlich für Bestrebungen gegen den Bestand der Bundesrepublik Deutschland oder gegen Verfassungsgrundsätze einsetzt.

§ 138
Nichtanzeige geplanter Straftaten

(1) Wer von dem Vorhaben oder der Ausführung

    1. einer Vorbereitung eines Angriffskrieges (§ 80),

    2. eines Hochverrats in den Fällen der §§ 81 bis 83 Abs. 1,

    3. eines Landesverrats oder einer Gefährdung der äußeren Sicherheit in den Fällen der §§ 94 bis 96, 97 a oder 100,

4. einer Geld- oder Wertpapierfälschung in den Fällen der §§ 146, 151, 152 oder einer Fälschung von Zahlungskarten mit Garantiefunktion und Vordrucken für Euroschecks in den Fällen des § 152b Abs. 1 bis 3,

5. eines Mordes (§ 211) oder Totschlags (§ 212) oder eines Völkermordes (§ 6 des Völkerstrafgesetzbuches) oder eines Verbrechens gegen die Menschlichkeit (§ 7 des Völkerstrafgesetzbuches) oder eines Kriegsverbrechens (§§ 8, 9, 10, 11 oder 12 des Völkerstrafgesetzbuches),

6. einer Straftat gegen die persönliche Freiheit in den Fällen des § 232 Abs. 3, 4 oder Abs. 5, des § 233 Abs. 3, jeweils soweit es sich um Verbrechen handelt, der §§ 234, 234a, 239a oder 239b,

7. eines Raubes oder einer räuberischen Erpressung (§§ 249 bis 251 oder 255) oder

8. einer gemeingefährlichen Straftat in den Fällen der §§ 306 bis 306c oder 307 Abs. 1 bis 3, des § 308 Abs. 1 bis 4, des § 309 Abs. 1 bis 5, der §§ 310, 313, 314 oder 315 Abs. 3, des § 315b Abs. 3 oder der §§ 316a oder 316c

zu einer Zeit, zu der die Ausführung oder der Erfolg noch abgewendet werden kann, glaubhaft erfährt und es unterlässt, der Behörde oder dem Bedrohten rechtzeitig Anzeige zu machen, wird mit Freiheitsstrafe bis zu fünf Jahren oder mit Geldstrafe bestraft.

§ 174
Sexueller Missbrauch von Schutzbefohlenen

(1) Wer sexuelle Handlungen

1. an einer Person unter sechzehn Jahren, die ihm zur Erziehung, zur Ausbildung oder zur Betreuung in der Lebensführung anvertraut ist,

2. an einer Person unter achtzehn Jahren, die ihm zur Erziehung, zur Ausbildung oder zur Betreuung in der Lebensführung anvertraut oder im Rahmen eines Dienst- oder Arbeitsverhältnisses untergeordnet ist, unter Missbrauch einer

mit dem Erziehungs-, Ausbildungs-, Betreuungs-, Dienst-
oder Arbeitsverhältnis verbundenen Abhängigkeit oder

3. an seinem noch nicht achtzehn Jahre alten leiblichen
oder angenommenen Kind

vornimmt oder an sich von dem Schutzbefohlenen vornehmen
lässt, wird mit Freiheitsstrafe von drei Monaten bis zu fünf
Jahren bestraft.

(2) Wer unter den Voraussetzungen des Absatzes 1 Nr. 1 bis 3

1. sexuelle Handlungen vor dem Schutzbefohlenen vornimmt oder

2. den Schutzbefohlenen dazu bestimmt, dass er sexuelle
Handlungen vor ihm vornimmt, um sich oder den Schutzbefohlenen hierdurch sexuell zu erregen, wird mit Freiheitsstrafe bis zu drei Jahren oder mit Geldstrafe bestraft.

(3) Der Versuch ist strafbar.

(4) In den Fällen des Absatzes 1 Nr. 1 oder des Absatzes 2 in
Verbindung mit Absatz 1 Nr. 1 kann das Gericht von einer Bestrafung nach dieser Vorschrift absehen, wenn bei Berücksichtigung des Verhaltens des Schutzbefohlenen das Unrecht der
Tat gering ist.

§ 176
Sexueller Missbrauch von Kindern

(1) Wer sexuelle Handlungen an einer Person unter vierzehn
Jahren (Kind) vornimmt oder an sich von dem Kind vornehmen
lässt, wird mit Freiheitsstrafe von sechs Monaten bis zu zehn
Jahren bestraft.

(2) Ebenso wird bestraft, wer ein Kind dazu bestimmt, dass es
sexuelle Handlungen an einem Dritten vornimmt oder von
einem Dritten an sich vornehmen lässt.

(3) In besonders schweren Fällen ist auf Freiheitsstrafe nicht
unter einem Jahr zu erkennen.

(4) Mit Freiheitsstrafe von drei Monaten bis zu fünf Jahren
wird bestraft, wer

1. sexuelle Handlungen vor einem Kind vornimmt,

2. ein Kind dazu bestimmt, dass es sexuelle Handlungen an sich vornimmt,

3. auf ein Kind durch Schriften (§ 11 Abs. 3) einwirkt, um es zu sexuellen Handlungen zu bringen, die es an oder vor dem Täter oder einem Dritten vornehmen oder von dem Täter oder einem Dritten an sich vornehmen lassen soll, oder

4. auf ein Kind durch Vorzeigen pornographischer Abbildungen oder Darstellungen, durch Abspielen von Tonträgern pornographischen Inhalts oder durch entsprechende Reden einwirkt.

(5) Mit Freiheitsstrafe von drei Monaten bis zu fünf Jahren wird bestraft, wer ein Kind für eine Tat nach den Absätzen 1 bis 4 anbietet oder nachzuweisen verspricht oder wer sich mit einem anderen zu einer solchen Tat verabredet.

(6) Der Versuch ist strafbar; dies gilt nicht für Taten nach Absatz 4 Nr. 3 und 4 und Absatz 5.

§ 182
Sexueller Missbrauch von Jugendlichen

(1) Eine Person über achtzehn Jahre, die eine Person unter sechzehn Jahren dadurch missbraucht, dass sie

1. unter Ausnutzung einer Zwangslage oder gegen Entgelt sexuelle Handlungen an ihr vornimmt oder an sich von ihr vornehmen lässt oder

2. diese unter Ausnutzung einer Zwangslage dazu bestimmt, sexuelle Handlungen an einem Dritten vorzunehmen oder von einem Dritten an sich vornehmen zu lassen,

wird mit Freiheitsstrafe bis zu fünf Jahren oder mit Geldstrafe bestraft.

(2) Eine Person über einundzwanzig Jahre, die eine Person unter sechzehn Jahren dadurch missbraucht, dass sie

1. sexuelle Handlungen an ihr vornimmt oder an sich von ihr vornehmen lässt oder

2. diese dazu bestimmt, sexuelle Handlungen an einem

Dritten vorzunehmen oder von einem Dritten an sich vornehmen zu lassen,

und dabei die fehlende Fähigkeit des Opfers zur sexuellen
Selbstbestimmung ausnutzt, wird mit Freiheitsstrafe bis zu drei
Jahren oder mit Geldstrafe bestraft.

(3) In den Fällen des Absatzes 2 wird die Tat nur auf Antrag
verfolgt, es sei denn, dass die Strafverfolgungsbehörde wegen
des besonderen öffentlichen Interesses an der Strafverfolgung
ein Einschreiten von Amts wegen für geboten hält.

(4) In den Fällen der Absätze 1 und 2 kann das Gericht von
Strafe nach diesen Vorschriften absehen, wenn bei Berücksichtigung des Verhaltens der Person, gegen die sich die Tat richtet,
das Unrecht der Tat gering ist.

§ 185
Beleidigung

Die Beleidigung wird mit Freiheitsstrafe bis zu einem Jahr oder
mit Geldstrafe und, wenn die Beleidigung mittels einer Tätlich-
keit begangen wird, mit Freiheitsstrafe bis zu zwei Jahren oder
mit Geldstrafe bestraft.

§ 186
Üble Nachrede

Wer in Beziehung auf einen anderen eine Tatsache behauptet
oder verbreitet, welche denselben verächtlich zu machen oder in
der öffentlichen Meinung herabzuwürdigen geeignet ist, wird,
wenn nicht diese Tatsache erweislich wahr ist, mit Freiheitsstrafe bis zu einem Jahr oder mit Geldstrafe und, wenn die Tat
öffentlich oder durch Verbreiten von Schriften (§ 11 Abs. 3)
begangen ist, mit Freiheitsstrafe bis zu zwei Jahren oder mit
Geldstrafe bestraft.

§ 187
Verleumdung

Wer wider besseres Wissen in Beziehung auf einen anderen eine unwahre Tatsache behauptet oder verbreitet, welche denselben verächtlich zu machen oder in der öffentlichen Meinung herabzuwürdigen oder dessen Kredit zu gefährden geeignet ist, wird mit Freiheitsstrafe bis zu zwei Jahren oder mit Geldstrafe und, wenn die Tat öffentlich, in einer Versammlung oder durch Verbreiten von Schriften (§ 11 Abs. 3) begangen ist, mit Freiheitsstrafe bis zu fünf Jahren oder mit Geldstrafe bestraft.

§ 201
Verletzung der Vertraulichkeit des Wortes

(1) Mit Freiheitsstrafe bis zu drei Jahren oder mit Geldstrafe wird bestraft, wer unbefugt

1. das nichtöffentlich gesprochene Wort eines anderen auf einen Tonträger aufnimmt oder

2. eine so hergestellte Aufnahme gebraucht oder einem Dritten zugänglich macht.

(2) Ebenso wird bestraft, wer unbefugt

1. das nicht zu seiner Kenntnis bestimmte nichtöffentlich gesprochene Wort eines anderen mit einem Abhörgerät abhört oder

2. das nach Absatz 1 Nr. 1 aufgenommene oder nach Absatz 2 Nr. 1 abgehörte nichtöffentlich gesprochene Wort eines anderen im Wortlaut oder seinem wesentlichen Inhalt nach öffentlich mitteilt.

Die Tat nach Satz 1 Nr. 2 ist nur strafbar, wenn die öffentliche Mitteilung geeignet ist, berechtigte Interessen eines anderen zu beeinträchtigen. Sie ist nicht rechtswidrig, wenn die öffentliche Mitteilung zur Wahrnehmung überragender öffentlicher Interessen gemacht wird.

§ 216
Tötung auf Verlangen

(1) Ist jemand durch das ausdrückliche und ernstliche Verlangen des Getöteten zur Tötung bestimmt worden, so ist auf Freiheitsstrafe von sechs Monaten bis zu fünf Jahren zu erkennen.

§ 223
Körperverletzung

(1) Wer eine andere Person körperlich misshandelt oder an der Gesundheit schädigt, wird mit Freiheitsstrafe bis zu fünf Jahren oder mit Geldstrafe bestraft.

§ 224
Gefährliche Körperverletzung

(1) Wer die Körperverletzung

1. durch Beibringung von Gift oder anderen gesundheitsschädlichen Stoffen,
2. mittels einer Waffe oder eines anderen gefährlichen Werkzeugs,
3. mittels eines hinterlistigen Überfalls,
4. mit einem anderen Beteiligten gemeinschaftlich oder
5. mittels einer das Leben gefährdenden Behandlung

begeht, wird mit Freiheitsstrafe von sechs Monaten bis zu zehn Jahren, in minder schweren Fällen mit Freiheitsstrafe von drei Monaten bis zu fünf Jahren bestraft.

§ 249
Raub

(1) Wer mit Gewalt gegen eine Person oder unter Anwendung von Drohungen mit gegenwärtiger Gefahr für Leib oder Leben eine fremde bewegliche Sache einem anderen in der Absicht wegnimmt, die Sache sich oder einem Dritten rechtswidrig zuzueignen, wird mit Freiheitsstrafe nicht unter einem Jahr bestraft.

§ 253
Erpressung

(1) Wer einen Menschen rechtswidrig mit Gewalt oder durch Drohung mit einem empfindlichen Übel zu einer Handlung, Duldung oder Unterlassung nötigt und dadurch dem Vermögen des Genötigten oder eines anderen Nachteil zufügt, um sich

oder einen Dritten zu Unrecht zu bereichern, wird mit Freiheitsstrafe bis zu fünf Jahren oder mit Geldstrafe bestraft.

(2) Rechtswidrig ist die Tat, wenn die Anwendung der Gewalt oder die Androhung des Übels zu dem angestrebten Zweck als verwerflich anzusehen ist.

§ 255
Räuberische Erpressung

Wird die Erpressung durch Gewalt gegen eine Person oder unter Anwendung von Drohungen mit gegenwärtiger Gefahr für Leib oder Leben begangen, so ist der Täter gleich einem Räuber zu bestrafen.

§ 263
Betrug

(1) Wer in der Absicht, sich oder einem Dritten einen rechtswidrigen Vermögensvorteil zu verschaffen, das Vermögen eines anderen dadurch beschädigt, dass er durch Vorspiegelung falscher oder durch Entstellung oder Unterdrückung wahrer Tatsachen einen Irrtum erregt oder unterhält, wird mit Freiheitsstrafe bis zu fünf Jahren oder mit Geldstrafe bestraft.

§ 267
Urkundenfälschung

(1) Wer zur Täuschung im Rechtsverkehr eine unechte Urkunde herstellt, eine echte Urkunde verfälscht oder eine unechte oder verfälschte Urkunde gebraucht, wird mit Freiheitsstrafe bis zu fünf Jahren oder mit Geldstrafe bestraft.

§ 284
Unerlaubte Veranstaltung eines Glücksspiels

(1) Wer ohne behördliche Erlaubnis öffentlich ein Glücksspiel veranstaltet oder hält oder die Einrichtungen hierzu bereitstellt, wird mit Freiheitsstrafe bis zu zwei Jahren oder mit Geldstrafe bestraft.

(2) Als öffentlich veranstaltet gelten auch Glücksspiele in Vereinen oder geschlossenen Gesellschaften, in denen Glücksspiele gewohnheitsmäßig veranstaltet werden.

(3) Wer in den Fällen des Absatzes 1

1. gewerbsmäßig oder
2. als Mitglied einer Bande handelt, die sich zur fortgesetzten Begehung solcher Taten verbunden hat,

wird mit Freiheitsstrafe von drei Monaten bis zu fünf Jahren bestraft.

(4) Wer für ein öffentliches Glücksspiel (Absätze 1 und 2) wirbt, wird mit Freiheitsstrafe bis zu einem Jahr oder mit Geldstrafe bestraft.

§ 323a
Vollrausch

(1) Wer sich vorsätzlich oder fahrlässig durch alkoholische Getränke oder andere berauschende Mittel in einen Rausch versetzt, wird mit Freiheitsstrafe bis zu fünf Jahren oder mit Geldstrafe bestraft, wenn er in diesem Zustand eine rechtswidrige Tat begeht und ihretwegen nicht bestraft werden kann, weil er infolge des Rausches schuldunfähig war oder weil dies nicht auszuschließen ist.

(2) Die Strafe darf nicht schwerer sein als die Strafe, die für die im Rausch begangene Tat angedroht ist.

(3) Die Tat wird nur auf Antrag, mit Ermächtigung oder auf Strafverlangen verfolgt, wenn die Rauschtat nur auf Antrag, mit Ermächtigung oder auf Strafverlangen verfolgt werden könnte.

§ 323c
Unterlassene Hilfeleistung

Wer bei Unglücksfällen oder gemeiner Gefahr oder Not nicht Hilfe leistet, obwohl dies erforderlich und ihm den Umständen nach zuzumuten, insbesondere ohne erhebliche eigene Gefahr und ohne Verletzung anderer wichtiger Pflichten möglich ist, wird mit Freiheitsstrafe bis zu einem Jahr oder mit Geldstrafe bestraft.

StPO (Strafprozessordnung)

§ 163a
Vernehmungen im Ermittlungsverfahren

(3) Der Beschuldigte ist verpflichtet, auf Ladung vor der Staatsanwaltschaft zu erscheinen. Die §§ 133 bis 136a und 168c Abs. 1 und 5 gelten entsprechend. Über die Rechtmäßigkeit der Vorführung entscheidet auf Antrag des Beschuldigten das Gericht; § 161a Abs. 3 Satz 2 bis 4 ist anzuwenden.

§ 214
Ladungen

(1) Die zur Hauptverhandlung erforderlichen Ladungen ordnet der Vorsitzende an. Zugleich ordnet er an, dass Verletzte, die nach § 395 Abs. 1 und 2 Nr. 1 zur Nebenklage berechtigt sind, Mitteilung vom Termin erhalten, wenn aktenkundig ist, dass sie dies beantragt haben. Sonstige Verletzte, die gemäß § 406g Abs. 1 zur Anwesenheit in der Hauptverhandlung berechtigt sind, sollen Mitteilungen erhalten, wenn aktenkundig ist, dass sie dies beantragt haben. § 406d Abs. 3 gilt entsprechend. Die Geschäftsstelle sorgt dafür, dass die Ladungen bewirkt und die Mitteilungen versandt werden.

(2) Ist anzunehmen, dass sich die Hauptverhandlung auf längere Zeit erstreckt, so soll der Vorsitzende die Ladung sämtlicher oder einzelner Zeugen und Sachverständigen zu einem späteren Zeitpunkt als dem Beginn der Hauptverhandlung anordnen.

(3) Der Staatsanwaltschaft steht das Recht der unmittelbaren Ladung weiterer Personen zu.

StVO (Straßenverkehrsordnung)

§ 1
Grundregeln

(1) Die Teilnahme am Straßenverkehr erfordert ständige Vorsicht und gegenseitige Rücksicht.

(2) Jeder Verkehrsteilnehmer hat sich so zu verhalten, dass kein Anderer geschädigt, gefährdet oder mehr, als nach den Umständen unvermeidbar, behindert oder belästigt wird.

§ 2
Straßenbenutzung durch Fahrzeuge

(5) Kinder bis zum vollendeten 8. Lebensjahr müssen, ältere Kinder bis zum vollendeten 10. Lebensjahr dürfen mit Fahrrädern Gehwege benutzen. Auf Fußgänger ist besondere Rücksicht zu nehmen. Beim Überqueren einer Fahrbahn müssen die Kinder absteigen.

§ 3
Geschwindigkeit

(1) Der Fahrzeugführer darf nur so schnell fahren, dass er sein Fahrzeug ständig beherrscht. Er hat seine Geschwindigkeit insbesondere den Straßen-, Verkehrs-, Sicht- und Wetterverhältnissen sowie seinen persönlichen Fähigkeiten und den Eigenschaften von Fahrzeug und Ladung anzupassen. Beträgt die Sichtweite durch Nebel, Schneefall oder Regen weniger als 50 m, so darf er nicht schneller als 50 km/h fahren, wenn nicht eine geringere Geschwindigkeit geboten ist. Er darf nur so schnell fahren, dass er innerhalb der übersehbaren Strecke halten kann. Auf Fahrbahnen, die so schmal sind, dass dort entgegenkommende Fahrzeuge gefährdet werden könnten, muss er jedoch so langsam fahren, dass er mindestens innerhalb der Hälfte der übersehbaren Strecke halten kann.

(2) Ohne triftigen Grund dürfen Kraftfahrzeuge nicht so langsam fahren, dass sie den Verkehrsfluss behindern.

§ 4
Abstand

(1) Der Abstand von einem vorausfahrenden Fahrzeug muss in der Regel so groß sein, dass auch dann hinter ihm gehalten werden kann, wenn es plötzlich gebremst wird. Der Vorausfahrende darf nicht ohne zwingenden Grund stark bremsen.

§ 8
Vorfahrt

(1) An Kreuzungen und Einmündungen hat die Vorfahrt, wer von rechts kommt. Das gilt nicht,

    1. wenn die Vorfahrt durch Verkehrszeichen besonders geregelt ist (Zeichen 205, 206, 301, 306) oder

    2. für Fahrzeuge, die aus einem Feld- oder Waldweg auf eine andere Straße kommen.

(2) Wer die Vorfahrt zu beachten hat, muss rechtzeitig durch sein Fahrverhalten, insbesondere durch mäßige Geschwindigkeit, erkennen lassen, dass er warten wird. Er darf nur weiterfahren, wenn er übersehen kann, dass er den, der die Vorfahrt hat, weder gefährdet noch wesentlich behindert. Kann er das nicht übersehen, weil die Straßenstelle unübersichtlich ist, so darf er sich vorsichtig in die Kreuzung oder Einmündung hineintasten, bis er die Übersicht hat. Auch wenn der, der die Vorfahrt hat, in die andere Straße abbiegt, darf ihn der Wartepflichtige nicht wesentlich behindern.

§ 9
Abbiegen, Wenden und Rückwärtsfahren

(1) Wer abbiegen will, muss dies rechtzeitig und deutlich ankündigen; dabei sind die Fahrtrichtungsanzeiger zu benutzen.

§ 12
Halten und Parken

(3b) Mit Kraftfahrzeuganhängern ohne Zugfahrzeug darf

nicht länger als zwei Wochen geparkt werden. Das gilt nicht auf entsprechend gekennzeichneten Parkplätzen.

(5) An einer Parklücke hat Vorrang, wer sie zuerst unmittelbar erreicht; der Vorrang bleibt erhalten, wenn der Berechtigte an der Parklücke vorbeifährt, um rückwärts einzuparken oder wenn er sonst zusätzliche Fahrbewegungen ausführt, um in die Parklücke einzufahren. Satz 1 gilt entsprechend für Fahrzeugführer, die an einer freiwerdenden Parklücke warten.

§ 16
Warnzeichen

(1) Schall- und Leuchtzeichen darf nur geben,

1. wer außerhalb geschlossener Ortschaften überholt (§ 5 Abs. 5) oder
2. wer sich oder andere gefährdet sieht.

(2) Der Führer eines Omnibusses des Linienverkehrs oder eines gekennzeichneten Schulbusses muss Warnblinklicht einschalten, wenn er sich einer Haltestelle nähert und solange Fahrgäste ein- oder aussteigen, soweit die Straßenverkehrsbehörde für bestimmte Haltestellen ein solches Verhalten angeordnet hat. Im Übrigen darf außer beim Liegenbleiben (§ 15) und beim Abschleppen von Fahrzeugen (§ 15 a) Warnblinklicht nur einschalten, wer andere durch sein Fahrzeug gefährdet oder andere vor Gefahren warnen will, zum Beispiel bei Annäherung an einen Stau oder bei besonders langsamer Fahrgeschwindigkeit auf Autobahnen und anderen schnell befahrenen Straßen.

§ 17
Beleuchtung

(3) Behindert Nebel, Schneefall oder Regen die Sicht erheblich, dann ist auch am Tag mit Abblendlicht zu fahren. Nur bei solcher Witterung dürfen Nebelscheinwerfer eingeschaltet sein. Bei zwei Nebelscheinwerfern genügt statt des Abblendlichts die zusätzliche Benutzung der Begrenzungsleuchten. An Kraft-

rädern ohne Beiwagen braucht nur der Nebelscheinwerfer benutzt zu werden. Nebelschlussleuchten dürfen nur dann benutzt werden, wenn durch Nebel die Sichtweite weniger als 50 m beträgt.

§ 23
Sonstige Pflichten des Fahrzeugführers
(1 a) Dem Fahrzeugführer ist die Benutzung eines Mobil- oder Autotelefons untersagt, wenn er hierfür das Mobiltelefon oder den Hörer des Autotelefons aufnimmt oder hält. Dies gilt nicht, wenn das Fahrzeug steht und bei Kraftfahrzeugen der Motor ausgeschaltet ist.
(3) Radfahrer und Führer von Krafträdern dürfen sich nicht an Fahrzeuge anhängen. Sie dürfen nicht freihändig fahren. Die Füße dürfen sie nur dann von den Pedalen oder den Fußrasten nehmen, wenn der Straßenzustand das erfordert.

§ 26
Fußgängerüberwege
(1) An Fußgängerüberwegen haben Fahrzeuge mit Ausnahme von Schienenfahrzeugen den Fußgängern sowie Fahrern von Krankenfahrstühlen oder Rollstühlen, welche den Überweg erkennbar benutzen wollen, das Überqueren der Fahrbahn zu ermöglichen. Dann dürfen sie nur mit mäßiger Geschwindigkeit heranfahren; wenn nötig, müssen sie warten.

StVollzG (Strafvollzugsgesetz)

§ 41
Arbeitspflicht
(1) Der Gefangene ist verpflichtet, eine ihm zugewiesene, seinen körperlichen Fähigkeiten angemessene Arbeit, arbeitstherapeutische oder sonstige Beschäftigung auszuüben, zu deren Verrichtung er auf Grund seines körperlichen Zustan-

des in der Lage ist. Er kann jährlich bis zu drei Monaten zu Hilfstätigkeiten in der Anstalt verpflichtet werden, mit seiner Zustimmung auch darüber hinaus. Die Sätze 1 und 2 gelten nicht für Gefangene, die über 65 Jahre alt sind, und nicht für werdende und stillende Mütter, soweit gesetzliche Beschäftigungsverbote zum Schutz erwerbstätiger Mütter bestehen.

TDG (Teledienstegesetz)

§ 6
Allgemeine Informationspflichten

Diensteanbieter haben für geschäftsmäßige Teledienste mindestens folgende Informationen leicht erkennbar, unmittelbar erreichbar und ständig verfügbar zu halten:

1. den Namen und die Anschrift, unter der sie niedergelassen sind, bei juristischen Personen zusätzlich den Vertretungsberechtigten,

2. Angaben, die eine schnelle elektronische Kontaktaufnahme und unmittelbare Kommunikation mit ihnen ermöglichen, einschließlich der Adresse der elektronischen Post,

3. soweit der Teledienst im Rahmen einer Tätigkeit angeboten oder erbracht wird, die der behördlichen Zulassung bedarf, Angaben zur zuständigen Aufsichtsbehörde,

4. das Handelsregister, Vereinsregister, Partnerschaftsregister oder Genossenschaftsregister, in das sie eingetragen sind, und die entsprechende Registernummer,

5. soweit der Teledienst in Ausübung eines Berufs im Sinne von Artikel 1 Buchstabe d der Richtlinie 89/48/EWG des Rates vom 21. Dezember 1988 über eine allgemeine Regelung zur Anerkennung der Hochschuldiplome, die eine mindestens 3-jährige Berufsausbildung abschließen (ABl. EG Nr. L 19 S. 16), oder im Sinne von Artikel 1 Buch-

stabe f der Richtlinie 92/51/EWG des Rates vom 18. Juni 1992 über eine zweite allgemeine Regelung zur Anerkennung beruflicher Befähigungsnachweise in Ergänzung zur Richtlinie 89/48/EWG (ABl. EG Nr. L 209 S. 25), die zuletzt durch die Richtlinie 97/38/EG der Kommission vom 20. Juni 1997 (ABl. EG Nr. L 184 S. 31) geändert worden ist, angeboten oder erbracht wird, Angaben über

a) die Kammer, welcher die Diensteanbieter angehören,

b) die gesetzliche Berufsbezeichnung und den Staat, in dem die Berufsbezeichnung verliehen worden ist,

c) die Bezeichnung der berufsrechtlichen Regelungen und dazu, wie diese zugänglich sind,

6. in Fällen, in denen sie eine Umsatzsteueridentifikationsnummer nach § 27 a des Umsatzsteuergesetzes besitzen, die Angabe dieser Nummer.

Weitergehende Informationspflichten insbesondere nach dem Fernabsatzgesetz, dem Fernunterrichtsschutzgesetz, dem Teilzeit-Wohnrechtegesetz oder dem Preisangaben- und Preisklauselgesetz und der Preisangabenverordnung, dem Versicherungsaufsichtsgesetz sowie nach handelsrechtlichen Bestimmungen bleiben unberührt.

WaffG (Waffengesetz)

§ 10
Erteilung von Erlaubnissen zum Erwerb, Besitz, Führen und Schießen
(4) Die Erlaubnis zum Führen einer Waffe wird durch einen Waffenschein erteilt. Eine Erlaubnis nach Satz 1 zum Führen von Schusswaffen wird für bestimmte Schusswaffen auf höchstens drei Jahre erteilt; die Geltungsdauer kann zweimal um höchstens je drei Jahre verlängert werden, sie ist kürzer zu bemessen, wenn nur ein vorübergehendes Bedürfnis nachgewiesen wird. Der Geltungsbereich des Waffenscheins ist auf

bestimmte Anlässe oder Gebiete zu beschränken, wenn ein darüber hinausgehendes Bedürfnis nicht nachgewiesen wird. Die Voraussetzungen für die Erteilung einer Erlaubnis zum Führen von Schreckschuss-, Reizstoff- und Signalwaffen sind in der Anlage 2 Abschnitt 2 Unterabschnitt 3 Nr. 2 und 2.1 genannt (Kleiner Waffenschein).

Anlage 2, Abschnitt 2 (Erlaubnispflichtige Waffen), Unterabschnitt 3 (Entbehrlichkeit einzelner Erlaubnisvoraussetzungen)
Nr. 2
Führen ohne Sachkunde-, Bedürfnis- und Haftpflichtversicherungsnachweis (§ 4 Abs. 1 Nr. 3 bis 5) – Kleiner Waffenschein
Nr. 2.1
Schreckschuss-, Reizstoff- und Signalwaffen nach Unterabschnitt 2 Nr. 1.3.

Anlage 2, Abschnitt 2 (Erlaubnispflichtige Waffen), Unterabschnitt 2 (Erlaubnisfreie Arten des Umgangs), Erlaubnisfreier Erwerb und Besitz
Schreckschuss-, Reizstoff- und Signalwaffen, die der zugelassenen Bauart nach § 8 des Beschussgesetzes entsprechen und das Zulassungszeichen nach Anlage 1 Abbildung 2 zur Ersten Verordnung zum Waffengesetz vom 24. Mai 1976 (BGBl. I S. 1285) in der zum Zeitpunkt des Inkrafttretens dieses Gesetzes geltenden Fassung oder ein durch Rechtsverordnung nach § 25 Abs. 1 Nr. 1 Buchstabe c bestimmtes Zeichen tragen;

WStG (Wehrstrafgesetz)

§ 5
Handeln auf Befehl
(1) Begeht ein Untergebener eine rechtswidrige Tat, die den

Tatbestand eines Strafgesetzes verwirklicht, auf Befehl, so trifft ihn eine Schuld nur, wenn er erkennt, dass es sich um eine rechtswidrige Tat handelt oder dies nach den ihm bekannten Umständen offensichtlich ist.

(2) Ist die Schuld des Untergebenen mit Rücksicht auf die besondere Lage, in der er sich bei der Ausführung des Befehls befand, gering, so kann das Gericht die Strafe nach § 49 Abs. 1 des Strafgesetzbuches mildern, bei Vergehen auch von Strafe absehen.

ZPO (Zivilprozessordnung)

§ 128
Mündliche Verhandlung

(1) Die Parteien verhandeln über den Rechtsstreit vor dem erkennenden Gericht mündlich.

(2) Mit Zustimmung der Parteien, die nur bei einer wesentlichen Änderung der Prozesslage widerruflich ist, kann das Gericht eine Entscheidung ohne mündliche Verhandlung treffen. Es bestimmt alsbald den Zeitpunkt, bis zu dem Schriftsätze eingereicht werden können, und den Termin zur Verkündung der Entscheidung. Eine Entscheidung ohne mündliche Verhandlung ist unzulässig, wenn seit der Zustimmung der Parteien mehr als drei Monate verstrichen sind.

(3) Ist nur noch über die Kosten zu entscheiden, kann die Entscheidung ohne mündliche Verhandlung ergehen.

(4) Entscheidungen des Gerichts, die nicht Urteile sind, können ohne mündliche Verhandlung ergehen, soweit nichts anderes bestimmt ist.

§ 887
Vertretbare Handlungen

(1) Erfüllt der Schuldner die Verpflichtung nicht, eine Handlung vorzunehmen, deren Vornahme durch einen Dritten er-

folgen kann, so ist der Gläubiger von dem Prozessgericht des ersten Rechtszuges auf Antrag zu ermächtigen, auf Kosten des Schuldners die Handlung vornehmen zu lassen.

§ 888
Nicht vertretbare Handlungen

(1) Kann eine Handlung durch einen Dritten nicht vorgenommen werden, so ist, wenn sie ausschließlich von dem Willen des Schuldners abhängt, auf Antrag von dem Prozessgericht des ersten Rechtszuges zu erkennen, dass der Schuldner zur Vornahme der Handlung durch Zwangsgeld und für den Fall, dass dieses nicht beigetrieben werden kann, durch Zwangshaft oder durch Zwangshaft anzuhalten sei. Das einzelne Zwangsgeld darf den Betrag von fünfundzwanzigtausend Euro nicht übersteigen. Für die Zwangshaft gelten die Vorschriften des Vierten Abschnitts über die Haft entsprechend.

(2) Eine Androhung der Zwangsmittel findet nicht statt.

(3) Diese Vorschriften kommen im Falle der Verurteilung zur Eingehung einer Ehe, im Falle der Verurteilung zur Herstellung des ehelichen Lebens und im Falle der Verurteilung zur Leistung von Diensten aus einem Dienstvertrag nicht zur Anwendung.

CC (Código Civil español)

Artículo 460

El poseedor puede perder su posesión:

1. Por abandono de la cosa.
2. Por cesión hecha a otro por título oneroso o gratuito.
3. Por destrucción o pérdida total de la cosa, o por quedar ésta fuera del comercio.
4. Por la posesión de otro, aun contra la voluntad del antiguo poseedor, si la nueva posesión hubiese durado más de un año.

Dank

Für die Unterstützung bei der Erstellung dieses Buches bedanke ich mich sehr herzlich bei

Abogada Almadena Fernández García, LL.M., Köln
RA Bruno Markus Glombitza, Köln
Dipl.-Kfm. Dirk Grotheer, Köln
StB Achim Lintermann, Köln
Kriminalkommissar Axel Sommer, Köln
Dr. phil. Christoph Steskal, Berlin
Prof. Dr. jur. Gregor Thüsing, Bonn
RA Stefan Wieser, LL.M., Köln

sowie bei allen Lesern für ihre zahlreichen Hinweise, von denen viele in dieses Buch eingeflossen sind.

www.hoecker.eu